文化边缘话题中国

主编⊙乔 力 丁少伦

陈寅恪
自由独高标

屈小强 李拜天/著

山东城市出版传媒集团·济南出版社

编辑委员会

主　编　乔　力　丁少伦
编　委　车振华　王欣荣　冯建国　李少群
　　　　　张云龙　张亚新　武　宁　武卫华
　　　　　涂可国　洪本健　赵伯陶　贾炳棣
　　　　　张　伟

主编人语

文化中国·边缘话题

中国传统文化悠远深沉、丰厚博广，犹如河汉之无极。对历史文献的发掘、梳理、认知与解读，则是一个持续不断的过程。而《文化中国：边缘话题丛书》，借以丰富坚实的史料，佐以生动流畅的散文笔法，倚以现代的思维和理性的眼光，立以历史的观照与文化的反思，将某些文化精神进行溯源与彰显，以启发读者的新审美、新思考和新认知。

何谓"文化中国"？"周虽旧邦，其命维新。"文化中国乃以弘扬中国文化为主旨，以传承中国文化为责任，以求提升中国民众的人文素质。而传统文化的发掘与传承，需要新的努力；传统文化解读与现代意识反思之间的纠葛与交融，需要新的形式。正如陈从周先生在《园林美与昆曲美》中所说的那样：

> 中国园林，以"雅"为主，"典雅""雅趣""雅致""雅淡""雅健"等等，莫不突出以"雅"。而昆曲之高者，所谓必具书卷气，其本质一也，就是说，都要有文化，将文化具体表现在作品上。中国园林，有高低起伏，有藏有隐，有动观、静观，有节奏，宜欣赏，人游其间的那种悠闲情绪，是

一首诗,一幅画,而不是匆匆而来,匆匆而去,走马观花,到此一游;而是宜坐,宜行,宜看,宜想。而昆曲呢?亦正为此,一唱三叹,曲终而味未尽,它不是那种"嘣嚓嚓",而是十分婉转的节奏。今日有许多青年不爱看昆曲,原因是多方面的,我看是一方面文化水平差了,领会不够;另一方面,那悠然多韵味的音节适应不了"嘣嚓嚓"的急躁情绪,当然曲高和寡了。这不是昆曲本身不美,而正仿佛有些小朋友不爱吃橄榄一样,不知其味。我们有责任来提高他们,而不是降格迁就,要多做美学教育才是。

《文化中国:边缘话题丛书》,亦如陈从周先生所言之"园林"与"昆曲",正是以展示中国文化此种意蕴与神韵为己任的。

何谓"边缘"?20世纪80年代后期,学术降落民间,走向大众,体现了对大众文化和下层历史的更多观照。由此,"大历史观"下的文化研究,内容日趋多元化,角度渐显层次,于是,那些不处于主流文化中心的,不为大多数人所熟悉的,或散落在历史典籍里的,但却是中国传统文化重要组成部分的人或事,日渐走进人们的视野,丰满了历史的血肉。对于这些人或事的阐述与解读,是对中国文化精神进行透视与反思的一个重要方面,其意义亦甚为厚重而深远。

何谓"话题"?《文化中国:边缘话题丛书》,为读者提供了一种文化解读的别样文本,讲求深入浅出、雅俗共赏,采用"理含事中,由事见理"的写作风格,由话入题,由题点话,以形象化、生动化的表述,生发出个人新见和一家之言。这种解说方式是以学术研究为基础的,绝不戏说杜撰,亦非凿空立论,正是现如今大多数中国读者所喜闻乐见的讲述方式,呈现出学术与趣味的统一,"虽不能至,固所愿也"。

《文化中国:边缘话题丛书》第五辑仍然共有五种,与我们的大型丛书系列《文化中国》(含《永恒的话题》和《边缘话题》两个子书系)之总体意旨、撰写取向相一致,持续阐发某种含蕴勃动着的深层文化精神,以求穿透漫长岁月织就的重重迷雾,彰显一份恒久的时代意义，立足于现代读者群体的认知意识，期待一些心灵的感应与契合，追寻、持守那纯净的理想主义色彩。

总体言之，本辑命名为"民国文化风范之约略"，则是选取悠悠历史长河中间，一个拥载着极特别极复杂意义的段落来作为展开背景和社会环境，对其多元多样化的文化现象进行"话题"式的剖析和评述——自晚清、民初以降，径直延伸，以迄于20世纪中叶——这是一个较为宽泛的时间概念。"三千年未有之大变局"在力度不等地冲击、影响、制约、更改着丛书中五个文化人物的生命轨迹与命运走势。尽管大师已去，种种文化性格随着时移世迁也或成为绝响，只留下渐行渐远的背影，但是，我们现在反倒更真切明晰地感知到他们那特定时代文化标志的符号意义，以及经由他们对理想和信念的坚持执守而诠释的人生的根本意义与恒久价值。

若仔细究察，这五位文化人物确是各自从属于不同社会类型，因之彰显出其特定的人文身份象征，异彩纷呈。虽然偶有交集，但交集远逊于差别，而各自拥载独有的命运形态与人生道路。如果大致给予归纳，则苏曼殊、李叔同二人，虽一位曾三次出家为僧，一位或虎跑寺壮岁断食，终生皈依空门，皆同样关系佛缘。但是就其整体生命的心相行踪而言，都依稀贯注了那份浓重的入世践行情怀与终极的精神追索，执念于"众生"。而章太炎却是始终以复兴弘扬民族文化传统为己任，从种族到家国、学理而及于思想精神，对其怀有极其强烈的责任心和使命感——"舍我其谁"。所以，无论作为激扬坚决的革命家，抑或终成经典的学问大家，并不被岁月磨洗掉亮色。至于王国维、陈寅恪则应是纯粹的学者，在这里，学术与生命已经紧密有机地汇融成一体。经时间、历空间，他们所创造的中国传统文化与学术的辉煌将面向世界、走进恒久。王国维博古通今、学贯中西，在文学、美学、历史学、古文字学等领域均有卓越的成就，特别是在甲骨学、简牍学、敦煌学等20世纪新学问上起到开创奠基的作用。他是在近代诸多学术领域扭转风气的学术大师，也是具有国际视野、享有国际声誉的顶级教授。他晚年自沉于颐和园昆明湖，其原因众说纷纭，迄无定说，但他的学术成就与文化气质都为后人所传颂。正如郭沫若所说，"好像一座崔嵬的楼阁，在几千年的旧学城垒上，灿然放出了一段异样的光辉"。陈寅恪是一个传奇，被傅斯年称誉为"近三百年来一人而已"。早岁曾以"三无"（无文凭、无著作、无资历）身份跻身于清华大学国学院"四大导师"之列，王国维自沉昆明湖前，将遗稿托付之。他是"教授的教授"，金针度人，桃李满天下，治学更独出机杼，辩证包容地凿通中西间壁，架构于世界文化和现代学理平面上进行，遂得有一片新绿耀眼。历史会铭记其"独立之精神，自由之思想"的品格、风骨。

诗云："鹤鸣于阴，其子和之。""鹤鸣九皋，声闻于天。"《文化中国·边缘话题丛书》洋溢着对中国传统文化的热情，贯通着对优秀文化传承倡扬的理想追求。它也依然循守这套大型丛书系列的整体体例和价值倾向，即根柢于可征信的确实文献史料，透过新时代意识的现代观照，出之以清便畅朗的"美文"与图文并映互动的外在形式，以求重新解读那些纷杂多元的历史文化话题及文学现象，就相关的人物、事件给出一些理性评说和感性触摸。所以，它因其灵活生动的巨大包容性，强调"可操作性与持续发展之张力"，已经形成一个长期的品牌选题，分若干辑陆续推出，以期最终构建起大众文化精品系列群。

乔力　丁少伦

2017年初夏于济南玉函山房

目 录

引言 澡雪见精神 / 1

第一章 凭栏一片风云气
——山河岁月，波澜人生 / 1

第一节 从"读书种子"到四大导师 / 1

1. 在留日大潮中 / 1
2. 复旦的"学霸" / 4
3. 蒿目时艰多乡愁 / 6
4. 他乡通读《资本论》 / 8
5. "试水"新政权 / 10
6. 天才成群地来 / 13
7. 辨伪识真，变废为宝 / 16
8. 文献主义的浸染 / 20
9. 坚持中国文化本位论 / 23
10. 举荐之趣和《与妹书》 / 27
11. 艰难蜕变 / 32

第二节 八千里路云和月 / 37

1. 撤离北平 / 37
2. 奔赴长沙 / 39
3. 转战蒙自 / 41

  4. 昆明讲史 / 43

  5. 牛津梦断 / 45

  6. 投入选战 / 46

  7. 滞留香港 / 48

  8. 难舍桂林 / 50

  9. 爱上成都 / 51

  10. 复归清华 / 55

  11. 艰难抉择 / 57

 第三节 康乐园的美丽和忧愁 / 60

  1. 南岭温情 / 60

  2. 自由高歌 / 61

  3. 好事多磨 / 65

  4. 书生反击 / 70

  5. 暮年膑足 / 73

  6. 人生绝唱 / 74

第二章 遥望长安花雾隔

  ——书生意气，家国情怀 / 76

 第一节 在香港沦陷的日子里 / 76

  1. 进退维谷 / 76

  2. 港大任教 / 77

  3. 著书立说 / 79

  4. 香港沦陷 / 80

  5. 无课可上 / 81

  6. 度日如年 / 83

  7. 浩然之气 / 84

第二节　对科学院的答复 / 86

　　1. 历史所所长的人选 / 86

　　2. 请君出山 / 88

　　3. 百无一用是书生 / 89

　　4. 对科学院的答复 / 91

　　5. 书生意气，挥斥方遒 / 93

第三节　学人的辉煌 / 98

　　1. 一代大家 / 98

　　2. 治史成就 / 99

　　3. 新考据学成就 / 104

　　4. 区域文化成就 / 108

　　5. 宗教学成就 / 110

　　6. 语言学成就 / 112

　　7. 教育成就 / 114

　　8. 诗歌成就 / 116

第三章　种花留与后来人
——薪火相传，润物无声 / 127

第一节　从清华到中大 / 127

　　1. 执教清华 / 127

　　2. 执教联大 / 130

　　3. 执教西大 / 131

　　4. 执教燕大 / 133

　　5. 执教中大 / 135

第二节　教授的教授 / 137

　　1. 何谓"教授的教授" / 137

2. 吴宓教授之教授 / 138

3. 冯友兰教授之教授 / 139

4. 季羡林教授之教授 / 141

第三节 可以托付生命的弟子 / 143

1. 蒋天枢 / 143

2. 刘节 / 144

3. 王永兴 / 146

4. 许世瑛 / 148

5. 陈守实 / 149

6. 翁同文 / 151

7. 汪篯 / 152

8. 金应熙 / 153

9. 周一良 / 155

第四章 患难朋友犹梦存

——高山流水，灵犀相通 / 157

第一节 王国维：风义平生师友间 / 157

1. 王国维之死 / 157

2. 忘年交 / 160

3. 永恒的纪念碑 / 161

第二节 吴宓：双星银汉映秋华 / 164

1. 双星初识 / 164

2. 双星再聚 / 165

3. 昆明避难 / 167

4. 再聚成都 / 169

5. 生命会晤 / 171

6. 肝胆相照 / 172

第三节　傅斯年：天下英雄独使君 / 174

　　1. 两代姻亲 / 174

　　2. 四年同学 / 175

　　3. 慧眼识珠 / 176

第四节　四女史：红巾翠袖谁揩泪 / 178

　　1. 知音洗玉清 / 178

　　2. 知心黄萱 / 184

　　3. 知交高守真 / 187

　　4. 贤内助唐筼 / 189

结　语　　声远听风铃 / 200

附录一　　陈寅恪与敦煌学 / 204

附录二　　主要参考文献 / 217

后　记 / 220

引言 澡雪见精神

1890年7月3日（清光绪十六年庚寅五月十七日）的长沙之夜，一场暴雨过后，从湘江上刮来一阵猛烈的西北风，给原本燥热的古城东半部送来清新的凉意。这时候，湘江东岸通泰街与北正街之间的蜕园（今周南实验中学所在地），一个鲜灵灵的小生命呱呱落地，让居住在这里的一户书香门第——陈宝箴、陈三立的家庭充溢着欢乐的气氛。这是近十四年来陈家添的第三口男丁。少爷陈三立作为婴儿的父亲，替他取名叫寅恪。寅是干支纪年庚寅年的寅，恪是辈份字。当然，陈三立将"寅"字嵌入三子名字内，还有另一层意思，就是希望他能像中华民族第一位伟大爱国诗人屈原那样，不辱使命，做个顶天立地的读书人。

屈原《离骚》开篇讲："摄提贞于孟陬兮，惟庚寅吾以降"，那意思是说，岁星在寅（摄提格）那年的孟春（正月，即孟陬），又逢庚寅的日子，我降生了——满是自得与幸福感！屈原深谙天文星历，知道寅年寅月（正月为寅）寅日，是日月交会之时，蕴育阳气，所以他认为自己乃日月所生，是太阳神的后裔。这是他"内美"之源。按《史记·楚世家》的说法，庚寅日应是楚族败而复兴的日子。屈原在那天出生，即肩负着复兴民族和民族文化的重任，他为此而自豪。1200年以后身处楚地的陈三立将"寅"字郑重地赋予三子，其意不言而喻。而陈寅恪亦不负父望，在80年的人生岁月里，将自己锤炼成民族文化复兴道路上的一位扛鼎者、

斫轮手。1927年，他于《挽王静安先生》诗中，在将王国维自沉昆明湖比作屈原自投汨罗江（"湘累宁与俗同尘"）后，即云"吾侪所学关天意"，对自己乃是信心满满，一腔豪情。他的这种信心与豪情，则非无根之本，而是渊源有自。

陈寅恪的祖父陈宝箴（1831—1900），字右铭，客家人，汉代远祖曾长居颍川（治翟县，即今河南禹州），在文范先生时"世益显，由是以颍川为族望"。至三十二世旺公时（唐代），其率族南迁，著籍江州（治今江西九江）德安，因"治家有法，益置田园"，唐僖宗"诏旌其门"；南唐时立其为义门，免其徭役，遂有"义门陈氏"之称。后家族屡有迁移。至陈宝箴曾祖父腾远时，由福建上杭中都琳坊迁入江西义宁（今修水）泰乡七都竹塅里。陈宝箴的祖父克绳，太学生出身，清道光帝诰赠以光禄大夫。陈宝箴的父亲伟琳，在咸丰时亦获诰赠光禄大夫。他长于属诗，倡建义宁书院（即梯云书院），"专供怀远子弟入学"。郭嵩焘撰《陈府君墓碑铭》称他"生平为学不求仕与名，独慷慨怀经志"，"而学术之被其身，足以有传"。

陈宝箴本人则是辛亥恩科举人，晚清名臣，头品顶戴。他在1895—1898年于湖南巡抚任内，以《马关条约》为耻，以开化湖南为己任，力倡布新除旧，锐意改革，为地方督抚推行光绪新政最力者。湖南面貌因此大新，成为全国最有生气的省份。陈宝箴博学多才，见识卓越，被曾国藩视为"海内奇士"而倚重。《清史稿·陈宝箴列传》言其"少负志节，诗文皆有法度"。1898年9月，戊戌政变，陈宝箴因保荐杨锐、刘光第、谭嗣同、林旭参与新政，遭慈禧太后革职，"永不叙用"，遂携家眷返里。1900年春，义和团运动风起云涌；6月，八国联军进犯北京。陈宝箴眼看国家蒙难，忧患不已，于7月22日抑郁而终。

陈宝箴的儿子，即陈寅恪的父亲陈三立（1853—1937），字伯严，中晚年自号散原。他系光绪间壬午科举人，己丑科（补殿试）进士，授吏部主事；戊戌政变时，与陈宝箴同遭革职，"永不叙用"。陈三立与谭延闿、谭嗣同并称"湖湘三公子"，与谭嗣同、徐仁铸、陶菊存（或云与谭嗣同、丁惠康、吴保初）并称"维新四公子"。吴宗慈《陈三立传略》讲陈三立"一生政治抱负遂尽于此（指戊戌变法）。先生既罢官，侍父归南昌，筑室西山下以居，益切忧时爱国之心。往往深夜孤灯，父子相对唏嘘，不能自已……庚子后，虽开复原官，终韬晦不复出。但以文章自娱，以气节自砥砺。其幽忧郁愤，与激昂磊落慷慨之情，无所发泄，则悉寄于诗"。陈三立是"不墨守盛唐者"的同光（同治、光绪）体诗派的魁杰，主学韩愈、黄庭坚，直接继承宋代江西诗派，诗风苍莽排奡，自成一路，有"中国最后一位古典（或传统）诗人"之誉。他有《漫题豫章四贤像拓本》（其三）诗云："驼坐虫语窗，私我涪翁诗。镌刻造化手，初不用意为。"表达追随黄庭坚（号山谷道人、涪翁等）而脱凡弃俗，求生求新之意。同光体的另一重要代表陈衍认为，尽管陈三立力主学黄，但仍文从字顺，且每有佳语"可以泣鬼神，诉真宰者"。陈三立诗歌最出彩部分是对乡愁与家国之思的抒发，如《书感》，痛说庚子国难；《晓体九江作》，"合眼风涛"，"抚膺家国"；《遣兴》则传递百忧千哀而"诉无天"的绝望之情，

对朝廷的腐败暗弱是欲哭无泪。中国近代诗史上的同光体诗人，大都具有爱国情操（唯郑孝胥除外），在深重的民族危机面前多能拍案而起，昂扬蹈厉，其中尤以陈三立表现激烈。1937年七七事变后，日军侵占北平。陈三立拒绝日军威胁利诱，忧愤国难，绝粒不食，于同年9月去世，表现出崇高的民族气节。有其父必有其子。陈寅恪于1942年底香港沦陷后的半年间所显示的民族大义，与散原老人是一脉相承的。

1896年陈氏兄妹合影于长沙巡抚署后花园"又一村"，左起陈康晦、陈隆恪、陈新午、陈方恪、陈寅恪

陈寅恪的先辈既卓尔不凡，他的四个兄弟也十分了得：长兄衡恪（1876—1923）乃名震一时的大画家，是我国首部美术史专著《中国绘画史》的作者。其诗、画、印堪称"三绝"，鲁迅赞其诗"乃开一新境"。仲兄隆恪（1886—1956）是财经专家，擅诗文，中华人民共和国成立后出任上海市文物管理委员会顾问。七七事变后他与陈三立、陈寅恪一样愤然拒绝汉奸说降而逃离上海，四处飘泊，颇具民族节操。陈寅恪的大弟方恪（1891—1966）亦擅诗词书画，精通目录学及文物鉴定，中华人民共和国成立后受到上海首任市长陈毅的格外礼遇。他在抗战中倾全力支持国共两党在南京的地下组织，曾被日本宪兵捕获，严刑拷打，却坚贞不屈，拒当叛徒。小弟登恪（1897—1974）的文学造诣极高，其小说《留西外史》一度风靡于青年学子间；1928年即入武汉大学中文系做教授，系著名的"五老八中"之一。因为他的学识和传统学者气质（和陈寅恪一样，总是一袭长衫在身），"文化大革命"中被打成"反动学术权威"，受迫害致死。加上陈寅恪这位百科全书式的文化巨子、思想精英，

义宁陈氏家族真个是书香世家，薪接火传，数代俊杰，满门忠义，在中国近现代文化的灿烂星空里，蔚成一片众目瞩望的美丽星群，可叹可羡，可歌可泣！

应该看到，像义宁陈氏这样的文化世家的出现在中国文化史上并非惊鸿一瞥，而是四处有声，翩若雁阵。几乎与义宁陈氏同期，在中国南方的文化沃土上，还出现不少以诗礼名世的大家族，如广东新会梁氏（梁启超、梁思成、梁思永、梁思礼），浙江德清俞氏（俞樾、俞陛云、俞平伯），吴越钱氏（钱穆、钱基博、钱钟书、钱玄同、钱学森、钱伟长、钱三强），安徽东至周氏（周馥、周学熙、周叔弢、周一良）。他们与义宁陈氏并誉为影响中国近现代百年史的五大"文化世家"。其他如安徽绩溪胡氏（胡传、胡适）、四川成都李氏（李璠、李镛、李尧棠即巴金）、成都双流刘氏（刘沅、刘枳文、刘咸焌、刘咸荥、刘咸炘）等，也是学术世家，各具特色。南方，特别是长江以南文化世家的花团锦簇、星光熠熠（势头盖过了北方），是一个有趣的文化现象。这些文化世家百年间一直像涟漪一般在中国大地上激荡，鼓动起千千万万以耕读为生、以诗书传家的城乡士绅，合力将文化中国从古代推进到现代。中华民族文化数千年来之所以连绵不绝，且波澜壮阔，离不开这些文化世家的辛勤努力和杰出贡献。他们不仅是中国文化的脊梁，也是中华民族的脊梁！

中国知识分子有两个优良传统，一是忧国忧民，以天下兴亡为己任，追求民族的独立和自强；二是修身齐家，读书治学，追求思想的独立与精神的自由。两者统一，并行不悖，终极目标乃是国富民强。北宋张载名句"为天地立心，为生民立命，为往圣继绝学，为万世开太平"（《张子语录·中》，说的就是这个意思。悠久深厚的优良传统，造就了自屈原、司马迁以降，包括李白、杜甫、白居易、苏轼、李清照、陆游直至晚清、民国时期那些大大小小、满天星斗式的耕读世家、书香世家在内的雍容而优雅的文化带。这是一条具有中国特色、盛满民族智慧的神采飞扬的文化带，是一条涌动思想自觉、道德自律、文化自信与人格自尊的志气高昂的文化带，是一条我们至今想起来还激动不已、无比向往、一唱三叹、令人迷醉的文化带。这条文化带上距离我们最近的陈寅恪，从美丽而忧愁的历史深处走出，又深情地回望历史，穷究典籍，学富五车，而能独辟蹊径，想前人所未想，发前人所未发，为我们叩开一扇扇历史的门扉，解开一个个古典的密码。他自己则成为这条文化带上夸父、刑天式的悲壮人物。

陈寅恪曾游历西方主要发达国家，经历过欧风美雨的熏染，通晓二十多种语言文字，却不以洋为尊，以洋为美，唯洋是从，而是以辩证而包容的态度凿通中西间壁，将中国文化的发扬与推展，架构于世界文化和现代知识的平面上进行，从而带动了他那个时代的中国文化面貌，呈现出一片耀眼的新绿。陈寅恪是让中国文化淌进世界现代潮流的弄潮儿。他视自己为中国文化"托命之人"，既能始终保持复兴文化中国的初心，又有深沉而坚定的家国情怀。他在祖国危难或祖国需要时刻做出的那些在他看来极为平常却出人意外之举（如在抗战中、中印边境冲突中的大义行为），不知感动了当时多少学人、学子。谁也不能否认陈寅恪是一位满怀赤子之心的真诚的爱国者。

陈寅恪最引人争议的是坚持精神独立、知识独立、思想自由、学术自由，反对"宗朱颂圣"（不宗奉马列）、曲学阿世，不参加任何政治活动却偏爱"书生议政"，对政府政策不时评头论足，令不少人大惊失色。不过，后来的事实证明，陈寅恪的一些批评，有些是正确的，富有远见的（如就新中国成立初期对苏联"一边倒"外交政策的批评）。所谓"千人之诺诺，不如一士之谔谔"，即此。

1929年，陈寅恪应邀为两年前辞世的王国维撰写纪念碑铭，其中有云："思想而不自由，毋宁死耳。……惟此独立之精神，自由之思想，历千万祀，与天壤同久，共三光而永光。"这也是陈寅恪的心迹表露，是他的人生、品性、铮铮风骨、凛然气节的真实写照。他死后，亲属、友人为之立碑，即镌"独立之精神，自由之思想"这十个闪闪发光的大字。因为这是陈寅恪安身立命之本，是他人格魅力之所在，亦是中国优秀知识分子一直苦苦追求的生命质量、人格价值。陈寅恪用他半个多世纪的热血和热情彰显了它，让这颗曾流落荒原、当属社会人共有的最可宝贵的明珠得以擦拭泥垢，抖落烟尘，大放光芒！这正是：

  自由独高标，澡雪见精神。

  恩怨随风去，独泣子规魂。

第一章 凭栏一片风云气

——山河岁月，波澜人生

第一节 从"读书种子"到四大导师

1. 在留日大潮中

1840年鸦片战争一声炮响，击穿了大清帝国深闭固拒的铜关铁锁，也催醒了一部分优秀士人去睁眼看世界。随着1901年更加屈辱的《辛丑条约》尘埃落定，"救亡图强"成为时代主旋律，一批批青年学子跨海渡洋，去向打败了中国的"先生"——西方资本主义发达国家偷经学艺，以期收拾山河，振兴中华。这时，已从南昌移家江宁（南京）的陈三立也打算将两个儿子——衡恪、寅恪送往日本求学。他在1901年秋冬之交（《辛丑条约》刚签订不久）写有七律《晓抵九江作》以抒心志：

> 藏舟夜半负之去，摇兀江湖便可怜。
> 合眼风涛移枕上，抚膺家国逼灯前。
> 鼾声邻榻添雷吼，曙色孔篷漏日妍。
> 咫尺琵琶亭畔客，起看啼雁万峰巅。

这是一首直指《辛丑条约》的嫉世忧时之作，是没有问题的。

其颔联、颈联直吐胸中愤懑而破腔排空,苍凉悲切又怀有希望。末句那高翔于"万峰巅"上的"啼雁",正是其希望所寄。诗中"曙色""啼雁",既泛指当时的留洋或留日浪潮,又暗喻即将投入这一浪潮的两个爱子——他们既是国家复兴的希望,也是自戊戌维新以来遭到重创的义宁陈氏家族再度崛起的希望。

中日甲午战败后,举国震惊之余,人们开始瞩目日本。陈宝箴、陈三立倾力参与的戊戌维新运动便以日本为效法对象。日本政府为缓和甲午之后的对立情绪,遂邀请中国派遣学生留日。1896年,驻日公使裕庚因使馆工作需要,招募戢冀翚、唐宝锷等十三人到日本留学,开留日之先声。到1900年,留日学生总数已达一百四十三人。

从1901年起,鉴于《辛丑条约》带来的困境,清政府大力提倡青年学生出国留学,并许诺留学归来分别赏给功名、授以官职。1905年,清政府又宣布废除科举制度,出国留学遂成为知识分子救亡图存与发展自己的一条出路。而日本政府则企图通过留学生来培植它在中国的势力,顺带获取一些外汇;日本中下层人士希望和中国友好,加强文化交流,也主张吸引中国留学生赴日。在两国朝野的鼓动下,一时留日学生势如潮涌。据统计,1901年留日学生人数为两百七十四人,1902年夏为六百一十四人,1904年为一千四百五十四人,1905年冬为两千五百六十人;1906年夏为一万二千九百零九人,年底达一万七千八百六十余人,为留日学生人数的最高峰。

1902年3月24日,年仅十三岁的陈寅恪,在南京长江码头登上了日本轮船"大贞丸号",幸运地成为皇皇留日大潮的一员。

作为世家子弟的陈寅恪,虽然家世已经没落,但仍能靠着亲戚的关系来赢取这次赴日留学的机会——尽管只是自费。这样的机会,举目四万万中国人不是谁想有就能有的。为他带来幸运的是他的亲舅舅俞明震。

俞明震(1860—1918),字恪士,在陈寅恪出生那年的1890

年中进士。这进士好像是专为小陈寅恪中的一样——在陈寅恪十三岁这年,俞明震已凭进士资历做了江南(南洋)陆师学堂兼附矿务铁路学堂的总办(即校长,实于1901年就任)。其时俞明震受两江总督刘坤一委派赴日本视察学务,兼送江南陆师学堂及附矿务铁路学堂二十八名学生官费留学日本,于是顺便把两个外甥陈衡恪、陈寅恪送出国门,带到日本。

陈寅恪后来回忆说,他于赴日途中,在上海碰见了李提摩太——就是那位先前在中国大力鼓吹西学,狂热支持维新变法的英国传教士。李提摩太用熟练的汉语夸奖陈氏昆仲的此次东洋求学:"君等世家子弟,能东游甚善。"能得到这位差点成为光绪皇帝顾问的洋人如此称赞,少年陈寅恪当然"甚喜";但当时给他留下深刻印象的还不在此,而是这位"老外"那口流利的京片子(即北京话)。这件看似不经眼的事,却成为以后陈寅恪去发奋通晓二十多国外语的一个重要诱因。

陈寅恪抵日后,即与长兄衡恪一道,以舅舅俞明震家族随员的名义,获日本外务省批给的"家族滞在"签证,以"听讲生"的身份,进入东京弘文学院学习。同学中有周树人(1918年发表《狂人日记》时始用笔名鲁迅)、林伯渠、李四光等。是年底,衡恪获官费留学生名额,仍在弘文学院补习日语。两年后,即1904年夏,陈寅恪在暑期中返回祖国,同仲兄隆恪一同正式考取官费留日。是年秋,他再入东京弘文学院学习。1905年冬,陈寅恪因脚气病日益严重,已不能再坚持学习,遂于寒假之时,与陈衡恪、隆恪一道从东瀛归

1904年,左起:陈隆恪、陈寅恪、陈衡恪留学日本时合影

国，此后再未踏上前后呆了三年多的这片所谓"日出扶桑"之土。不过衡恪、隆恪则于1906年返日继续求学，相继获得大学文凭；周树人、林伯渠、李四光等也先后学成归来，只有陈寅恪仅为弘文学院的高中肄业生，没有文凭。

陈寅恪求学日本的三年多是否失败了呢？不然。第一，这三年多，他已全面掌握了日语，这是他平生精通的第一门外国语言。第二，在这三年多，他大体了解并能剖析日本历史和社会风俗的流变及现状。第三，在三年多的时间里，他对日本学术文化的由来、特点及其内容作了较深入探讨。因为有了这些铺垫，陈寅恪尔后才能顺利完成像《元白诗笺证稿》这类涉及日本文化的力著。更重要的是，由于陈寅恪对日本民族精神、文化心理具有深刻认识，所以后来方能在抗战未起之时即识透日本侵略者的狼子野心，抗战中坚持民族大义，抗战末期为盟军出谋划策。

尽管如此，从当时的表象看，陈寅恪在日本的三年多求学可谓星光暗淡，这让望子成龙的陈三立颇为不甘，一直耿耿于怀。这反倒为陈寅恪更多的留学经历开启了大门，为他更远更开阔的读书之路留下了空间，为其最终修炼成"读书种子"埋下了伏笔。

2. 复旦的"学霸"

一个人的学术成就当然是和他的读书经历息息相关的，虽说这当中并不是一一对应关系，但却是一个非常重要的前提。

那时作为父亲的陈三立，已经深谋远虑地为儿子们设计了多种前途。1907年，陈三立考虑再三，还是决定把儿子陈寅恪送到有"冒险家的乐园"之称的新兴大都会——上海读书。他的想法是，陈寅恪如果不能去东洋看世界，至少也要到国内西学最为发达的地方去长见识。

"千年中国看北京，百年中国看上海"，百年上海浓缩了百年中国剧变的历史，并成为近代中国的象征，很多方面开风气之先。陈寅恪从日本回到国内的1905年，上海正好诞生了中国学者独立创办的第一所高等院校，那就是由中国近代知名教育家马相伯创建的复旦公学。以此为标志，20世纪上半叶的上海逐渐成为中国学术文化的新中心。

这所近代化高等院校在成立之初，虽然面临着诸多困难，但却是中国知识分子自主办学、教育强国的希望，云集了当时教育界的许多有识之士，包括一批学术大师和著名学者。

复旦公学是从成立于1902年的原震旦公学分出创建的，教员和学生大多从震旦公学而来，所以复旦公学在刚刚创立的1905年基本上没有对外招生。刚从日本归国不久的陈寅恪，能轻易地进入复旦公学中学部学习，其家世背景和父亲与舅舅的精心运作起了关键作用。

已经十八岁的陈寅恪没有让父亲和舅舅失望。进入复旦公学之后，陈寅恪渐渐展露出超出常人的学习天赋。这应该得益于其家学渊源及祖父和父亲的早年培养。

1893年至1894年，陈寅恪只有四五岁时，便进入祖父陈宝箴任职地的武汉一家私塾接受启蒙教育。1895年祖父出任湖南巡抚后，还请湘潭大儒周大烈专门教寅恪几兄弟读书。1898年，祖父、父亲被罢官后，更是把全部心血倾注到对子孙的教育上。年幼的寅恪则把陈家和舅舅俞家的书房当成乐园，嬉戏之中亦能自觉承继家学，以捧读诗书为乐趣。

1899年摄于南昌。中坐者为陈宝箴，前立者为陈封可。左起：陈方恪、陈寅恪、陈覃恪、陈衡恪、陈隆恪

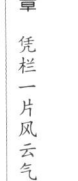

陈寅恪在复旦公学十分勤奋，加

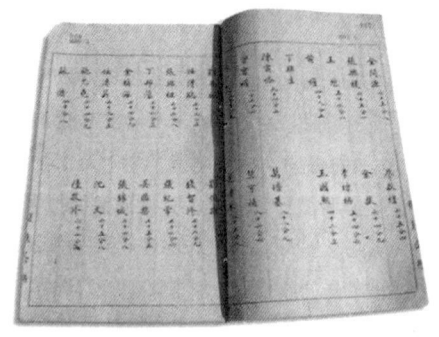

复旦公学考试等第名册（原件藏复旦大学档案馆）

上天赋甚高，很快便在班上名列前茅。这是因为他一直怀有去海外留学的愿望——日本留学的戛然而止，更加强了这个愿望。在现今保存的复旦公学中学部丁班的《考试等第名册》（藏复旦大学档案馆）上，陈寅恪在1908年竟考出94.2的高分，系班上第一名。这个成绩，比他的同桌、后来成为中国物候学创始人的竺可桢（班上第四名）足足高出7.6分。值得提及的是，陈寅恪在复旦公学求学的四年间，亦是中学部的"学霸"，几乎各科成绩都是魁首。陈寅恪就这样第一次展示出那个年代"读书种子"的鲜明特征。

3. 蒿目时艰多乡愁

那个年代，把孩子送到国外留学，几乎成了上层社会教育后代、期望孩子学有所成的一种共识。虽说陈寅恪在复旦公学的学习成绩极好，陈三立还是毅然决然地让儿子中止学业，去国外留学。1909年秋天，一个阴雨绵绵的日子，陈三立到上海亲自送儿子登上开往德国的轮船。此时的陈寅恪已经二十岁。他此次离开上海漂洋过海，目标与上次东渡日本相比，是更为明确，心境自然也就大不一样。陈寅恪第一次留学时，还是一个无忧无虑的少年，而这次已经是一个精力旺盛、朝气蓬勃的大小伙子了，可谓满怀抱负，雄心万丈。临别时，父亲以一首题为《抵上海别儿游学柏灵……》的古风相赠，中有"后生根器养蛰伏，时至傥作摩霄鹰"句，显然对远去的儿子寄予厚望。

在茫茫大海上漂泊了几个月之后，陈寅恪顺利到达德国。踏上德国土地不久，1910年，陈寅恪就考上了柏林大学，开始学习语言文学。这一年8月29日，日本武力并吞朝鲜，颁布朝鲜贵族令。陈寅恪在柏林闻此消息，悲怅之中，写就一首古风，中有"长陵鬼馁汉社屋，区区节物复何有""兴亡今古郁孤怀，一放悲歌仰天吼"句，对朝鲜的沦亡与清廷的无能扼腕叹息。这里的民族主义情绪是显见的，但更多的是一种唇亡齿寒式的悲凉，是对"清"这个老大天朝上国大厦即将倾覆的哀惋。是诗为现存陈诗中的第一首，蒿目时艰，忧心国难，满纸沧桑，开局便不凡。

进入柏林大学不到一年，1911年春天，陈寅恪的脚气病又犯了，需要转地治疗，于是离开了这所久负盛名的世界性大学。

陈寅恪到了挪威。陈寅恪虽然"脚气病重"，却被北欧春天美丽的冰雪景致所吸引，在那里心旷神怡地游逛了二十多天。他自述"游踪所至，颇有题咏"，后来追忆起三首，其中一首尾联为"回首乡关三万里，千年文海亦扬尘"，乡愁系肠，令人唏嘘。末句似对万里之外祖国方兴未艾的白话文运动表示关切，隐约感到天翻地覆的时代巨变即将来临。

陈寅恪在挪威住了二十来天，居然将长年困扰他的脚气病疗养好了。他后来回忆此事，以为不可思议。1911年入夏不久，陈寅恪便恋恋不舍地告别了迷人的斯堪的纳维亚半岛，乘船横渡浩瀚的北海，入多佛尔海峡自加来登陆，进入法兰西共和国。他在这片曾作为欧洲启蒙运动（继文艺复兴后欧洲近代第二次思想解放运动）中心的湿润的土地上盘桓有一二十天，沿塞纳河浏览了巴黎盆地及以东的广袤的葡萄园、波光粼粼的大运河及沿河星罗棋布的建筑群，造访了诞生过伏尔泰、卢梭、雨果、巴尔扎克等人文大师及发生过热月政变、七月革命等重大事件的文化历史名城巴黎，虽是浮光掠影，却感触良多。1911年9月26日，陈寅恪在法国东北靠近德国的孚日山脉乘车观光，于山间小驿赋诗一首

（题作《己亥秋日游 Les Voges 山……》）寄友人，起首便是"一突炊烟欲暮时，万山无语媚秋姿"，语句清幽而凄迷，其意趣所向，并不止于异国的山光水色，更是触景生情、由此及彼，对故土倾诉那无尽的牵挂与愁思——是诗颈联那一句"中原迢递事难知"，传达了个中消息。

4. 他乡通读《资本论》

1911年秋，陈寅恪从法国边境进入卢森堡，再入德国，沿莱茵河溯流而上，抵达有"世界公园"之称的瑞士。10月初，陈寅恪在瑞士最大城市苏黎世完成了大学转读手续：从柏林大学转入苏黎世大学。后者建校历史虽仅有七十四年，却是瑞士规模最大、最富现代气息的综合性大学，名气甚至盖过瑞士最古老的大学——巴塞尔大学（建于1460年）。陈寅恪之所以选择这所大学就读，首先因为它是欧洲第一个由民主国家而不是封建君王或教会创办的大学，民主、多元、国际化是其显著特色；二是因为瑞士同时使用德、法、意三国语言为官方语言，而苏黎世大学也同时运用三国语言教学，这对其迅速掌握西方主要发达国家的语言无疑是条捷径。陈寅恪认为，无论是研究中华文化还是民族史、别国史，抑或世界文化、中外交流史，首先就要过好语言文字关。这就是他常说的："读书须先识字。"所以，他十六年间游学西方，每到一国，排在其课程表首位者就是该国语言文字，其次才是该国的思想文化与学术。陈寅恪于幼年启蒙时期，即下苦功夫学习《说文解字》和高邮王氏父子（王念孙、王引之）的训诂学著作（如《广雅疏证》《读书杂志》《经传释词》《经义述闻》等四种），这为他后来的历史研究特别是唐史研究打下了良好的基础。他在私塾读书期间，还向留日归来的大朋友学习过日语。他少年时两番进入东京弘文学院学习，除继续提高日语水平外，更主要的是学日本文化及现代科学知识。

陈寅恪入苏黎世大学还未满一周，国内就发生了一件惊天动地的大事件——孙中山领导的革命党人在10月10日发动了武昌起义，宣布成立湖北军政府，并号召各省起义，推翻清王朝，建立共和国。消息很快传到欧洲大陆，英、法、德、意文的各种报纸纷纷列入头版头条争相报道。陈寅恪一看到报道，便立即赶到图书馆，把德文版的马克思巨著《资本论》抱回寝室，日夜通读，很快就"啃"完了这部三卷本的大部头。《资本论》的核心是剩余价值理论。这个理论揭示的是资本主义剥削的本质，说明无产阶级和资产阶级是两个在根本利益上互相对立的阶级，指出无产阶级的历史使命就是彻底推翻资本主义剥削制度。马克思的这部书，花费了他毕生精力，其研究方法是唯物史观和唯物辩证法。而陈寅恪则在中国人中第一位通读完它的原版，亦堪称奇事。作为一位来自半封建半殖民地国度的知识分子且本人又是封建官宦世家子弟的陈寅恪，何以会对马克思主义的这部经典著作抱以如此大的兴趣？这是今人一直不好理解的问题。

要回答这个问题，我们就需要理清陈寅恪面对旧制度、面对辛亥革命的态度。应该说，陈寅恪对清王朝所延续的两千年的封建专制并无太深的感情。他的祖父陈宝箴、父亲陈三立积极推进戊戌维新的终极目标，就是试图引进西方民主制度，改家天下的国家政权为君主立宪制，从而富国强兵，将国家引上近代化的民族资本主义独立发展的道路。可是这一良好愿望却为当局所不容——绚丽的民主之花还未绽放，就被扼杀于摇篮之中。这种难以名状的委屈与伤痛十多年来像阴霾一样挥之不去，从陈宝箴、陈三立一直漫延到陈寅恪那里。虽说陈寅恪像父辈一样并不赞成革命党的激烈方式，但对过往的不甚愉快的记忆和对民主、自由、独立的向往以及年轻人特有的对新鲜事物的敏感，使得他对旧政权的覆灭并不觉痛苦，反倒是乐观其成。1912年2月12日，当清帝宣告退位后，陈寅恪写了一首题作《自瑞士归国后旅居上海得胡梓方朝深自北京寄书并诗赋此答之》的七律，尾联即为："西山亦有兴亡恨，写入新篇更见投。"其与刘禹锡"沉舟侧畔千

帆过,病树前头万木春"的心境颇有异曲同工之妙。与之相映成趣的是,1911年冬,陈寅恪在瑞士获悉武昌起义成功以后,竟然兴致勃勃地去恩嘉丁山欣赏雪景,归来后还赋七古一首(即《宣统辛亥冬大雪后乘火车登瑞士恩嘉丁山顶》),为后人留下一幅清新纯朴、不染纤尘、楚楚动人、秀色可餐的异国山水画卷。我们试读其中几句:"车行蜿蜒上绝壁,苍龙翘首登银台。杉松夹道戴冰雪,风过撞击鸣琼瑰。碧泉喷沫流涧底,恍若新泻萄葡醅。直须酌取供渴饮,惜我未办玻璃杯。"从中我们可以窥见陈寅恪面对旧制度灭亡的好心情——那简直就是一种胜利者的姿态。而此时的他或许意识到自己在天地翻转、乾坤挪移的大变局中的历史责任,急需补充相应知识以应对,所以才急急赶到苏黎世大学图书馆借阅《资本论》。后来他在向学生石泉、李涵谈及此事时说:"因为要谈革命,最要注意的还是马克思和共产主义,这在欧洲是很明显的。"[①]

陈寅恪早年读《资本论》,说明他是以积极的心态迎接新世纪的到来,并准备参与新世纪的建设。陈寅恪同他的父辈一样,从来就不是不问政治者。在他的血脉里,一直流淌着中国知识分子"先天下之忧而忧,后天下之乐而乐"的火烫血液,壮怀激烈,凛然可敬!

5. "试水"新政权

1911年底,陈寅恪"因学费筹措困难",不得不中止了在苏黎世大学的学习,从欧洲返回祖国。1913年春,他经西伯利亚再赴欧洲,入法国巴黎高等政治学校。直到翌年秋,在长达十七八个月的时间里,陈寅恪在这个大学的社会经济部学习。一个文史学者去学经济,看似怪异,其实不然。1935年10月,陈寅恪在《清

[①] 石泉、李涵:《追忆先师寅恪先生》,载《纪念陈寅恪教授国际学术讨论会文集》(1988年),中山大学出版社1989年版。

华学报》第拾卷第肆期发表《元白诗中俸料钱问题》，他熟稔地写道："考释唐代京外官俸制不同之问题，及证明肃（宗）代（宗）以后，内轻外重与社会经济之情势。"这应该与他二十多年前在巴黎高等政治学校学的动态分析等方法及工资理论等有关；再往上溯，还应与他1911年在苏黎世大学读《资本论》、学政治经济学有关。

1914年6月28日，奥匈帝国皇储弗兰茨·斐迪南在萨拉热窝（今为波黑首都）被塞尔维亚爱国青年刺死；7月，奥匈帝国进攻塞尔维亚；8月，德、俄、法、英参战。第一次世界大战由此爆发，并很快席卷欧洲，波及亚洲、非洲。恰逢此时，陈寅恪接到江西教育司（相当于后来的教育厅）副司长符九铭电报，要他回南昌"阅留德学生考卷，并许补江西省留学官费"。陈寅恪于是匆匆赶回祖国，以应新政权的召唤。审阅留德学生考卷的工作连续进行了三年，但每年都有很长的休息时间。这期间，陈寅恪于1915年春赴京，短暂担任袁世凯北洋政府经界局督办、陆军部编译处副总裁蔡锷的秘书。这里面有个小插曲，就是陈寅恪在担任蔡锷秘书期间，他早年在东京弘文学院的同学周树人即鲁迅，也在北京北洋政府教育部任职，连续赠送他在日所出的《域外小说集》第一集、第二集以及齐寿山《炭画》一册。鲁迅与陈衡恪（即陈师曾）是知交，又与寅恪同船赴日留学，故有赠书之举。此事见载于鲁迅《乙卯日记》1915年4月6日条，但未见陈寅恪提起过。个中原因，无从得知。

1915年11月，蔡锷在梁启超和小凤仙的帮助下，金蝉脱壳，挂冠而去，经天津东渡日本，旋又南卜云南，成功脱离袁世凯的控制。蔡锷出走后，陈寅恪即于1916年至1917年在长沙出任湖南省公署交涉股股长。这段时间，除南昌阅卷外，陈寅恪的后两项工作应该算是从政吧。这说明陈寅恪对取代清王朝的以"共和制"标榜的新政权是拥护的，并投以相当大的热情参与其中。

不过，蔡锷于1915年冬的出走，给陈寅恪很大的冲击。这一年，袁世凯酝酿称帝；12月便宣布改次年为洪宪元年，准备即皇帝位。同月25日，蔡锷与唐继尧、戴戡等在昆明通电全国，宣告云南独立，以讨袁为号的护国战争迅即震响半个中国。1916年6月6日，袁世凯在全国人民的声讨怒潮中忧惧而死，一场闹剧终于落幕。此时，中华民国诞生不过四年又四个月，历史却走过了从民主共和重返专制独裁再返共和的曲折而荒唐的坎坷路。这令以满腔热血参与新政府工作的陈寅恪大为失望。他对像袁世凯这样的满嘴国家大义、一肚子祸国心肠的宵小之徒以及投机取巧之人很是蔑视，对"共和"与"民主"的旗帜还能打多久极为忧虑。1916年夏秋之际，陈寅恪有《寄王郎》诗一首，可看出他这期间已对新政权渐生疏离之意：

　　泪尽鲥鱼苦不辞，王郎天壤竟成痴。
　　只今蓬堁无孤托，坐恼桃花感旧姿。
　　轻重鸿毛日一死，兴亡蚁穴此何时。
　　苍茫我亦迷归路，西海听潮改鬓丝。

　　是诗文字圆熟而轻俏，意绪黯然而惆怅，显出作者对白云苍狗般的世事变迁的惊诧与无奈。其颈联用司马迁《报任少卿书》"泰山""鸿毛"典及《太平广记》卷四百七十五淳于棼"槐梦"典，讥袁世凯复辟梦；尾联则讲他于苏黎世大学听闻国内革命涛声，归来却是风景煞人，颇有李贺"我有迷魂招不得"的韵味，但是又有谁能解开他那"当拏云"却无路的少年心结呢？

　　陈寅恪于1915年至1917年为中华民国政府的工作，应是他对问政、从政的人生选择的一种"试水"。这种"试水"由于袁世凯的复辟帝制而告结束。陈寅恪从此与陈宝箴、陈三立的入仕报国的理想决绝，心无旁骛地走上学术救国的道路。

6. 天才成群地来

1917年8月，陈寅恪与湖南省公署的其他两位科长林祖涵（即林伯渠）、熊崇煦一道，毅然辞去政府公职，申请公费游美留学。此时第一次世界大战虽说激战正酣，但大洋彼岸的美利坚合众国却是笙歌鼎沸，一派升平盛世气象。经过漫长的手续办理，直至1919年初，陈寅恪才踏上北美的土地，进入坐落于马萨诸塞州剑桥市的世界顶级大学——哈佛大学学习世界史与梵文、希腊文等。此时第一次世界大战刚刚结束，而陈寅恪已迈进"三十而立"的门坎。

陈寅恪在哈佛大学直接进入文理研究院，注册为历史研究生。这年注册为人文学科研究生即陈寅恪的同窗者，还有俞大维、林语堂、张歆海、顾泰来、吴宓、汤用彤、韦卓民、洪深等。这八人后来均成功完成学业，分别拿到博士或硕士学位，唯独陈寅恪未获文凭。加上之前于1918年获博士学位的赵元任，1920年入校的李济，其时查尔斯河（哈佛大学所濒临河流）畔，已集合起中华民族的一批优秀人才，可谓星光熠熠，"天才成群地来"（王汎森语）。

陈寅恪游学欧美，同留学日本一样，不以学位为目的，而在于获取真实有用的知识。他的梵文导师、美国东方学权威兰曼教授十分赏识他。1921年2月17日，兰曼在写给哈佛大学校长罗威尔的信中指出："目前我正在指导两名出众的优秀研究生：一名是上海来的陈寅恪，另一名是北京来的汤用彤。他们对我真有启发。我衷心希望我们能有许多这样精神高尚而且抱负不凡的人，来活跃我们本国的大批学生。我深信，他们两人都对中国的前途会有卓越的贡献。"兰曼真是慧眼识珠——陈寅恪就不必说了，而汤用彤（1893—1964）后来果真成为现代中国学术史上少数几个能够会通中西、接通华梵、熔铸古今的学术大师之一。他与陈寅恪、吴宓并称当时的"哈佛三杰"。

钱绍武绘青年吴宓小照　　钱绍武绘青年陈寅恪小照

吴宓（1894—1978）是哈佛大学中与陈寅恪交往最密切者之一。他通过陈寅恪表弟俞大维结识了陈寅恪，从此成为半个世纪风雷难动的莫逆之交。吴宓一生最服陈寅恪。他在1934年完成的《空轩诗话》中发自肺腑地说，他在哈佛大学得识陈寅恪，"当时即惊其博学，而服其卓识，驰书国内诸友谓：合中西新旧各种学问而统论之，吾必以寅恪为全中国最博学之人。"吴宓还在1919年5月25日的日记中写道："陈君中西学问，皆甚渊博，又识力精到，议论透彻，宓倾佩至极。古人'闻君一夕谈，胜读十年书'，信非虚语。陈君谓，欲作诗，则非多读不可，凭空杂凑，殊非所谊。又述汉、宋门户之底蕴，程、朱、陆、王之争点及经史之源流派别。宓大为恍然，证以西学之心得，深觉有一贯之乐。为学能看清门路，亦已不易。非得人启迪，则终于闭塞耳。"

陈寅恪对自己的这位崇拜者兼密友亦很看重，倾心交往。1919年3月2日，吴宓在哈佛大学中国学生会发表题为"《红楼梦》新谈"的演讲，陈寅恪前往聆听，对其另开生面的红学见解赞赏有加，认为他必会续接曹雪芹而成大器。1921年6月，吴宓以比较文学硕士身份告别了哈佛大学，告别了他所敬重的挚友陈寅恪和俞大维，启程回国。8月间，他抵达上海，刚一下船，即赶赴陈家和俞家，代陈寅恪、俞大维传达游子的思念，报告他俩的学习情况。吴宓尔后虽未做成小说家，却成为一代红学大家和中国比较文学研究的奠基人——被誉为"中国比较文学之父"。他在清华国学研究院执教期间直接教授的学生，有许多成长为极有影响的学术大师，如钱锺书、季羡林、徐中舒、高亨等。

俞大维（1897—1993）既是陈寅恪的表弟，也是他在哈佛大学过从甚密的好友之一。俞大维是陈寅恪三舅俞明颐（大舅即俞明震）的长子，后来陈寅恪的妹妹陈新午嫁给了他（1929年），因此在表亲之外又加上了姻亲关系。陈寅恪除有两位兄长、两位弟弟以外，还有三位妹妹，分别是康晦、新午、安醴。她们秀外慧中，均有才气。俞大维后来走上从政之路，于1933年担任了国民政府兵工署署长，获陆军中将衔。抗日战争中，他力撑兵工企业，建成具有相当规模的军事装备生产与研发体系，并培育出一批优秀人才，有力地支援了前方战士的对敌作战，被誉为中国的"兵工之父"。1954年至1965年，俞大维在中国台湾地区担任了长达十年的"国防部长"，为蒋介石所倚重。他退役后重归学术，又皈依佛法。他死后，"总统府"遵其遗言将骨灰撒于台湾海峡，以示对大陆的思念。

俞大维认为他人生和学术的起点在早年的哈佛大学（他葬礼的灵堂遗像正下方即悬哈佛校旗）。陈寅恪的三个女儿陈流求、陈小彭、陈美延在《也同欢乐也同愁：忆父亲陈寅恪母亲唐筼》一书中写道，

童年俞大维（中）、俞大纶（右）、俞大绂（左），后为其姐

陈寅恪与俞大维自1919年至1925年，连续做了七年同窗（从哈佛大学到柏林大学），志趣相投，友谊深厚，学习上互相砥砺，生活上同甘共苦，直令同学歆羡。他俩都是官费留学，每月有一百美金，应该够用，可却时常手头拮据，连所喜爱的歌剧都无钱去看。其间原因，除了不时接济一些困难同学外，更多的是将钱花在购书上了。他俩在哈佛的同学都知道，在中国留学生中，陈寅恪与俞大维是藏书最多、搜购书籍最上心者。吴宓在1919年8月18日的日记中指出："哈佛中国学生，读书最多者，当推陈君寅恪及其表弟俞君大维。两君读书多，而购书亦多。到此不及半载，则新购之书籍，已充橱盈笥，得数百卷。"陈、俞在柏林大学的同学毛子水后来写有一篇《记陈寅恪先生》的文章。他回忆说，1923年夏天，他刚到柏林不久，傅斯年（也是陈、俞在柏林大学的同学）就告诉他："在柏林有两位中国留学生，是我国最有希望的读书种子：一是陈寅恪，一是俞大维。"

7. 辨伪识真，变废为宝

陈寅恪在哈佛大学待了不到三年，即于1921年9月结束学业，前往德国，第二次进入柏林大学学习。1925年底，陈寅恪应清华国学研究院之召，从柏林经马赛搭船回国。这一次，他在柏林大学待了四年又两个月，同此前的留学经历一样，归来所携，都是西学和西人东方学典籍，没有文凭。而对他离开哈佛再入柏林大学的真正原因，没有人去探讨过。为此，刘正先生提出了他的看法。他认为，其间理由应当只有一条，即陈寅恪已"失

摄于德国柏林（1925年4月）

去了继续在美国留学的签证。因为他访问学生的身份，美国只能给两年的签证。如欲继续获得签证，必须先取得硕士研究生考试的合格证。但是，陈氏却放弃参加这一考试，选择再次留学德国"①。

陈寅恪自1902年2月十三岁东渡扶桑，至1925年底自马赛海归，在欧、美、日游学整整十六年之久。他的游学或留学方式在当时颇为时尚的海外求学大潮中显得很怪异、很独特，即不重文凭，不问学位，只求知识，只学本领——如果说他在哈佛之前的留学未获文凭尚有客观原因可寻（留学日本和第一次留学德国是因脚气病而中断学业，留学瑞士是因学费问题而半途停学，留学法国是因应江西教育司电召而辍学）外，那么自留学哈佛起，他就有意识地只重过程而不要文凭了。为了取得一纸文凭而影响向知识的深度与广度的求索，这是陈寅恪不愿做的，也是不屑做的。

陈寅恪第二次留学柏林大学，主要在其研究院哲学门学习和研究梵文及东方古文字等。柏林大学即现今柏林洪堡大学，1810年创立，二战之前一直是欧洲乃至世界的学术文化中心，产生过二十九位诺贝尔奖得主，爱因斯坦、普朗克、费希特、谢林、黑格尔、叔本华等曾任教于此，马克思、恩格斯、舒曼、费尔巴哈、海涅、俾斯麦亦曾就读于此，后来成为中国先进人物或优秀学人的罗家伦、宗白华、王淦昌、赵九章、傅斯年、韩儒林以及周恩来、马君武、朱家骅、章伯钧、张君劢、包乐汉及俞大维等也在这里学习过。陈寅恪再次留学柏林大学时的最重要的导师是东方学家、梵学大师因里希·吕德斯。另外其他知名的东方学者，如海尼士、米勒、豪尔、福兰阁等，也是陈寅恪的老师。吕德斯是德国东方学会的副会长。可能经他的介绍，陈寅恪在柏林很快就加入了这个学会。他同东方学会的关系一直维持到1926年其就任清华国学研究院导师之初。

---

① 刘正：《陈寅恪史事索隐》，上海书店出版社2014年版，第102页。

陈寅恪尔后治中国史、中国文学以及语言学，不经意间便运用了不少西学方法，如实证法、比较法，还能"不着痕迹地运用西典"，如《圣经》典故，这与他长期浸染于西方文化、西方学术（包括东方学）关联甚大。刘梦溪先生在《钱锺书与陈寅恪》一文里认为，尽管在陈寅恪的著作中，"很少看到西方学术观念和方法的直接使用"，可是又不能不承认其"西学训练非常之好。他在德国学习研究的时间最长，很多人说他受到德国史学家兰克的影响"。利奥波德·冯·兰克（1795—1886）主张据事直书，不偏不倚，如实客观；而要达成这个科学目标，则首先必须对史料进行一番甄别，去伪存真，以重现历史。许多学者在他生前身后都集合在这一主张的旗帜下并发展了它，由此形成兰克学派（又称历史研究的科学学派），在欧洲蔚成颇为壮观的实证主义史学思潮（不仅德国，甚至连英国、法国的三代学者也被卷入进来），主导西方史学界近一个世纪之久。兰克曾在柏林大学任教近四十年，陈寅恪后来亦在此求学四年多，受兰克史学的潜移默化当在情理之中。他的三部重要著作——《隋唐制度渊源略论稿》《唐代政治史述论稿》《元白诗笺证稿》都表现出非凡的文献考证功力。当然，这也与陈寅恪深受我国传统考据学（如王氏四种）的熏习有关，不独系兰克史学的影响。而不论陈寅恪是否受到兰克史学的影响，仅就他在对史料进行甄别的基础上善于利用伪史料这点而言，就比兰克史学眼界开阔，当然也是高出清儒及民初的疑古学派了。最显著的例证，即如刘梦溪先生在《陈寅恪的学说》一书里指出的，是陈寅恪对南朝梁真谛译《大乘起信论》智恺序文的处理。民国以来的治内（佛教）学者（如欧阳竟无）大都认为智恺序是伪作，但陈寅恪却从中发现了真史料。为此，陈寅恪特地写了一篇《梁译大乘起信论伪智恺序中之真史料》来予以辨析。他还在《冯友兰中国哲学史上册审查报告》一文中从宏观角度来阐明他对伪材料的看法：

以中国今日之考据学，已足辨别古书之真伪。然真伪者，不过相对问题，而最要在能审定伪材料之时代及作者，而利用之。盖伪材料亦有时与真材料同一可贵。如某种伪材料，若径认为其所依托之时代及作者之真产物，固不可也。但能考出其作伪时代及作者，即据以说明此时代及作者之思想，则变为一真材料矣。①

陈寅恪对伪材料的态度（将伪材料变为真材料，即变废为宝），对后来治史者产生了积极影响。例如针对东晋梅赜所献《孔传古文尚书》（清阮元刻《十三经注疏》本）中的二十五篇（其他三十三篇实属汉伏生所传《今文尚书》，基本可靠），"清代以后定为伪古文"，"学者多摈弃不用，不予研究"的情况，陈寅恪指出，此伪《古文尚书》"绝非一人可杜撰，大致是根据秦火之后，所传零星断简的典籍，采取有关《尚书》部分所编纂而成，所以我们要探索伪书的来源，研究其所用资料的可靠性，方能慎下结论；不可武断地说，它是全部杜撰的"②。当代学者已注意到陈寅恪对伪《古文尚书》的看法，以及顾颉刚对《今文尚书》二十八篇的辨伪工作。2004年上海古籍出版社推出的《十三经译注》之《尚书译注》就认为，所谓伪《古文尚书》，要看到它乃东晋献书的时代性，应该"有一定的史料基础"，"有相当价值"。所以《尚书译注》仍采用阮刻《十三经注疏》本《尚书正义》为底本。其百篇小序，虽也证明是汉代人依据《左传》《史记》有关资料编撰的伪作，亦"有很高的历史价值，基本可信"。至于《书》注《孔安国传》虽非孔安国作（实是东晋献书时的伪作），但是可视作魏晋学者对《尚书》研究的重要成果，许多解说是准确的。

正是基于上述认识，上海古籍版的《尚书译注》在注释中采

---

① 陈寅恪：《金明馆丛稿二编》，三联书店2015年版，第280页。
② 转见俞大维：《怀念陈寅恪先生》，载陈流求、陈小彭、陈美延：《也同欢乐也同愁：忆父亲陈寅恪母亲唐筼》，三联书店2010年版，第279页。

用了此伪《孔传》,且直书《孔传》而未加"伪"字。①

陈寅恪对伪《古文尚书》的态度、对伪材料的态度,说明他是以实事求是的原则、辩证法的方法来做学问的。这种原则、这种方法,既可以说是中国学者数千年的治学传统,亦可以说他受到西方自柏拉图到黑格尔的辩证法的影响,且与马克思主义辩证法相契合。考虑到陈寅恪曾通读过《资本论》,或者也可以说他的治学方法还受到马克思辩证法的影响,只是他自己不承认或未察觉到而已。

8. 文献主义的浸染

论者注意到,陈寅恪的治学特点之一,是比较强烈的文献主义色彩,并言这是他游学欧洲特别是德国而浸染上的。所谓文献主义,是欧洲东方学者在整理和研究佛教文献过程中形成的(兰克当是文献研究的开创者)。他们往往利用文献去构建过往历史,注重文献间的联系而不注重实地考察并将研究对象视作仍为存活的传统,"实际上是把研究对象他者化"。这种注重文献收集和考证,强调客观事实的方法,亦是兰克学派的主要特征。在陈寅恪的治学内容中,佛教是重要对象,这也是当时欧洲东方学的一个核心要件。文献主义的研究方法属于比较历史语言学的范畴。陈寅恪也运用比较法来研究佛教文献,注重佛教文献的梵文文本和汉文译本之间的对勘,透过二者的差异来解决从印度佛教转变为中国佛教这一过程中的文化嬗变的诸多问题。具体而言,陈寅恪注意使用内外典参证,梵文、藏文、汉文、西夏文、突厥文本参证,域外之文与中土之文相互参证,注重研究印度佛教文化如何影响中华文化。② 陈寅恪关于佛教研究、文学研究、语言研究的许

---

① 参见李民、王健:《尚书译注》,上海古籍出版社 2004 年版,"前言"第 33 – 34 页,"译注说明"第 1 – 2 页。

② 陈怀宇:《在西方发现陈寅恪:中国近代人文学的东方学与西学背景》,北京师范大学出版社 2013 年版,第 298 页。

多著名论文以及像《元白诗笺证稿》这样有影响的名著，正是其擅用外证内证相结合的方法考证史料，通过语法体例等史料表现形式判别史料的成果。

不过由此也可看出，陈寅恪早年的佛学研究，尚限于文献研究的层面，而不能像王国维、梁启超、罗振玉那样，能够自觉和自如地运用"地下之新材料"去与古文献记载相互印证，以扩大研究的视野，深入研究对象的堂奥。当然，他似乎也意识到这个问题。1934年6月3日，他在《王静安先生遗书序》一文里总结王国维的学术内容及治学方法说："一曰取地下之实物与纸上之遗文互相释证"，"二曰取异族之故书与吾国之旧籍互相补正"，"三曰取外来之观念，以固有之材料互相参证"。实际上，其"一曰"就是王国维在1925年于《古史新证》中提出的"二重证据法"（有学者认为1917年夏即已提出），"二曰""三曰"既指王国维，亦指陈寅恪自己。他认为，这三条"足以转移一时之风气，而视来者以轨则。吾国他日文史考据之学，范围纵广，途径纵多，恐亦无以远出三类之外"。实事求是地说，陈寅恪对"地下之新材料"也是有所运用的，如对已公布的敦煌写本及出土墓志、碑刻的运用，只是未像王国维、梁启超、罗振玉一样擅长大量利用殷墟甲骨、西域简牍以及封泥玺印与古陶器、货币而已。陈寅恪对敦煌出土情况亦有关心。他在柏林大学期间，还专门赶到巴黎去访问伯希和，大致是想了解后者从敦煌掠走的六千多卷写本和一些画卷的基本面貌及在巴黎的分藏情况（他此后在一些著述中屡屡提及或引用伯希和所藏敦煌写本，不知是否与这次造访有关）。论者认为，陈寅恪毕竟未能去敦煌实地踏勘，殊为遗憾，否则当可以在学术上更进一层，超越西洋和日本西域研究学者。究其原因，乃系陈氏"囿于德国古典印度学的传统，只关心文献，认为从文献研究即可获得学术研究求真之目的"①。

兰克学派型的实证主义和文献主义,尽管其实证求真、重视原典研究的精神富于积极意义,但却过于绝对地看待历史的客观性,拒绝分析史料的深层次内容,从而陷入形而上学唯物主义的窠臼。陈寅恪在用兰克式的实证主义和文献主义对中外文学进行比较研究时,也存在这种状况,即只认可有事实联系的影响研究方法,而对无事实联系的平行研究不感兴趣。1932年9月5日,他在天津《大公报》文学副刊发表《与刘叔雅论国文试题书》,讲了他的比较文学观:

> 即以今日中国文学系之中外文学比较一类之课程言,亦只能就白乐天等在中国及日本之文学上,或佛教故事在印度及中国文学上之影响及演变等问题,互相比较研究,方符合比较研究之真谛。盖此种比较研究方法,必须具有历史演变及系统异同之观念。否则古今中外,人天龙鬼,无一不可取以相与比较。荷马可比屈原,孔子可比歌德,穿凿附会,怪诞百出,莫可追诘,更无所谓研究可言矣。

今天看来,陈寅恪的比较文学观,眼界还局促了些,眼光还片面了些。他的实证和文献主义的研究方法,比较接近法国学派的影响研究(着眼于不同民族不同国家之间有事实联系的、相互影响的文学现象)。但是,能够找到事实联系的国与国之间或者作家与作家之间、作品与作品之间的影响毕竟是有限的。正是由于这个局限性,第二次世界大战后由美国学者(美国学派)倡导的平行研究法才应时而生,并得到广泛运用。

平行研究是将两个或多个没有明确直接影响关系或相同文化

---

① 陈怀宇:《在西方发现陈寅恪:中国近代人文学的东方学与西学背景》,北京师范大学出版社2013年版,第303页。

背景的文学现象进行类比或对比，找到其相异和相同处，进而归纳、总结出它们之间存在的共同内涵和运行规律。到了20世纪末，它甚至已超越了学科界限，不仅比较不同国家的文学，还将文学拿来同其他学科（包括人文科学、社会科学乃至自然科学）进行比较。这样的研究方法显然已接近唯物辩证法的方法论了。中华人民共和国成立后，陈寅恪的许多著述，如《论再生缘》，也已在他所熟悉的影响研究的基础上，有意识地采用具有唯物辩证法色彩的平行研究法来发覆、寻幽。尽管陈寅恪早期的比较文学观带有一定的时代局限，但他所融会的兰克学派秉笔直书、尊重事实、追求真理的思想却是值得褒扬的。

9. 坚持中国文化本位论

有一点还须注意，即陈寅恪的比较研究虽然反映出较强的德国东方学传统，但在本质上却具有中国文化本位的坚定立场。这一点，是与包括德国东方学在内的欧美日东方学迥然不同的。西方的东方学皆视包括佛教在内的东方文化为"他者"，以西方中心主义的视角研究东方。陈寅恪则是站在中国文化的立场来看待中国文化与佛教文化和其他东方文化之间的关系，努力寻求彼此间的异同，从而维护中国文化的主体性并推动它的弘扬与发展。前引《与刘叔雅论国文试题书》便代表了陈寅恪的立场。因此，我们与其说陈寅恪在治东方学，不如说他是以东方学为工具来研究中国文化。

换言之，陈寅恪是在中国文化本位立场的驱动下来比较与研究中外文化之异同的。所以，尽管他十分熟悉梵文、巴利文、藏文、蒙古文，但其佛学的研究，仍以汉地文献为重点。他所关心的是印度佛教进入中国被中国文化改造的过程以及佛教对中国社会（主要在意识形态）的影响，而非印度佛教本身。还有一点很重要，就是他是将蒙古、西藏以及以新疆为中心的西域文化都归入中国文化来研究，认为这些文化自古就属于中国文化的一部分。

他认为中古时代（魏晋南北朝至隋唐五代）北方胡人南下，融入中华民族，给中国文化带来活力。他进而指出，作为中国中古文化高峰的唐代文化，就是中原周遭的胡人文化与中原文化交流、融汇的结果。他在《隋唐制度渊源略论稿》《唐代政治史述论稿》以及一些单篇史论中，从文物制度（礼乐、典章制度）、兵制、法律、建筑、工艺乃至财政各方面去论证北方与西方、东方胡族（包括居住在今天蒙古、新疆、西藏、东北地区的当时汉族以外的民族）对唐代文明、中华文明之形成和繁盛的杰出贡献。这种不以血缘而以文化论种族的"种族文化观"与德国著名哲学家、浪漫主义先驱赫尔德（1744—1803）的史学思想比较相似。

陈寅恪在欧美日游学十六载，系统学习了世界历史与古希腊哲学、德国古典哲学以及包括赫尔德、兰克、兰曼、吕德斯在内的欧洲近代思想家、历史学家、语言学家、东方学家的著作，还有马克思《资本论》等，掌握了不少西学治学方法和二十余种语言文字，又接受了种族文化主义（或称文化民族主义）、文化多元主义与自由主义的思想观念（此间还系统学习了从"十三经"到"二十四史"的中国文化元典），使他从一个涉世不深的青涩访问生，成长为一位淹贯中西、学究天人的大学者。1931年5月，进入清华国学研究院"四大导师"之列的陈寅恪在《吾国学术之现状及清华之职责》一文里写道："盖今世治学以世界为范围，重在知彼，绝非闭户造车之比。"陈寅恪正是由于走出了国门，看到了更为广阔的世界，并能像海绵一样贪婪地吸取世界先进知识，从而脑洞大开，思如泉涌；纵横捭阖，元气淋漓；知人论世，皆成一家之言！

1919年吴宓在哈佛大学初识陈寅恪时，便为他的学识所折服，惊为天人，有"吾必以寅恪为全中国最博学之人"之语。到了1934年夏，吴宓在《空轩诗话》里仍不改初衷，说："今时阅十五六载，行历三洲，广交当世之士，吾仍坚持此言，且喜众之同于吾言。寅恪虽系吾友而实吾师。"要知道吴宓说这话时，做清华大学外文系教授兼系主任已三年，此前还主持过大名鼎鼎的《学衡》达十一年，担任过天津《大公报》文学副刊主编六年，也是名扬海内的一代学人。其所语，当是那时学界的普遍认识，没有虚饰。

《吴宓日记》1961年8月30日有记："寅恪兄之思想主张，毫未改变，即仍遵守昔年'中学为体，西学为用'之说（中国文化本位论）。"这是吴宓与陈寅恪最后一次面晤（在中山大学陈宅）时，对陈寅恪与之交心的感悟。"中体西用"是中国近代自冯桂芬、孙家鼐直至张之洞、陈宝箴、陈三立一脉相袭的政治主张。到了陈寅恪这里，则化为一种更具世界眼光的文化原则、思想方法，用以指导他十六年的游学生涯以及此后的治学道路。这种原则、方法被学者归纳为"中国文化本位"论。它的核心价值就在于坚持中国文化的主体性，即在坚持中国文化的独立性、能动性的同时，亦倡行中国文化的包容性、开放性及创新性。这样来看，陈寅恪的"中国文化本位"论并不完全等于"中体西用"论（吴宓的感悟并不确切），也与文化保守主义有着不小的差距。陈寅恪在《邓广铭宋史职官志考证序》一文里说："华夏民族文化，历数千载之演进，造极于赵宋之世。后渐衰微，终必复振。譬诸冬季之树木，虽已凋落，而本根未死，阳春气暖，萌芽日长，及至盛夏，枝叶扶疏，亭亭如车盖，又可庇荫百十人矣。""本根未死""终必复振"，这就是陈寅恪对中国文化满满的自信。陈寅恪坚信源远流长的中国文化现虽至衰世，但根还在，一有机会，必将如凤凰涅槃，浴火重生。陈寅恪为邓广铭作序之时，正是中国抗战处于最艰难之际（1943年1月，陈时羁泊西南桂林之一隅），但他却在艰难时刻看到了抗战的黎明，看到了中国文化复振的曙光。抗战时期，中国文化精英麇集西南，克服艰难困苦而致力于教书育人和著书立说的情景，坚定并鼓舞了陈寅恪"为往圣继绝学"的决心及信心。但在如何振兴中国文化的方法论上，陈寅恪不尽然同意他的密友吴宓等的学衡派主张，也有异于同属其友人的胡适、陈序经的"全盘西化"论。他在《冯友兰中国哲学史下册审查报告》一文中写了一段话,以道教、新儒家为例,阐明了他对外来思想文化与中国传统思想文化关系的看法:

> 至道教对输入之思想,如佛教摩尼教等,无不尽量吸收,然仍不忘其本来民族之地位。既融成一家之说以后,则坚持夷夏之论,以排斥外来之教义。此种思想上之态度,自六朝时亦已如此。虽似相反,而实足以相成。从来新儒家即继承此种遗业而能大成者。窃疑中国自今日以后,即使能忠实输入北美或东欧之思想,其结局当亦等于玄奘唯识之学;在吾国思想史上,既不能居最高之地位,且亦终归于歇绝者。其真能于思想上自成系统,有所创获者,必须一方面吸收外来之学说,一方面不忘本来民族之地位。此二种相反而适相成之态度,乃道教之真精神,新儒家之旧途径,而二千年吾民族与他民族思想接触史之所昭示者也。①

在这里,陈寅恪其实提出了这样一个文化命题:用开放精神凿通中西文化间壁,以达成西学中国化,继而融入世界先进学术潮流,推动中国学术、中国文化的复振、创新与发展。从这个角度看,陈寅恪半个多世纪的学术生涯做的正是这件事。

陈寅恪游学西方十六年,虽未获得任何代表学位的文凭,但仍然获得学业上的大成绩、治学上的大收获。其根本原因,就是明确了自己肩负的文化责任,能够始终抱着坚持、维护和弘扬、发展中国优秀传统文化的宗旨,去有意识地、有区别地和大胆地吸收欧美先进思想文化而以融会贯通,化为己用。他的最终目标、崇高理想,就是以文化兴民族,以学术救中国。这个目标、这个

---

① 陈寅恪:《冯友兰中国哲学史下册审查报告》,《金明馆丛稿二编》,三联书店2015年版,第284–285页。

理想，亦被当时许多知识分子所认同；但论其践行，则以陈寅恪等为代表的少数人做得最好、最精细。他们在中国文化于近代以来随着半殖民地化程度的日益加深而渐趋颓势之际，用一腔忧患意识和一生睿智与辛勤去填海补天，追逐太阳，厥功至伟，感天动地！

10. 举荐之趣和《与妹书》

陈寅恪十六年的海外游学终止于清华学校国学研究院的一纸聘书。清华学校是依托美国"退还"的部分"庚子赔款"于辛亥革命前夕成立的。1906年初，在决定启动庚子赔款退还程序之前，美国伊利诺伊大学校长爱德蒙·詹姆斯致信西奥多·罗斯福总统："哪一个国家能够成功教育这一代中国青年，哪一个国家就将因此而在精神与商业两方面收获最大的回报。如果美国在35年前能成功吸引中国的留学流，使其壮大，那么我们此时就能以最圆满和最巧妙的方式控制中国的发展，那就是以知识和精神操纵中国领袖的方式。""与军旗相比，道义与精神更有力地支配美国在商业上持久地获利。"可见美国人所谓"退还""庚子赔款"的"义举"纯属扯淡。首先，"庚子赔款"所依据的《辛丑条约》是一个羞辱中国的完完全全的不平等条约，条约本身就不义，何谈后续的"义举"？第二，连1904年的美国国务卿海约翰自己都向清朝驻美公使梁诚承认："庚款原本就索要过多"（后梁诚报告：美国超收庚款达二千二百万美元之巨），所退部分，即此"索要过多部分"。第二，美国从来就是国家利益至上主义者，其用"退款"办学纯粹是出于长远掌控中国之需。否则，强盗掠走财物，岂能甘愿退还？这不符合资本家或帝国主义的本性。美、英、法、日以及沙俄等掠走中国的敦煌文物、黑水文献退还过吗？英法联军、八国联军掠走的圆明园珍宝，紫禁城、中南海珍宝退还过吗？都没有！所以，脱离资本—帝国主义的本质去感念它的"好"，不是愚昧就是别有用心。美国政府正是出于将国家利益最大化的政治目的而实行"庚子退款"的。

1908年12月,美、中两国商定,在向美国派遣公费(用所"退""赔款"充值)留学生的同时,由清政府在北京设立一所留美预科学校,称"游美肄业馆"。后来以该馆为基础,于1911年4月29日在北京花木扶疏、风光绮丽的西北郊正式成立"清华学堂",翌年更名为"清华学校";1925年春设立大学部,同时筹办国学研究院。1928年,清华学校改名为"国立清华大学"。

当时(1925年2月初),清华学校国学研究院的筹备处主任是刚从东北大学赶来的陈寅恪挚友吴宓。他同时还兼清华大学筹备委员。要办好国学研究院,第一要务就是聘请教授,这一点吴宓是非常清楚的。他就任后,先后聘请了梁启超、王国维、赵元任为国学研究院教授。应该说,这三位教授在当时学术界都属领军式人物。梁启超、王国维是著作等身的学界泰斗自不必说,而赵元任也是了不起的人物。赵元任早年毕业于清华,后留学美国,获哈佛大学博士学位并留校任教,在当时的语言研究领域正如日中天。因此而言,对吴宓聘任他们,校方给予一路绿灯,畅通无阻。

但是,当吴宓要聘任他的老朋友陈寅恪为第四位教授时,事情就没有那么顺利了。因为陈寅恪连高中都没有毕业,既无学位又无著作,相比前三位教授,那火候相差实在不是一两个等级。可吴宓却不管不顾地一味向清华学校的校长曹云祥、教务长张彭春卖力地推荐尚在德国游学的陈寅恪来研究院出任第四位教授,这自然遭到主事之一的张彭春的拒绝,称为保证今后教授水准,不应放松聘任标准。这时吴宓急了,说:"陈先生前后留学十八年(按:实为十六年),他人不过四五年。陈先生学问渊博,能与外国教授上下其议论,堪称学侣。虽无正式著作发表,仅就一九二三年八月《学衡》杂志第二十期所节录的《与妹书》,寥寥数百字,已足见其学问之广之深,识解之高而远。学校已聘定三教授,为院荐贤，职责所在，安能荐一人而尚不得。"① 吴宓当时的心情，是焦急而悲怆的。这本《学衡》杂志是时任南京东南大学英语系教授的吴宓与东南大学刘伯明、梅光迪、柳诒徵等教授于 1922 年春共同创办的，主编是吴宓。陈寅恪在这个以"研究学术、整理国故"为宗旨的刊物创办之初，曾给它捐过款，写过稿，但对其文化保守主义立场却保持一定距离，不属于学衡派阵营。那么，被吴宓拿来说项的、被他推崇备至的陈寅恪《与妹书》说了些啥呢？这里将《学衡》所刊节录本予以全文照录，以供赏析：

《学衡》创刊号封面、简章

> 我前见中国报纸告白，商务印书馆重印日本刻《大藏经》出售，其预约券价约四五百圆。他日恐不易得，即有，恐价亦更贵。不知何处能代我筹借一笔款，为购此书。因我现必需之书甚多，总价约万金。最要者即西藏文正续《藏》两部，及日本印中文正续《大藏》，其他零星字典及西洋类书百种而已。若不得之，则不能求学。我之久在外国，一半因外国图书馆藏有此项书籍，一归中国，非但不能再研究，并将初着手之学亦弃之矣。我现甚欲筹得一宗巨款购书。购就

---

① 卞僧慧：《陈寅恪先生年谱长编》，中华书局 2010 年版，第 89 页。

即归国。此款此时何能得，只可空想，岂不可怜。我前年在美洲写一信与甘肃宁夏道尹，托其购藏文《大藏》一部，此信不知能达否？即能达，所费太多，渠知我穷，不付现钱，亦不肯代垫也。西藏文《藏经》，多龙树、马鸣著作而中国未译者。即已译者，亦可对勘异同。我今学藏文甚有兴趣。因藏文与中文，系同一系文字。如梵文之与希腊拉丁及英俄德法等之同属一系。以此之故，音韵训诂上，大有发明。因藏文数千年已用梵音字母拼写，其变迁源流；较中文为明显。如以西洋语言科学之法，为中藏文比较之学，则成效当较乾嘉诸老，更上一层。然此非我所注意也。我所注意者有二：一历史（唐史、西夏），西藏即吐蕃，藏文之关系不待言。一佛教，大乘经典，印度极少，新疆出土者亦零碎。及小乘律之类，与佛教史有关者多。中国所译，又颇难解。我偶取《金刚经》对勘一过，其注解自晋唐起至俞曲园止，其间数十百家，误解不知其数。我以为除印度西域外国人外，中国人则晋朝唐朝和尚能通梵文，当能得正确之解，其余多是望文生义，不足道也。隋智者大师天台宗之祖师，其解悉檀二字，错得可笑（见法结玄义）。好在天台宗乃儒家五经正义二疏之体，说佛经，与禅宗之自成一派，与印度无关者相同，亦不要紧也（禅宗自谓由迦叶传心，系据护法因缘传。现此书已明为伪造。达磨之说我甚疑之）。旧藏文既一时不能得，中国大藏，吾颇不欲失此机会，惟无可如何耳。又蒙古满洲回文书，我皆欲得。可寄此函至北京，如北京有满蒙回藏文书，价廉者，请大哥、五哥代我收购，久后恐益难得矣。[1]

吴宓单拣出陈寅恪该文来说事，倒不是去夸耀陈氏的文采斐

---

[1] 陈寅恪：《与妹书》，载《陈寅恪集·书信集》，三联书店2015年版，第1—2页。

然，而在于向校方讲明有眼当识金镶玉的道理：你看那位正在世界学术中心——柏林大学深造的义门陈氏的后代，文化积累有多棒，学术功力有多深，雄心抱负有多大！今清华国学院开创伊始，正缺这方面的人才；而此处不用，则必为他处所用——沧海遗珠之憾，不该出在堂堂清华之身！据吴宓后来回忆，当吴宓举出陈氏《与妹书》后，又费了一番口舌，教务长张彭春仍不为所动。不得已，吴宓便转而向态度模棱两可的校长曹云祥再申前言，并以辞职相要挟。曹云祥被纠缠不过，只得点头答应允。吴宓便趁势草拟一通学校聘书电稿，要曹签字；曹在无奈之中也签了。吴宓取得签字，如获至宝，连夜向万里之外的陈寅恪发出急电，以清华国学院名义召他回国，言"虚位以待，共襄盛举"云云。此时大致已是1925年2月中旬了。吴宓在不到半月时间里就完成了对"四大导师"的聘任，除了其对教育、对学术投入的满腔热情及巨大努力外，他那不可抗拒的人格（谦逊、无私、敦厚、真诚）魅力亦是助之成功的重要原因。冯友兰先生曾为之感慨道："雨僧（吴宓字）一生，最大的贡献是在负责文学院时建立了国学院，并难得地把王、梁、陈、赵四个人都聘到清华做导师。"

不过，对于陈寅恪如何受聘清华一事，又有说法称系蒙梁启超的推荐方果。陈哲三先生有《陈寅恪先生轶事及其著作》一文述及此事：

> 十五年春，梁先生推荐陈寅恪先生，曹说："他是哪一国博士？"梁答："他不是学士，也不是博士。"曹又问："他有没有著作？"梁答："也没有著作。"曹说："既不是博士，又没有著作，这就难了！"梁先生生气了，说："我梁某也没有博士学位，著作算是等身了，但总共还不如陈先生寥寥数百字有价值。好罢，你不请，就让他在国外罢！"接着梁先生提出了柏林大学、巴黎大学几位名教授对陈先生的推誉。曹一

听，既然外国人都推崇，就请。民国十五年秋天陈先生到校。①

这里有趣的是，梁启超亦搬出陈寅恪"寥寥数百字"的《与妹书》来亮牌晒宝，可见陈之书在当时学界大腕中的冲击力非同小可，当谓举座皆惊，一片赞誉！只是陈氏到底是由吴宓荐举，还是梁启超举荐，至今难以厘清。或者二者均为陈氏之伯乐，合力举贤（或分先后），这才最终促成陈氏加入清华国学院之盛事吧！

11. 艰难蜕变

1925年3月间，陈寅恪连续收到清华聘书电文及好友吴宓邀其入清华的信，既兴奋又犹豫。之所以兴奋是多年异于常人的留学经历终于得到传统社会的认可，从此可以开始一种全新的生活，毫无牵挂地专心从事教学与治学；之所以犹豫是如果就此回国，就会中断在柏林大学的深造专研——他在柏林大学待得愈久，愈觉得学海无涯，需要补充的东西太多。

矛盾中的陈寅恪复信委婉地表达了想在德国继续读书两年的意思。4月下旬，吴宓接到来信，心急如焚，急忙又给陈写了一封言辞恳切的劝说信。陈寅恪感动之余，不再犹豫，决定接受聘请，不过却提出欲为清华国学研究院采购图书的请求。吴宓接信后就和学校相关领导及部门反复沟通，不断协调，最后校长终于同意预支陈寅恪薪金二千元，预付购书款二千元，后又追加款项二千元……吴宓在等待陈寅恪清华就任一事上，可谓有求必应且仁至义尽了。

陈寅恪在德国收到款项后，让朋友傅斯年、罗家伦等协助，

---

① 陈哲三：《陈寅恪先生轶事及其著作》，《谈陈寅恪》，台北传记文学出版社1970年版，第65页。

为清华国学院购置了一批相当有价值的书籍。这些图书为陈以后的教学和治学提供了重要的参考和依据，这是后话。陈寅恪同吴宓一样，也是急公好义之人。他先后共收到吴宓寄来的六千元，除去购书，还慷慨地拿出一部分来接济经济上拮据的傅斯年、罗家伦等朋友。

这样又折腾好几个月，陈寅恪终于启程回国。经过长达一个多月的海上漂泊，1926年2月，陈寅恪抵达上海。这次回国，他除了携带随身行李、所购书籍外，还顺便带回一个活泼乱跳的三岁小男孩，交给尚待字闺中的二妹陈新午照顾。这小男孩便是表弟俞大维在柏林与一位美丽的德国姑娘（钢琴教师）同居所生之子俞扬。这俞扬长大后英俊潇洒，在1959年于美国与蒋经国爱女蒋孝章邂逅，迅速坠入爱河，于1960年完婚。俞大维则于1929年夏天回国，不久便娶陈新午为妻，俞扬也便正南其北地唤新午为"姆妈"（上海话"妈妈"）。

离家虽七年（从1918年底赴美国算起），恍如换人间。此时的陈家已失去当年全家欢聚一堂的风光了：陈寅恪的母亲和长兄去世两年有余，年迈的父亲也患上尿闭症。五次出国，五次归国，显然，此次家庭的变故最大，虽称不上是天翻地覆，却可说是时过境迁。而在陈寅恪身上的变异是：此次归国的他已然成熟了，全然脱去早年的鲁莽和浮躁。

虽然当时学界对清华国学研究院聘请陈寅恪做导师（按清华《研究院章程》，教授专任指导，即称导师）一事议论不断，但就陈寅恪而言，对于如何应对却自是心

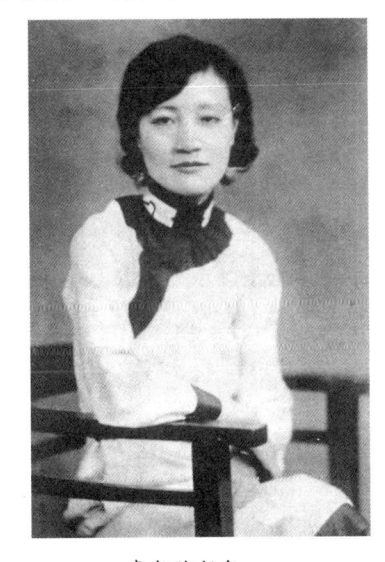

青年陈新午

中有数。回国后，陈寅恪先回杭州悉心照顾生病的散原老人，一直到父亲的身体慢慢好转，才于1926年7月赴北京报到。

陈寅恪到达北京后没有直接去清华，而是选择先入住西河沿新宾旅社，想来并不是旅途劳顿这个理由。吴宓自然心领神会，竟一天过来探望两次；又于第二天（7月8日）一早赶到旅社，陪陈寅恪到清华园报到。

至此，清华国学研究院"四大导师"梁启超、王国维、赵元任、陈寅恪终于齐聚清华园，开启了清华国学研究院的创造奇迹之路。清华国学研究院正是由于拥有了他们而光芒四射，创办两年后，便令清华学校的声望超过了早于它创立的北京大学（1898）和北洋大学（1895年创办，1951年更名为天津大学）。

陈寅恪初到清华园时，一开始住在工字厅的西客厅，与好友吴宓为邻；9月间，又搬至赵元任、杨步伟夫妇住所附近的南院二号。

1926年9月8日，陈寅恪正式开始在国学研究院开课。当时研究院学制为一年，此时已经是第二届了。这届学生有刘节、陆侃如、戴家祥、王力、谢国桢、吴其昌等三十六人。

陈寅恪起初开设"金刚经"，后来陆陆续续开设"高僧传之研究""梵文文法""唯识十二论校读"等课程。陈寅恪初入清华时，在国内大学中尚属"三无"教授（一无博士文凭、二无学术成果、三无任教资历及声望），所开课程和教授方法因冷僻、深奥、难懂，所以一开始选修他课程的学生很少。

所幸陈寅恪与刚刚结识不久的辅仁大学校长陈垣比较投缘。此时陈垣已经是颇有名声的史学大家，在北京文化圈威望很高。俗话说：与德者为邻，品德自高；以尊者为友，必成大家。陈垣经常和陈寅恪通过交谈、通信形式切磋学术问题，并积极向外界推荐他。此外，陈垣还郑重地请陈寅恪为其三本新著写序，加之陈寅恪不断撰写学术文章发表，很快便声名鹊起，甚至可以说后来居上，开始与长他十岁的陈垣并驾齐驱，成为史学界有名的

"二陈"。

随着时间的磨合，渐渐地，陈寅恪的教学方法开始为学生所接受，他的课也开始越来越受学生欢迎。据他当时的学生姜亮夫回忆，陈老师讲课，会用十几种语言，用比较法来讲。譬如他讲中国翻译的《金刚经》中有不少话不符合印度原典精神；又说《金刚经》这个名称，到底应该怎么讲法，这种语言怎么说的，那种语言怎么讲的，另一种又怎样，一说就能说近十种，并会说出哪些语言在哪些地方是正确的，哪些地方是错误的，哪些地方有出入等等问题，这是他的研究心得。他讲得兴致勃勃，听者则努力认真地听——他的讲话带着明显的长沙口音，需仔细分辨、领会。

1927年6月6日北京《顺天时报》刊出吴宓投稿

与当初刚进清华园的饱受质疑相比，仅一两年之后，陈寅恪的"三无"帽子就已被甩掉了两个，另外一个（博士文凭）也自然遁去——没有人理会，更没有人计较。此时的陈寅恪已经是实至名归的"四大导师"之一了。最有力的证据就是1928年春，北平（1928年北京改北平特别市）大学北大学院陈大齐院长聘请陈寅恪为历史系教授，专讲"佛经翻译文学"（秋季改授"《蒙古源流》研究"）。

随着1927年6月2日王国维在颐和园鱼藻轩投湖自尽，梁启超于1929年1月19日在北平协和医院驾鹤西去，1929年6月赵元任离开清华国学研究院去中央研究院之后，尚在清华园的"四大导师"就仅剩陈寅恪一人了。

  1929年下半年，清华国学研究院停办，陈寅恪改迁清华大学历史系、中文系合聘教授，并在哲学系开课。之后他一直在清华大学执教，直至1948年底，从南苑机场登机赴沪。他在清华二十二年间，除了讲授佛经和中国西北边地民族文化之外，还独辟蹊径，把中国中古文化、中古文学纳为授课范围，实行了教学与治学上的重大转型。

  从1902年至1926年，三十六岁的陈寅恪用了整整二十四年时间完成了从"读书种子"到"四大导师"的蜕变，开启了一代历史学大家辛苦的教书治学、著书立说之路。

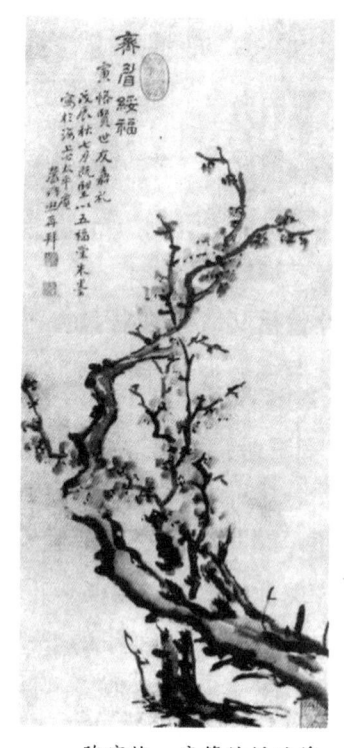

陈寅恪、唐筼结婚时曾熙绘赠的画作

1934年陈寅恪与家人陪同陈散原游北海公园

1928年春，陈寅恪与一代才女唐筼（字晓莹）相识，同年7月15日于清华园南院二号订婚，8月于上海完婚。时年陈寅恪三十九岁，唐筼三十一岁。婚后他俩先后育有三女：陈流求、陈小彭、陈美延。流求、小彭寓指今中国领土台湾及附属澎湖列岛。1895年日本强迫清政府签订《马关条约》，台湾及澎湖等被强行割让给日本（1945年方复归祖国）。陈寅恪及唐筼念念不忘，以此纪悔。

1939年秋陈寅恪一家在香港

第二节　八千里路云和月

1. 撤离北平

1931年9月18日，日军挑起"九一八事变"，占领中国东北，并一手炮制了伪"满洲国"。日军占领东北后，将魔爪伸向华北，阴谋策动"华北自治"。1936年6月，日本天皇批准了新的《帝国国防方针》及《用兵纲领》，公然宣称要实现控制东亚大陆和西太平洋，最后称霸世界的野心。8月7日，日本五相会议通过了《国策基准》，具体地规定了侵略中国、进犯苏联、待机南进的战略方案；同时，还根据1936年度侵华计划，制定了1937年侵华计划。紧接着日本陆续增兵华北，不断制造事端，频繁进行军事演习。

1936年，日本华北驻屯军以卑鄙的手段占领丰台。1937年7

月7日22时40分,日军声称演习地带传来枪声,并有一士兵"失踪",立即强行要求进入中国守军驻地宛平城搜查,遭中国第29军第37师第110旅第219团严词拒绝。日军一面部署战斗,一面借口"枪声"和士兵"失踪",假意与中国方面交涉。7月8日晨5时左右,日军突然发动炮击,中国第29军司令部立即命令前线官兵奋起抗战。

日军见占领卢沟桥的企图实现不了,便玩弄起"现地谈判"的阴谋,一方面想借谈判压中国方面就范,另一方面则借谈判之名,争取调兵遣将的时间。7月9日、11日、19日,日本华北驻屯军与冀察当局三次达成的协议,都被卢沟桥时断时续的炮声证明是一纸空文。"现地谈判"使日军赢得了增兵华北的时间,到1937年7月25日,陆续集结平津的日军已达六万人以上。1937年7月28日上午,日军向北平发动总攻。29日,北平沦陷。

1937年7月29日,混乱之中,陈寅恪离开清华园,乘人力三轮车回到北平城内西四牌楼姚家胡同四号父亲陈三立的寓所,与家人团聚。陈寅恪刚在父亲处安顿下来,就急忙托侄子陈封雄(长兄陈衡恪第三子)回清华园搬运自己的书籍和手稿。陈封雄雇了一辆小汽车,匆匆忙忙赶过去,慌乱之中只把书桌内外的书稿和书桌周围的书胡乱装了一车运回,陈寅恪不久前花两千元巨资购得的《大藏经》和大量藏书都没来得及装上车。后来,清华大学成了日本兵营,所有落在书房里的物件自然都没有了下落。

8月8日,日军大批部队开进北平城。日军占领北平后,多次派人到陈家,试图游说陈三立出任伪职,均遭散原老人断然拒绝。散原老人见大势如此,忧愤不已,遂开始绝食。其间他不断打听我军抗敌战绩。家人为安慰老人,则连续制造打胜仗的好消息。后来老人发觉是哄他进食,十分难过,坚持绝食不已。绝食第五日,老人已气息奄奄,还忧心战事,问陈寅恪:"外传马厂之捷确否？"1937年9月14日，陈三立——这位被泰戈尔尊崇有加①的国宝级人物溘然辞世，终年八十五岁。有传闻讲，散原老人弥留之际，仍高呼："杀鬼子！"其临终表现，颇有宗泽三呼"渡河"及陆游"但悲不见九州同"之概。父亲之死，使陈寅恪深受刺激。更为紧要的是，陈寅恪坚决不肯在沦陷区教书；但久留北平，又恐遭日伪威逼，拖累家庭，遂决定离开北平。恰在此时，清华大学、北京大学、南开大学南迁湖南长沙联合组成长沙临时大学，紧急召集留在北平的教师赶赴长沙上课，陈寅恪便决定前往长沙。

待给亡父做完"七七"之后，陈寅恪便草草收拾了一下，携妻带女，举家匆匆离开了北平。撤离北平时，陈寅恪的右眼视网膜已开始脱落，急需住院治疗，但情势危急，焦虑万分之间，已经顾不了那许多了。

2. 奔赴长沙

陈寅恪一家艰难地挤上载满逃难人群的火车，个中艰辛，如果没有过那种经历，是难以体验的。虽然路途惊险，但所幸北平离天津还不算远。经过几个小时的颠簸，1937年11月3日早晨，陈寅恪一家抵达天津。此时的天津已经沦陷三月有余，与北平相比状况好不到哪里去。日本军队所过之处，到处都是惊慌和无助的人群。

这一年，陈寅恪的女儿流求九岁，小彭七岁。陈寅恪和夫人唐筼一人扯着一个女儿从火车上下来，急匆匆地出了天津火车站，然后深一脚浅一脚地找到留在天津负责联络善后工作的清华大学叶企孙教授，在那里领取了部分薪金和路费，便惊慌失措地登上

---

① 据李开军《陈三立年谱长编》及陈小从《图说义宁陈氏》，1924年3月下旬，印度诺贝尔文学奖得主、诗人泰戈尔应梁启超、蔡元培之邀，在徐志摩的陪同下访问中国，时长达五十九天。他第一站访问上海；第二站访问杭州，特地拜晤中国诗人陈三立。4月14日至17日，泰戈尔除游览名胜及做讲演外，专程至陈三立在西湖顾庄的寓所拜访陈三立，由徐志摩翻译，各道仰慕之情。陈三立接受了泰戈尔赠送的诗集并与之合影。时陈三立七十二岁，泰戈尔六十三岁。

开往青岛的轮船。

此时陈寅恪的心情，与以前五次留学时渡海泛江的心情完全不同。如果说彼时留洋的陈寅恪是欣喜、畅快的，那此时只能是焦急、紧张的。彼时无论轮船快慢，心情都是惬意的；此时逃难，即使"快马加鞭"也嫌不够，焦灼而惊恐。陈寅恪恨不得一步就能离开天津，马上踏上青岛的土地。好在天津离青岛并不遥远，不久便看见了位于胶州湾顶端的那一大片德式建筑群，红瓦黄墙，绿树碧海，煞是好看。

其时青岛还没有沦陷。陈寅恪抵达青岛后立即弃舟登岸，稍事调整便再次登上拥挤的火车赶赴济南，接下来又马不停蹄地一路转徐州、郑州到达汉口。在青岛之后奔波的日子里虽然旅途劳顿，但由于脱离了日占区，陈寅恪一家心里上稍微得以安宁。

11月20日，陈寅恪一家历经漫长的8天时间终于赶到了长沙，其狼狈之状可想而知。到长沙后，陈寅恪一家先借住在一亲戚家，几天之后，搬至著名语言学家黎锦熙教授居所的楼上。

临时组建的长沙大学虽然条件简陋，但学生们的学习热情却异常高涨。到达长沙后，陈寅恪稍事休息，便开始上课了。陈在长沙临时大学讲授两门课程："晋南北朝史"和"晋南北朝隋唐史"。当时的学生陈述后来回忆："寅恪先生每周来授课，让我先把用的书准备好，届时就拿到课堂去，历史组的同仁也跟着听。陈先生讲南方民族巴、蜀、蛮、獠、溪、俚、楚、越，就是在那里讲的。"陈寅恪的精彩授课，吸引了从四面八方赶至临时大学就读的学生。

中文系的王永兴就是众多旁听学生中的一位。由于旁听了陈寅恪的精彩授课，王就三番五次地向学校提出转系至历史系的申请。王的决心和诚意最后打动了校方，批准了他的申请。从此，王永兴追随陈寅恪研究魏晋隋唐史。王永兴后来还曾担任过陈寅恪的助手，历经数年终于成为我国著名的唐史文献研究专家，撰写出《唐勾检制研究》《唐代前期西北军事研究》《唐代后期军事史略》《敦煌经济文书导论》《陈寅恪先生史学述论稿》等等大量专著。

1937年7月29日北平沦陷后，天津于1937年7月30日沦陷，上海于1937年11月12日沦陷，南京于1937年12月13日沦陷。接下来日军的矛头所向，是位于华中的武汉、长沙。因战局发生变化，清华大学被迫迁往昆明，与北京大学、南开大学临时组建国立西南联合大学。陈寅恪不得不再次踏上颠沛之路，离开长沙。

到长沙前，陈寅恪曾将从清华园抢救出来的书籍中，精心挑选出常用的和重要的部分邮寄到长沙亲戚处。因战乱交通不便，直到陈离开长沙时，这批书还没有邮寄到。后来这批书到达后就寄存在这个亲戚家。孰料1938年11月13日发生的长沙大火，却让这批陈寅恪最为珍爱的书籍化为灰烬，一本都没有留下来。陈寅恪在昆明闻讯，悲从中来，叫苦不迭。

3. 转战蒙自

1938年1月初，陈寅恪一家从长沙再次踏上漫漫旅途，在山河破碎、满目疮痍的大地上奔波。陈寅恪一家人先坐车到衡阳，在衡阳转乘长途汽车，经零陵到达桂林。桂林是陈寅恪夫人唐筼的故乡。唐筼多年没回故乡了，这一次路过，就决定逗留几天再继续赶路。

到达桂林后，唐筼与亲朋挚友叙旧。陈寅恪就到桂林环湖酒店看望一个朋友，无意间在旅客住宿的登记牌上，发现了在学界以辨伪考信小有名气的罗尔纲的名字。陈寅恪连朋友的房间都没顾光顾，就径直敲开了罗尔纲的房门。两人一见如故，直谈到深夜11点酒店要关门时，才不得不分开。陈寅恪原本要去看朋友的，结果最终忘了去看。这个使陈寅恪"顾此失彼"的罗尔纲，后来成为中国赫赫有名的太平天国史研究专家、历史学家和训诂学家，中国社会科学院近代史研究所一级研究员。

在桂林待了几天后，陈寅恪一家人再次登上长途汽车，先到平乐，再到梧州，在梧州弃车登船，顺流直下过虎门直抵香港。到达香港时已经是1938年1月30日，时逢农历除夕。这个中国最古老的传统节日，本是团聚欢庆的日子，陈寅恪一家人却背井离乡，漂泊难定。中国虽大，当时却连一张安静的书桌也摆放不下。

陈寅恪在香港人生地不熟，好在香港大学中文系主任许地山教授热心相助，帮陈寅恪一家人在罗便臣道租了一套房，几口人才算在香港暂时有了栖身之处。唐筼本来就体质虚弱，再加上旅途劳累过度，一度又曾心脏病发作，不便再继续长途跋涉，所以只能暂时待在香港。

1938年4月15日，陈寅恪告别妻女，独自搭乘轮船，取道越南海防，乘火车前往位于云南蒙自的西南联合大学文学院。他与其他四位教授经过八天的艰苦跋涉，于4月23日抵达蒙自碧色寨，由等在那里的学校接待人员接至学校。

陈寅恪途经越南时横生枝节：随身携带的两箱书被窃贼误以为大量钱财以掉包之计给偷了去。颠沛中痛失珍藏，给陈寅恪不小的打击，到蒙自后不久便病倒了。

当时西南联合大学设在蒙自的文学院条件非常简陋，可说是蚊子横行，疟疾肆虐。陈寅恪患的是疟疾，每天忽冷忽热，备受折磨。当时与陈寅恪同住在蒙自歌胪士洋行楼上的，还有闻一多、陈序经、柳无忌等人，他们一个都没病，唯独陈寅恪染病。除了陈的身体本来就虚弱外，也跟途中书籍被盗有关。

虽然条件恶劣，但联大的教授们尚能苦中作乐，只是让人难以忍受的是战场上接连不断传来的坏消息。1938年7月7日，陈寅恪因政府定是日为抗战纪念日而赋诗一首，中有"近死肝肠犹沸热，偷生岁月易蹉跎"句，反映出书生苟且西南一隅，不能像战士一样持枪杀敌的郁闷与不安。

由于战乱，学校的教学秩序和计划经常受到干扰。到蒙自后，陈寅恪还没有来得及开课，蒙自的联大文学院便告停办，所有教授全部撤回昆明。

4. 昆明讲史

1938年8月13日，陈寅恪冒雨前往昆明。蒙自到昆明路途本就坎坷，再遇上大雨，一路上险象环生，不过好在有惊无险。当时的西南联大是借用昆明大西门外文林街昆华农校的教室给学生授课。在西南联大，陈寅恪给历史系二年级的学生上课，讲授南北朝史课，每周授课两个小时，其余时间基本用于读书和著史。

陈寅恪授课不像其他教授那样，采用普及的方法教学，给学生普及知识。他运用的是研究式的教学方法，所以基础差的学生在陈的课堂上基本上都听不懂，慢慢就失去了兴趣，只有听得懂的学生才越听越有滋味。在昆明期间，长期坚持听他课的学生并不多，先后有王永兴、徐高阮、季平、翁同文、邓广铭、汪篯等寥寥数人。

当时的西南联大学生，经常会看到一个清瘦可敬、身着长衫的身影，臂挟一个沉重包袱，很有规律地出现在校园，翻过一道斜坡之后再去推开一所教室的门。其时空轨迹几乎一成不变地循环往复，特殊的装束、连贯的动作、熟悉的行迹成为当时联大一景，为学生们津津乐道。

陈寅恪授课大多要引证很多史料，而每次他都会把每条史料事先写在黑板上，几乎一条不落，写满整个黑板后，才坐下来一一进行讲解。陈寅恪的学生王永兴在《怀念陈寅恪先生》一文中说，陈寅恪常告诫他们："有一分史料讲一分话，没有史料就不能讲，不能空说。"陈寅恪也是这样要求自己的，"总是在提出充分史料之后，才能讲课"。他讲到精彩之处，每每闭目而诵滔滔不绝。虽然陈寅恪讲授的内容比较枯燥，但却时常语出惊人，妙语连珠，给经常听课的学生深刻的印象，使之经久不忘。

同时，陈寅恪还要求学生提问题时一定要精心准备，深思熟虑，提出的问题一定要精、深。他很高兴学生能提出有水平的问题，总是不厌其烦地讲解；而对那些随心所欲提的泛泛问题或者幼稚之问，则几乎闭口不答，甚至不予理会。与教学中的严格古板相比，日常生活中的陈寅恪其实是一个风趣乐观的长者。有一次，日本飞机炸毁了西南联大的一栋楼，炸死了两个学生、三个工人、三个家属。陈寅恪和联大的师生赶紧钻进防空洞避难。他见大家心情过于紧张，便随口说出"见机而动，入土为安"这样既戏谑又耐人寻味的话来，引得人们一片掌声，紧张氛围顿时一扫而光。

客居昆明期间，是陈寅恪学术成果收获的一个非常重要的时期。陈寅恪的第一本学术专著《隋唐制度渊源略论稿》其间得以由商务印书馆出版。其出版过程则一波三折：即将印制该书的印刷所被炸，商务印书馆的出版地点只好由上海改成重庆。不过从时间上看，《隋唐制度渊源略论稿》所用周期并不算很长，尽管历经波折，出版还算是顺利的。与此同时，在昆明期间陈寅恪还发表了《读〈洛阳伽蓝记〉书后》《〈敦煌石室写经题记汇编〉序》《〈明季滇黔佛教考〉序》《〈秦妇吟〉校笺》《读〈哀江南赋〉》等大量重要学术文章。

另外，在战争年代并无多少趣事的昆明，一个怪人的在场亦带给陈寅恪等不少乐趣。这个人就是刘文典。此人曾师从刘师培、章太炎等名师，建树颇多。只是他怪诞任性，狂放不羁，我行我素，口无遮拦，得罪了不少人。他早年因与蒋介石争吵、对骂被蒋拘押；且目中无人，竟说不知道巴金为何人，又当面指责沈从文不配做联合大学教授……他是庄学研究的大家，被学界视为天下第一。他是文人中典型的恃才傲物者，曾自谓："古今以来，真懂《庄子》者，两个半人而已。第一个是我刘文典，第二个是庄周，另外半个嘛……还不晓得！"不过他狂虽狂，对陈寅恪却是打心底里佩服。在昆明"跑警报"时，他和学生搀扶陈寅恪一起跑，怕陈掉队。他对学生讲："陈寅恪跑是为了保存国粹，我跑是为了庄子，你们跑是为了未来，沈从文替谁跑？"他常说："古今以来，学问胜我刘文典者，一个半人而已。一个人是陈寅恪，另外半个嘛……还不晓得！"或说："西南联大只有三个教授：陈寅恪、冯友兰，我和唐兰算半个。"

5. 牛津梦断

1938年，英国剑桥大学的汉学教授孟乐退休。陈寅恪得知情况后，积极申请该职位未果。与此同时，因牛津大学的汉学教授苏威廉于1935年去世，这一职位一直空缺，牛津校方这几年也一直在物色合适的人选。在此情况下，胡适就极力向英国的大学中国委员会推荐陈寅恪。后者遂把陈寅恪的相关材料推荐给牛津大学。

彼时，大学中国委员会的遴选委员中有一位叫颜慈的教授（时为伦敦大学中国艺术与考古学教授），又正好是陈寅恪的好友吴宓的朋友，吴宓之前曾希望颜慈全力推荐陈。颜慈教授接到陈的材料后自然积极向牛津大学注册长反复沟通和游说，加之中国驻英大使馆的牵线搭桥，牛津大学终于接受了颜慈教授的意见。1939年春天，牛津大学向陈寅恪发出正式聘书，聘他为该校汉学教授，并授予其英国皇家学院研究员职称。这是牛津大学建校三百多年来首次聘请中国人做专职教授。

只是陈寅恪其时心仪的是剑桥大学，而非牛津大学。这种阴差阳错的结果，陈寅恪没有预料到；但这样的结果对他来说，亦是人生中的大事。所以陈寅恪勉为其难地应承下来，"试为一行"。我们现在客观地看，如果陈寅恪那时真能成行，则其后半生极有可能是另外一个样子，其意义甚至比当初进入清华执教对他一生的影响更大。

陈寅恪接到聘书后，便向西南联大校长梅贻琦教授写信说明情况并委婉辞行。梅校长从来都平易近人，一贯作风民主，接信后慨然放行，并给陈预支三个月薪俸以供路上之用。陈寅恪领到预支薪俸后，开始收拾路上所需之物，准备启程。启程之前，当然要向吴宓等好友告别，自不必说。

一切准备停当之后，1939年6月22日，陈寅恪乘车离开昆明，奔赴香港。他计划在香港带上一家老小，一起坐轮船去英国。一周后，当他在香港见到一年多未曾谋面的妻女，兴奋之情溢于言表。而唐筼亦是喜不能禁，心情一好，病情自然轻了很多。

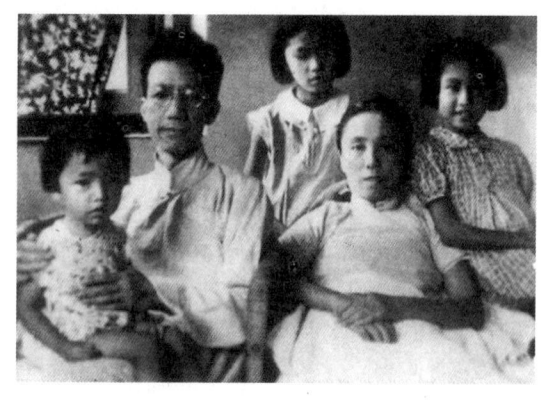

1939年暑假，陈寅恪全家在香港九龙山林道寓所

陈寅恪原本计划8月31日从香港启程去英国，距离离港还有将近两个月的时光。在这难得的两个月的团聚时光里，陈寅恪一边照顾妻女，一边校读《新唐书》。

只是计划没有变化快——1939年9月1日，德国法西斯一百五十万大军席卷波兰，第二次世界大战全面爆发。9月3日，英、法对德宣战，英伦三岛遂进入战争状态。前程难料，陈寅恪于是征求牛津大学意见，获准延至翌年新学期再赴英国履职。这样，陈寅恪便再次离别妻女，只身返回昆明。

6. 投入迭战

陈寅恪带着伤感和落寞，自个儿回到昆明，又一次开始了与妻女两地分居的孤寂生活。家人带给一个人的心理和生理的安慰，是任何外人都无法替代的。即使回到昆明后众多老友来信、来访对陈寅恪进行百般宽慰，也无法改变他内心的愁苦。

返回西南联大后，宽宏的梅贻琦校长仍任陈寅恪为中文、历史两系的合聘教授。不过，由于陈寅恪离开联大期间，耽搁了很多课程，他也就自觉地承担起更多的授课任务。

由于课程繁多，加上营养又差，体质本来就虚弱，1940年春节刚过，陈寅恪便病倒了。他病中所作诗中有"残剩河山行旅倦，乱离骨肉病愁多"，"人事已穷天更远，只余未死一悲歌"诸句，是他当时的真实感受。

不过，塞翁失马，焉知非福？陈寅恪病情稍稍好转，便接连不断收到好消息：国民政府教育部授予其新著《唐代政治史述论稿》以学术研究社科类最高奖项的一等奖；接着4月上旬，他又被聘为国民政府教育部史地教育委员会委员。

好消息接踵而至，陈寅恪的心情自然大好，随之病也就大好了。陈寅恪得以以全副精力，去为中文系学生讲授"佛教翻译文学""白居易研究"，给历史系学生讲授"晋南北朝史""晋南北朝隋唐史研究""隋唐史研究"。

战乱之中的校园生活，往往是不平静的，严谨、严肃的治学、教学活动每每受到政治事件的干扰甚或冲击。1940年3月5日，中央研究院院长蔡元培在香港逝世。作为中央研究院评议会评议员的陈寅恪突然紧张起来，关注起继任院长的选举问题。先前，陈寅恪对政权人选是漠不关心的，但中央研究院是全国最高学术研究机构，密切关系着学术研究生态，陈寅恪就不能不管。陈寅恪认为最合适的院长人选莫过于其友人也是学者的驻美大使胡适先生。为了给胡适投上自己宝贵的一票，1940年3月24日，他飞往重庆，积极参加中央研究院院长选举。

中央研究院的评议员很多都是陈寅恪的旧识和老友，相见之下话题大多围绕院长人选。旧识之间、老友之间自然更容易达成共识，所以大家心目中的院长人选就都指向了胡适。

但蒋介石看中的却是其秘书顾孟余。蒋数次宴请到会的中央研究院评议员，企图将自己的意愿强加给评议员们。在3月21日的宴会上，陈寅恪发言，"申述院长人选必为国际学术界知名学者，选举院长必须尊重各人自由意志之意"。23日，评议会正式开选投票，结果选出三位候选人：翁文灏、朱家骅、胡适，然后报国民政府审定。蒋介石一看没有顾孟余，大为不悦，无奈之中只好圈定朱家骅为院长。

此次院长人选之争,以陈寅恪为代表的拥胡(适)派(包括傅斯年、吴宓等)虽然最终未能如愿,但也让蒋介石安插亲信,更加严密控制全国学术研究走向的美梦落了空。而陈寅恪在选举中表现出的不曲学阿世,坚持学术独立、自由的铮铮风骨,则赢得学界的普遍赞誉和尊重。

陈寅恪回到昆明后,心绪久久难以平静,根植于内心的牛津之梦重新抬头,难以自持。于是陈寅恪便在1940年5月致函牛津大学注册长:"我谨通知你,我计划9月初由香港乘船前往英国,可望9月抵达牛津,恳请代为安排下榻学院事宜。"1940年6月17日,陈寅恪离开昆明,前往香港。

7. 滞留香港

1940年7月1日,陈寅恪抵达香港。到港后陈寅恪通过各种渠道,与中英庚款委员会、中英文化协会和中国驻英大使馆等各方反复沟通协调。很快,陈寅恪的努力有了初步效果。7月8日,中国驻英大使郭泰祺给牛津大学注册长写了一封亲笔信询问陈寅恪上任之事。终于在三个月之后,1940年10月,牛津大学同意陈氏1941年9月到校履职。

虽然牛津赴任之事已经得到落实,但此时距离赴任还有漫长的一年时间,一家老小一年的生存问题如何解决?为了解友人燃眉之急,在杭立武等人的帮助下,陈寅恪被聘为香港大学客座教授,聘期为一年。此虽为权宜之计,却毕竟解决了陈寅恪一家一年的生活问题。就这样,在希望和绝望的纠葛之中,在困难和苦闷之间,陈寅恪终于熬过了漫长的一年。眼看到了赴英之时,陈寅恪却突然接到牛津大学再延期一年到任的决定。这不啻给陈寅恪当头一盆冷水。

此时,陈寅恪在香港大学的聘期已到,而距赴牛津之期还有一年,这再次让陈氏一家未来一年的生活陷入窘境。好在经过陈君葆、马鉴和傅士德等人的多方奔走，积极斡旋，才让香港大学得以续聘陈寅恪，解决了他的后顾之忧。只是世事难料，更大的困难已在前面等着陈寅恪一家。

1941年12月8日，日本偷袭珍珠港，太平洋战争爆发。差不多同时，日军进攻香港，12月25日，香港被日军占领。日军占领香港后，陈寅恪失去了香港大学的工作，一家人陷入绝境。

日军占领后的香港，工厂停工，学校停课，商家关门闭店，大街小巷一派萧条景象。有时，陈寅恪一家为了得到粮食充饥，不得不拿衣物、首饰来换取，如果换到的是红薯，就带皮煮着吃。那一段时间，孩子们吃不饱，经常喊饿；陈寅恪则经常半饥半饱，全身无力，时常卧床不起。

身陷绝境的陈寅恪，在饥寒交迫中苦苦煎熬。在度日如年的惶恐和饥饿中，陈寅恪在香港挨过了艰难的半年光景，事情终于出现转机。经过内地朋友傅斯年、朱家骅、杭立武和俞大维等人四处奔走、筹集经费，拟定营救方案，最终从中央研究院、中英文化协会、西南联大等单位筹得款项四万元做路费，来搭救陈寅恪一家走出困境。

陈寅恪从秘密渠道获知营救方案后，于1942年5月4日晚，携妻女悄然离开住处，在码头附近的小旅馆熬过一夜。次日一早，他们混进逃难的人群惊险通关过卡，然后坐上开往广州湾（今湛江港）的轮船。中午船行至澳门暂时靠岸，陈寅恪弃船登岸，在事先约定的地方与国民党的地下工作者周尚见面，从他那里收到所需的路费和生活费后，又急急忙忙回到船上。

陈寅恪手书《壬午五月发香港赴广州湾舟中和义山韵》，1942年5月5日作当天晚上，陈寅恪一家抵达湛江港。

8. 难舍桂林

逃离香港之后，虽然不用再天天担惊受怕，但并不说明从此就可以高枕无忧了。湛江只是他们此次逃难的驿站而不是终点。1942年5月26日，陈寅恪一家从湛江出发，经历种种磨难之后，于6月18日到达唐筼的老家桂林。一直处于高度紧张状态的陈寅恪，此时神经才算松弛下来。

桂林是一座有着两千多年历史的古城，文化底蕴丰厚。在悠久的历史长河里，桂林的奇山秀水吸引着无数的文人墨客，留下许多脍炙人口的诗篇和文章。这里到处都矗立着石刻和壁书，古迹遗址俯拾皆是。虽经战乱，桂林依旧山青、水秀、洞奇、石美。经历数次逃难，身心俱疲的陈寅恪实在不想再颠沛流离下去了。桂林不但是夫人的老家，还是这么美丽的地方，于是陈寅恪就动了留在桂林、著书立说、终老此生的念头。

可是还没等陈寅恪稍微放松一下，他便收到来自四川宜宾李庄的聘书，催促他去中央研究院历史语言研究所赴任。陈寅恪没有多想，便以那里的医疗条件太差为由，把聘书退了回去。这使得在史语所主事的傅斯年大为光火。傅和陈相识多年，又有着一层亲戚关系，这么多年来，一直看重陈，倚重陈。他作为史语所所长，积极参与营救受困于香港的陈寅恪，就是希望他能来到李庄，共同为提振史语所的学术水平而努力，然而此番盛情相邀竟横遭拒绝，自然非常不满。虽然陈寅恪反复解释，傅斯年还是难以释怀，从此两人的关系出现了明显的裂痕。

不管遇到什么不快，生活还要继续下去。陈寅恪既然想留在桂林，首要解决的就是生计问题。好在陈寅恪在教育界和学术界人脉很广，回到桂林后没怎么费事便谋得了在广西大学任教一年的职位。此时虽然全国各地民生凋敝、物价飞涨，但有了一份相对稳定的收入，陈寅恪一家基本生活总算有了保障。

抗战时期，桂林是广西的省会，由于日本军队还未到达，暂时比较安全，所以一些重要研究机构迁来了很多。比如中央研究院的三个研究所：物理所、地质所和心理所，当时就在雁山附近，毗邻唐篔的老家良丰镇。当然，随着这些机构一起迁来的还有陈寅恪的很多老友。

此间，陈寅恪除了授课、读书，就是与暂居桂林的李四光、丁西林等老友高谈阔论，过着无忧无虑的平静的山居生活，虽然短暂，却是一段非常难得的美好时光。

1942年8月，陈寅恪被国民政府教育部聘为部聘教授。20年代初的"哈佛三杰"，除了陈寅恪外，还有他的好友吴宓以及汤用彤，一同跻身部聘教授之列，这令陈寅恪欣慰，吴宓更觉荣幸。吴宓在1942年8月27日的日记中说："此固不足荣，然得与陈寅恪（历史）、汤用彤（哲学）两兄齐列，实宓之大幸矣！"

战争年代，乱是常态，平静只是表象和暂时的。1943年7月，日本侵略者逼近桂林，一时间人们纷纷出逃避难，陈寅恪一家也不得不随大流再次踏上颠沛的旅程。一家人辗转宜山、金城江、独山、都匀多地，一路上半饥半饱，历时三四个月的艰难跋涉，才到达重庆。陈寅恪携妻女在重庆休整了一段时间后，又于1943年12月下旬，乘上一辆破旧的货车颠簸着驶向成都。

9. 爱上成都

距今七百多年前的一个春光融融的季节，一位名叫马可·波罗的威尼斯人在热那亚的监狱里用口述完成了人类旅行史上最有名的一部奇书——《马可·波罗游记》。在这部对古老中国文明满是赞誉的游记里，马可·波罗对"天府之国"、四川的首府——成都作了如下描述：

穿山越岭，走过20个驿站路程之后，来到蛮子省（指原南宋地域）境内的一片平川，那里有一个名叫成都府的地区。

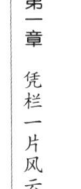

它的省城是一座壮丽的大城，也使用同一名称。……这座城市有许多大小河川发源于远处的高山，河水从不同的方向围绕和穿过这座大城，供给城市必需的用水。有些河川宽达800米，有些宽200步，而且都很深。……大川细流和城下各条支流汇合成一条大江（长江），这条江水东流入海。全线要航行100天的路程。沿河两畔和邻近的地方，有着许多市镇和要塞。河中船舶舟楫如蚁，运载着大宗的商品，来往于这个城市。……居民以务农为生。城市中有许多制造业，尤其能纺制精美漂亮的布匹、绉纱或绫绸。

成都华西坝，燕京大学、金陵大学等迁此

　　成都自古以来就是四川的政治、经济、文化中心，名胜古迹众多，令人神往。成都平原美丽富饶，气候宜人，千百年来更是文人雅士聚合之地。作为抗战大后方，内地的很多大学如燕京大学、金陵大学、齐鲁大学等先后迁至成都。纷至沓来的还有钱穆、冯友兰、吴宓、朱自清、朱光潜、程千帆、萧公权等一大批国内著名学者。

　　陈寅恪到达成都以后，即开始以清华大学教授的身份在当时已迁至成都的燕京大学讲学。陈氏为燕京大学历史系讲授"晋南北朝史"，为中文系讲"元、白诗歌研究"等课程。虽然陈氏讲课晦涩难懂，但内容精辟，极富启发性，往往别出心裁而引人入胜。

当时来听课的，不仅有学生，连华西坝其他大学的教师也慕名前往聆教。他在成都的第一堂课是讲《长恨歌》，从杨玉环是否以处女入宫开始讲起，旁征博引，滔滔不绝。这样的讲授，入情入理、妙趣横生，但难免遭外人非议。比如当时著名话剧导演贺孟斧本打算来燕京大学听讲《长恨歌》，一听说陈氏如此讲法，就不来了。其实，陈寅恪"是以这个题目（指是否以处女入宫）带出唐代婚礼制度"（唐振常语），却被一些人误解，以讹传讹，以为陈的研究无聊，真是天大的冤枉。

陈寅恪在成都显得特别活跃。燕京大学、金陵大学、齐鲁大学、华西大学的中文系教师经常搞联谊活动，陈寅恪虽不是组织者，却不时主动即席演讲。经常参加社交活动，各种消息自然就不断涌来。有一次，陈寅恪无意中听说已故巴蜀天才学者刘咸炘遗有一套煌煌巨著《推十书》（时有六十九种），学术价值很高，便到处托人寻找这套书，最后在熟人的引荐下到中国藏书界素有"成都天一阁"美誉的骆公祠街（今和平街）贲园藏书楼（藏书达三十万卷）亲自寻找，却未能如愿。这是陈寅恪在成都留下的一个遗憾。

自逃离北平以来，陈寅恪在成都的将近一年多，应该说是最惬意的一段时光。在成都这座后来被誉为"来了就不想走的城市"，面对众多硕学俊彦，陈寅恪的热情被激发，谈吐间显出极高兴致。

陈寅恪的学生石泉、李涵在《追忆先师寅恪先生》一文中写到，1944年初，寒假期间，燕京大学历史系举行欢迎陈寅恪与徐中舒的聚会。徐中舒讲话，说自己是陈的学生。陈寅恪当即插话说："他（指徐中舒）是当时清华国学研究院最好的学生。"那次的聚会，"气氛亲切，陈师谈笑风生、平易近人的风度，留给我们的第一个印象，至今记忆犹新。"

陈寅恪在成都还见到不少以前的朋友，彼此嘘寒问暖，互道衷肠。他早年留学柏林大学时的旧友李思纯（时在四川大学任教）

就是其中之一。李于1944年写有《陈寅恪写示近诗，赋赠一首》：

> 沧海逢君玉貌英，华颠重聚锦官城。
> 宝书百国韦编绝，柱史三唐炬眼明。
> 应劫洪波沈此土，慰情悲愿托来生。
> 南枝雪下春机在，珍重梅花炼骨清。

此诗在追念友谊之际，还表达出对陈寅恪唐史研究的肯定与尊崇之意，代表了当时学界的一般看法。末句"珍重梅花炼骨清"，以梅喻陈寅恪的独立风骨，十分妥帖。成都杜甫草堂有梅百亩，人日前后花开灿烂。陈寅恪于1944年的农历人日去草堂探梅寻春，向梅的"禁雪耐霜之操"礼敬，寄情而自励。他在那次人日访梅归来后，写有《甲申春日谒杜工部祠》七律一首，仰杜甫之穷老忠义的气节，抒悲天悯人、忧国忧民之情怀。末句"归倚小车浑似醉"，则道出其时天伦之乐。陈寅恪的女儿们后来的回忆，可为此注脚："春节后大年初七——人日（1944年1月31日），全家与友朋结伴同游父亲向往已久的杜甫草堂，父母和美延出城后，坐上'鸡公车'前往，以后难有机会再坐这种独轮小车，父亲赋诗记游。……二十年后仍有'昔年人日锦官城，曾访梅花冒雨行'诗句回忆此事。"①

成都属亚热带湿润季风气候区，气候温和，四季分明，不但适宜居住，更适合写作。陈寅恪在成都的短短一年多时间，便写出了《以杜诗证唐史所谓杂种胡之义》等11篇论文，并完成学术著作《元白诗笺证稿》。1944年7月，从伦敦还传来陈寅恪当选为英国学术院通讯院士的佳讯。此后，陈寅恪就以外籍通讯院士的身份，一直出现在《英国学术院院刊》的名录上，直到1975年。

---

① 陈流求、陈小彭、陈美延：《也同欢乐也同愁：忆父亲陈寅恪母亲唐筼》，三联书店2010年版，第178页。

此时陈寅恪已离世六年了。

祸兮福所倚，福兮祸所伏。由于陈寅恪用眼过度，左眼视网膜剥落日益严重。1944年12月12日，他眼前突然一片漆黑，看不见任何东西。鉴于病情严重，12月18日，医生不得不对陈寅恪的左眼实施了割治手术，但手术极不成功。自此，陈寅恪双目失去视力。之后，陈寅恪辗转英美治疗眼疾，历时一年有余，但收效甚微。

10. 复归清华

陈寅恪是1945年9月于抗战胜利后离蓉赴英的，途中经昆明到印度加尔各答，再由此乘水上飞机赴伦敦。卞僧慧《陈寅恪先生年谱长编（初稿）》说，1945年"秋间，英国方面请先生赴英治疾，讲学"。英方之所以盛情相邀，当然是早慕陈寅恪的学术大名（故而有牛津大学于1939年聘其为汉学教授、英国学术院于1944年选其为通讯院士之事）；另外，或者还与陈寅恪一直关注盟军，甚至可以说曾为盟军建言献策有些关联。卞氏陈寅恪年谱所载石泉、李涵《追忆先师寅恪先生》中的一节，透露了个中消息：

> 二次大战后期，盟军方面曾酝酿要定日本天皇为战犯。我（笔者按：当为石泉）读了报上的这条消息，陈师听后立刻说："这事绝对做不得。日本军人效忠天皇，视之如神。如果我们处置天皇，日本军人将拼命抵抗，盟军则要付出大得多的代价才能最后胜利。如果保留天皇，由他下令议和，日本军人虽然反对，也不敢违抗，就会跑到皇宫门前切腹自杀。这样，盟军付出的牺牲就小得多，而且日本投降也会较易。因此，希望盟军不要做那样的蠢事。"后来，事情的发展果不出陈师所料。①

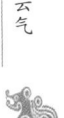

---

① 卞僧慧：《陈寅恪先生年谱长编（初稿）》，中华书局2010年版，第231页。

1946年4月,陈寅恪赴英国治疗未果,遂辞去牛津大学教职,赴美国试医。船泊纽约,闻美国名医也束手无策,便未登岸,径直随船归国,5月底返上海,转至南京。8月初,唐筼携小彭、流求、美延从成都赴重庆,再转南京,与陈寅恪会合。1946年10月26日,陈寅恪全家返回北平,复归清华大学教职。1947年4月,美国东方学会推选陈寅恪为荣誉会员。同年5月,英国皇家亚洲学会亦选出1946年度的九位荣誉会员,陈寅恪也名列其中。

陈寅恪复归清华后,一家人住进了新南院52号一套半的大住房里,这样的居所足足是当时清华大学其他教授住房面积的三倍,可见校方对陈是多么优待。这一套半住房,陈寅恪的夫人唐筼做了精心的安排,一套住陈寅恪一家,另半套其中的一大间作为教室,一小间让在清华没有住房的陈寅恪助手汪篯暂时居住。

此时的陈寅恪已经双目失明,不能看书、写字,这便为其后的教学和研究增加很多困难。好在校方给他配了四个助手:王永兴、汪篯、陈庆华和程曦。他们帮陈寅恪准备资料,助其文字书写工作,才不至于耽误陈寅恪的教学和研究。在以后的岁月里,陈寅恪需要看书,就得由助手读给他听;需要写作,就采用口述方式由助手记录在本子上。

回到北平后,陈寅恪作为清华大学的教授,同时还兼着燕京大学的教授,教学任务是很重的。不过,任何疲惫和辛苦也无法阻挡陈寅恪重返讲坛的激情。陈寅恪于1946年10月26日回到北平,11月5日便开始复员后的第一次讲课,并且在历史系、中文系均开有课程。此次重回清华园在北平逗留的短短一年多时间里,陈寅恪于1948年3月被选为中央研究院院士,9月9日被选为北平研究院学术会议史学组委员。

作为部聘教授,陈寅恪应该算是收入不菲的了(每月工资六百多元,学术研究费一千元),但由于通货膨胀,货币贬值甚是厉害,陈寅恪一家人的生活还是显得捉襟见肘。1947年的冬天特别寒冷，清华大学由于经费紧张没有供暖。如果没有其他资金来源来买煤炭，一家人也只能待在寒冷的房间里挨冻。北大校长胡适知道后，便想送给陈寅恪一大笔美元。陈寅恪拒不受，胡适则坚持要送，最后双方做了妥协：陈寅恪用心爱的藏书换取胡适的两千美元。这笔"交易"，陈寅恪其实是吃了亏的：因为仅一部《圣彼德堡梵德大词典》，当时市价就远超两千美元；何况陈寅恪拿出的书，足足装了胡适一汽车。只是陈寅恪十分敬重胡适的学问人品，人家又是雪中送炭，因此便不计较了（这批书由季羡林代胡适运回北大，现藏于北大图书馆）。正所谓"宝剑赠英雄"，而陈寅恪则解了燃眉之急；惺惺相惜，互通有无，由此传为一段学界佳话。

11. 艰难抉择

每个人的人生都面临着多次选择，无论对错，无论难易，当到了不得不选的历史关头时，都必须做出最后的抉择，不管是主动还是被动。而陈寅恪一生当中最艰难的一次抉择，其实从1948年便已拉开序幕。

事实上，在改朝换代结局未定之时，选择尤为艰难。当时，围绕在陈周围存在有两股截然相反的力量，一种力量催着陈赴台，一股力量让其留在大陆。傅斯年、杭立武就是促使陈寅恪离开大陆的两个代表性人物，而陈序经则是力促陈寅恪留在大陆的坚定力量。时过境迁，我们已经难以准确知道陈寅恪面临抉择时具体的矛盾心理，但还是可以从一些具体事件中去管中窥豹。

1948年底，陈寅恪离开北平飞往南京，到南京后又很快选择离开，然后又到上海，在1949年初又出现在广州。短短三个月时间，陈寅恪就作出了三次大的变动。这些变动仅从路径的角度考察，显然是离开大陆的轨迹；但最后，陈寅恪还是留在了大陆。

1948年12月15日，陈寅恪飞抵南京。第二天，陈寅恪相交相识几十年的老朋友傅斯年便被任命为台湾大学校长。1949年1月19日，陈寅恪刚刚抵达广州，第二天即1月20日傅斯年便在台湾正式就职。冥冥之中，傅斯年似乎总是晚一步，这好像预示了傅斯年催陈入台计划的结局不妙。

傅斯年就任台湾大学校长之后，替陈寅恪在那里做了周到的安排，为其配好了助手，准备了工资，甚至安排好了接陈的专机，只待陈做出赴台决定，就可立刻把陈接至台湾。周密安排之后，傅斯年多次致电陈寅恪催其赴台。这么周密的安排，最后竟然不了了之。这或许和傅陈之间曾经出现过嫌隙有关，或许并不尽然。

陈寅恪抵达广州时，广州市面已一片混乱，货币贬值，物价飞涨，显示着中国的局势即将发生翻天覆地的变化。接下来，广州的局势越来越紧张，而时势的变化也把很多人的命运推向最后抉择的十字路口。

1949年6月，国民党在广州组建"战时内阁"。它有一项"抢运学人计划"，而此计划的负责人就是时任"战时内阁"教育部长的杭立武。

在人心浮动、风雨飘摇的日子里，杭立武多次派人动员在岭南大学任教的陈寅恪离开大陆赴台，陈寅恪都不置可否。9月的某一天，杭立武与"战时内阁"财政部长徐堪一起来到岭南大学，劝说陈寅恪离开大陆，并以重金洋房相许，当场被在场的岭南大学校长陈序经越俎代庖予以回绝。这一催促陈寅恪赴台的努力也随之宣告流产。此时，南粤大地已经是炮声隆隆，广州离改天换地的时间不远了，历史留给暂居广州的学人选择的时间也不多了。

10月14日下午6时，人民解放军浩浩荡荡开进广州城，一切尘埃落定，犹豫中的陈寅恪其实已不能再犹豫了。从此陈寅恪留在岭南，可以说是历史帮陈寅恪做出了艰难的选择。

邓广铭在1988年5月28日的"纪念陈寅恪教授国际学术讨论会"上的发言中说，1948年12月14日这天晚上，他去尚在北平东厂胡同的陈寅恪（准备翌日离开北平）话别。陈寅恪对他讲："其实，胡先生（指胡适）因政治上的关系，是非走不可的，我则原可不走。但是，听说在共产党统治区大家一律吃小米，要我也吃小米可受不了。而且，我身体多病，离开美国药也不行。所以我也得走。"① 陈寅恪在这里道出了他落脚广州的一个原因。在陈寅恪和当时相当一部分知识分子心目中，大概中国会南北分治。在"文化大革命"中，陈寅恪在向红卫兵的"交待"（由唐筼执笔）中又说："当广州尚未解放时，伪中央研究院历史语言研究所所长傅斯年多次来电催往台湾，我坚决不去。至于香港，是英帝国主义殖民地。殖民地的生活是我平生所鄙视的。所以我也不去香港。愿留在国内。"② 这段话，说明陈寅恪曾经历过一段激烈的思想斗争，对各种选项都进行过比较。之所以他最后能在犹豫中做出留在大陆的选择，余英时先生道出了部分内情："陈先生决定留在广州不走，是因为他觉得已无地可逃。国民党既不能在大陆上立足，也未必能长保台湾。这本是当时一般人的共同心理。"③只是余英时先生尚不明白，陈寅恪最后作出的选择，更基于对国民党、蒋介石的长期不满，而对中国共产党抱有希望（这个希望的出发点则是复振中华文化）。这也是当时留在大陆的知识分子的共同心理。

　　从卢沟桥事变，陈寅恪一家逃离北平，再到其南迁岭南，结束动荡已久的生活，历时整整十二年光景。纵观陈寅恪这段漫长而艰难的日子，可说是千辛万苦十二载，八千里路云和月。

---

① 转见卞僧慧：《陈寅恪先生年谱长编（初稿）》，中华书局2010年版，第250页。

② 转见胡文辉：《陈寅恪诗笺释》增订本，广东人民出版社2013年版，第458页。

③ 转见胡文辉：《陈寅恪诗笺释》增订本，广东人民出版社2013年版，第455页。

第三节　康乐园的美丽和忧愁

1. 南岭温情

岭南大学的前身为美国教会1888年创办的格致书院，校址设在广州城内。1904年格致书院迁至今广州市海珠区康乐村，改名岭南学堂，1918年定名岭南大学。1927年4月，学校宣布停办，并遣散职工。当时以著名律师钱树芬为首的一批爱国校友倡议接办学校，同年7月经广东省政府批准，学校收归中国人自办，并正式改名私立岭南大学。抗日战争期间，岭南大学辗转迁至香港及今韶关市曲江区、梅州市梅县区等地，抗战胜利后迁回广州。1948年8月1日起，由我国近代著名的历史学家、教育家陈序经出任岭南大学校长。1952年，岭南大学在院系调整中与国立中山大学及其他院校的相关专业合并，组成现在的中山大学、华南理工大学等。

美丽的岭南大学校园就坐落在珠江边，当时学校连接市区最简便的交通工具是渡船。1949年1月19日，当陈寅恪乘坐的"秋瑾"号客轮抵达广州渔珠码头时，一艘由岭南大学派来迎接陈寅恪的交通渡船已在码头等候多时，一家人弃客轮登渡船直接驶向岭南大学。这时，在岭南大学学校码头，校长陈序经已率领中文系师生（包括王力、容庚、冼玉清、李沧萍等教授）在码头上等候多时了。十二年来，陈寅恪辗转多地，以各种方式到多所大学赴任，校方如此隆重的迎接当属首次。

陈寅恪一家到达岭南大学后，校方安排他一家人住进早已收拾干净的西南区52号公寓，从此开启了陈寅恪二十年的康乐园生涯。康乐园因南朝宋时诗人谢灵运（袭封康乐公）谪贬广州曾居此地而得名。1953年夏，陈寅恪从西南区52号搬到东南区1号（原岭南大学附属中学校长葛理佩所居麻金墨屋1号）二楼居住。

直至1969年春被红卫兵逐出,陈寅恪在此度过了极不平常的近十六年时光。

陈寅恪的到来,将一心振兴岭南大学的陈序经校长的引才计划推向了高潮。陈寅恪抵达岭南的第二天,1月20日,《岭南大学校报》即刊出陈寅恪来校任教的消息。

比起干燥、寒冷的北方,岭南湿润而温暖。从寒冷的北方来到温暖的南方,自然让人备感舒服和温馨。所以,一踏入岭大,陈寅恪便被南粤特有的温馨和温情所包围。

由于国内战争的持续,当时迁居广州的北国学人很多,不少还是陈寅恪的故朋旧交,如岭南大学的王力、梁方仲、姜立夫、李沧萍等教授,中山大学的朱师辙、刘节等教授,所以陈寅恪到了岭大很快就消除了身在异地的陌生感。

同时,作为校长的陈序经经常到陈寅恪家嘘寒问暖,帮助解决他生活中遇到的困难。这样既解除了陈寅恪的后顾之忧,也让流离转徙了十二载的陈寅恪真真切切地感觉到莫大的幸福感。这世外桃源般的康乐园,给一路紧张、疲惫的陈寅恪带来无尽的满足和愉悦,所以他不久就适应了这里的生活,喜欢上了康乐园。已届花甲的陈寅恪,似乎终于寻到了一处从此可以安心治学的宁静港湾。

陈寅恪到岭大后立即被聘为中文系、历史系合聘教授,三个月后便向两系学生讲授"白居易诗"及"唐史"和"唐代乐府"等课程。更让人羡慕的是,陈寅恪还一个人领取两份教授薪金,成为当时校内新俸最高的教授,比校长的薪金还高。

2. 自由高歌

安定宽松的研究和创作环境,稳定的生活状态,是最容易出成果的。陈寅恪到达岭南后,校方又在生活上对他进行了最大限度的照顾和安排,给他提供了最好的环境和条件。在这种状况下,积蓄了太久的陈寅恪,创作激情瞬间迸发。他废寝忘食,勤奋工作，冥思苦想，文如泉涌，学术成果一篇接着一篇问世，感动了身边许多人。他的助手黄萱回忆50年代初叶的陈寅恪说："陈先生出入不便，就在寓中的走廊上课及做研究工作。他起床较晚，工作的时间是每星期五、六上午九时到下午一时半。每天早上我上楼后还来不及坐下，他便把当天的工作安排给我。例如：应查关于他的教学或研究的材料的某书某句，论文中的某段某句要修改或移置等等。他说：'晚上想到的问题，若不快点交代出来，记在脑子里是很辛苦的。'"①

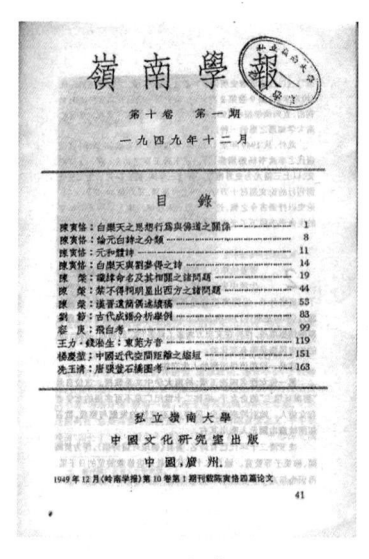

岭南学报

从1949年到1952年的短短三年时间，陈寅恪先后在《岭南学报》《南国》等岭南大学刊物上发表了《从史实论切韵》《白乐天之先祖及后嗣》《白乐天之思想行为与佛道之关系》《论元白诗之分类》《元和体诗》《白乐天与刘梦得之诗》《白香山琵琶引笺证》《元微之古题乐府笺证》《论唐高祖称臣于突厥事》《秦妇吟校笺旧稿补正》《以杜诗证唐史所谓杂种胡之义》等大量论文。从《岭南学报》第九卷第二期开始，几乎每期都有陈寅恪的论文发表，直到停刊。据不完全统计，这三年时间里，陈寅恪完成并发表论文达十万字之多。

此外，1949年到1952年期间，陈寅恪还先后完成了《论韩愈》《记唐代之李武韦杨婚姻集团》《述东晋王导之功业》等十余篇论文，陆续发表在包括《历史研究》在内的校外刊物上。

陈寅恪晚年，虽然身体状况每况愈下，但其研究和创作热情

---

① 卞僧慧：《陈寅恪先生年谱长编（初稿）》，中华书局2010年版，第278页。

却逆天而行，越来越高涨，往往前一轮创作期过去，新的一轮便排山倒海般到来，一步步地把陈寅恪的生命旋律从一个高潮推向另一个高潮。

1953年夏，陈寅恪大病了一场。为了排遣病痛带给陈寅恪的阴霾和苦闷，细心的助手黄萱便每天一页一页地给陈寅恪读清代女诗人陈端生所写的《再生缘》。以往陈寅恪是不大喜欢这类书籍的，但这次却恰恰相反。随着《再生缘》剧情的不断推进，陈寅恪竟然被元代孟丽君与皇甫少华悲欢离合的爱情故事深深吸引……

1953年这年，是陈寅恪住进康乐园的第四年。被《再生缘》这部弹词小说深深触动了的他，感情难以自持，被理性思维埋藏已久的情感火山般爆发，生命感悟一泻千里，熊熊之火点燃了人生的爆发点……陈寅恪在酣畅淋漓、物我两忘的创作状态中，在助手黄萱的帮助下，于9月间开始《论再生缘》

全家合影于广州（1951年夏）（后排左起：次女小彭、长女流求、幼女美延）

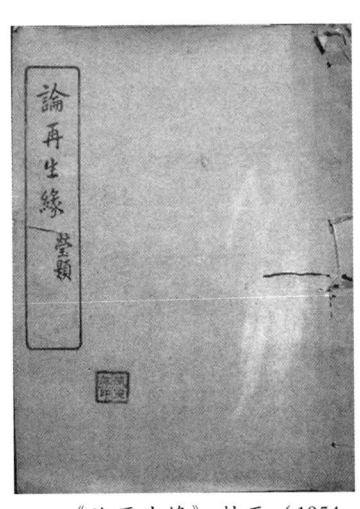

《论再生缘》封面（1954年自刊油印线装本）

的写作，至11月即筹备刻印———一部六万五千字的长篇评论几乎是一气呵成。那些滚烫的、闪耀着灵魂光芒的句子，从陈寅恪口中流出来，冲破了沉寂太久的"史"的老成和重负，在文字的原野里自由翱翔、驰骋……读者但凡读后，无不击节叫好。兹仅引开篇一段，便可见陈氏思维的冲横决荡，文字功底的炉火纯青

——起承转合，明晰自然；抑扬顿挫，意在言外，可谓曲尽蹈虚揖影之妙：

> 寅恪少喜读小说，虽至鄙陋者亦取寓目。独弹词七字唱之体则略知其内容大意后，辄弃去不复观览，盖厌恶其繁复冗长也。及长游学四方，从师受天竺希腊之文，读其史诗名著，始知所言宗教哲理，固有远胜吾国弹词七字唱者，然其构章遣词，繁复冗长，实与弹词七字唱无甚差异，绝不可以桐城古文义法及江西诗派句律绳之者，而少时厌恶此体小说之意，遂渐减损改易矣。又中岁以后，研治元白长庆体诗，穷其流变，广涉唐五代俗讲之文，于弹词七字唱之体，益复有所心会。衰年病目，废书不观，唯听读小说消日，偶至《再生缘》一书，深有感于其作者之身世，遂稍稍考证其本末，草成此文。承平豢养，无所用心，忖文章之得失，兴窈窕之哀思，聊作无益之事，以遣有涯之生云尔。①

陈寅恪何以要写《论再生缘》呢？海外学者多借陈寅恪之语，以为是诉"家国兴亡哀痛之情感"，将陈寅恪与新中国疏离开来。其实，陈氏乃以孟丽君审视陈端生，又以陈端生观照陈氏一生的风云遭际，其一以贯之的红线则是他在为王国维所书碑铭中提出的"独立之精神，自由之思想"。陈寅恪认为，《再生缘》之所以能淋漓尽致地表现"家国兴亡哀痛之情感"，乃"系乎思想之自由灵活"，而能著此文者，"必思想自由灵活之人始得为之"。《再生缘》的作者陈端生"亦当日无数女性中思想最超越之人也"。陈寅恪指出，在我国传统长篇巨制、文字逾数十百万言，如弹词之体者，以《再生缘》为第一。陈端生将平日理想寄托于笔下的孟丽君，遂产生出这部旷世奇书。"再生缘中述孟丽君中文状元，任兵

---

① 陈寅恪：《论再生缘》，载《寒柳堂集》，三联书店2015年版，第1页。

部尚书，考取皇甫少华为武状元"，说明作者陈端生"心中于吾国当日奉为金科玉律之君父夫三纲，皆欲藉此等描写以摧破之也。端生此等自由及自尊即独立思想，在当日及其后百余年间，俱足惊世骇俗，自为一般人所非议"。① 由此可见，《论再生缘》是反封建主义，反专制主义，并非疏离新中国。陈氏这篇长文，是借褒扬女性之独立自由，而再一次推重"独立之精神，自由之思想"，强调知识分子的立世之本、为文之本，是一篇士人的心灵史、一曲自由的高歌！

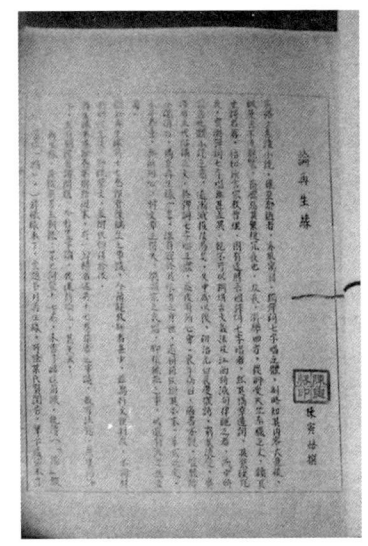

《论再生缘》正文首页
（1954年自刊油印线装本）

3. 好事多磨

《论再生缘》先是以油印本形式被个别学人（疑是章士钊）带到海外，造成一时轰动。境外学人多以"他者"的思维看待陈寅恪和他的《论再生缘》。如余英时在香港《人生》杂志1958年12月号发表《陈寅恪先生〈论再生缘〉书后》，称其"实是写'兴亡遗恨'为主旨，个人感怀身世，犹其次焉者矣！"这样严重的误读，不仅将陈寅恪架在火上烤，而且剑指社会主义中国，以为那里的文人陷入樊笼而不自由。事情很快引起党和国家的高度重视。自1960年底至1961年初，郭沫若从不同渠道得到海外《论再生缘》的三种版本，反复捧读，并未见其有对新中国不满的明显话语，遂于1961年3月初及11月中旬，两次南下广州，登门拜访陈

---

① 陈寅恪：《论再生缘》，载《寒柳堂集》，三联书店2015年版，第63页、73页、66页。

寅恪，以虔敬的态度与之探讨。陈寅恪对郭沫若也是敬重的。他认为郭是甲骨"四堂"之一，对王国维所持自由、独立的文人气节应有理解，所以他与郭的学问探讨，应是和谐热烈的。据说他俩不仅谈了陈端生、《再生缘》，还谈了唐史、唐诗，谈了李白和巴尔喀什湖。一个广为传诵的佚事，是二人在第一次见面（1961年3月初）时，还合作写了一副对联："壬水庚金龙虎斗，郭聋陈聱马牛风"。壬是郭沫若生年（壬辰年，即1892年），天干为水，地支属龙；庚是陈寅恪生年（庚寅年，即1890年），天干为金，地支属虎。"龙虎斗"和"马牛风"，形象地反映出郭沫若与陈寅恪的学术讨论的激烈及内蕴的学术观点、学术方法（一个是以马列主义为指导，一个是不预设政治立场或思想观念）的对立。由此猜想，该对的下联应是陈寅恪所拟，一半开玩笑一半当真。不过，在《再生缘》的问题上，郭沫若应是陈寅恪的知音。他不仅颇费心力地突击校订完十七卷本《再生缘》，而且还于1961年5月4日、8月7日以及10月5日、22日在《光明日报》连续发表关于《再生缘》的文章，与陈寅恪相呼应，态度是认真、诚恳的，甚至可以说充满热情。他在5月4日的《光明日报》发表的题为《〈再生缘〉前十七卷和他的作者陈端生》（5月1日完稿）中说：

> 《再生缘》前十七卷的确是部杰出的作品。陈寅恪很欣赏它，在他看来，陈端生的成就竟在杜甫之上。……他这样说："弹词之作品颇多，鄙意《再生缘》之文最佳。之所谓'铺陈终始，排比声韵'，'属对律切'实足当之无愧。而文词累数十百万言，则较'大或千言，次犹数百者，更不可同年而语矣。'"这话说得很胆大。陈寅恪说，他是"噤不敢发，茌苒数十年，迟至暮齿，始为之一吐"；他是"不顾当世及后来通人之讪笑"的。我不是所谓"通人"，因此不仅不"讪笑"他，反而要为他的敢于说话而拍掌。的确，我们是有点厚远薄近、厚雅薄俗、厚男薄女、厚外薄中的。对唐宋的旧诗人

我们每每奉之为圣哲,而把明清的弹词女作者则一概屏之于俗流。我们能够欣赏《孔雀东南飞》,但很少人能回顾一下这条无尾的神龙《再生缘》。我们能够歌颂希腊的荷马,义(意)大利的但丁,英国的莎士比亚,德国的哥德,俄国的普希金,因为他们的长篇叙事诗或诗剧,然而知道陈端生这个名字的人,恐怕没有多少。

郭沫若在8月7日的《光明日报》所发题为《序〈再生缘〉前十七卷校订本》(7月29日完稿)一文,更是不吝褒词,热情如火:

> 《再生缘》之被再认识,首先应归功于陈寅恪教授。……一九六〇年十二月初旬,金灿然同志把《论〈再生缘〉》一文给我看了。陈寅恪的高度的评价使我感受到高度的惊讶。我没有想出:那样渊博的,在我们看来是雅人深致的老诗人却那样欣赏弹词,更那样欣赏《再生缘》,而我们这些素来宣扬人民文学的人,却把《再生缘》这样一部书,完全忽视了。于是我以补课的心情,来开始了《再生缘》的阅读。当然,我也是想来检验一下:陈教授的评价究竟是否正确。……这的确是一部值得重视的文学遗产,而却长久地被人遗忘了。……无怪乎陈寅恪先生要那样地感伤而至于流泪:"彤管声名终寂寂……怅望千秋泪湿巾。"这不是没有理由的。……
>
> 从去年十二月以来,到最后核校完毕为止,我算把《再生缘》反复读了四遍。我每读一遍都感觉到津津有味,证明了陈寅恪的评价是正确的。他把它比之于印度、希腊的古史诗,那是从诗的形式来说的。如果从叙事的生动严密、波浪层出,从人物的性格塑造、心理描写上来说,我觉得陈端生的本领比之十八九世纪英法大作家们,如英国的斯考特(Scott,一七七一——一八三二)、法国的斯汤达(Srendnal,

一七八三——一八四二）和巴尔塞克（Batzac，一七九九——一八五〇），实际上也未遑多让。他们三位都比她要稍晚一些，都是在成熟的年龄以散文的形式从事创作的，而陈端生则不然，她用的是诗歌形式，而开始创作时只有十八九岁。这应该说是更加难能可贵的。

为了回应以余英时为代表的境外学人关于陈寅恪不得志、《论再生缘》难出版的呛声，在中山大学以及郭沫若、周扬等中央人士的积极推动下，陈寅恪的这篇长文以及陈端生的《再生缘》在大陆的正式出版，于1961年进入了紧锣密鼓阶段。

这一时期，自恃"才高八斗"的党内理论家康生（时为中共中央政治局候补委员、中共中央文教小组副组长）也来凑热闹，于1962年早春时节兴冲冲地来到中山大学，指名要见陈寅恪。校领导命学校办公室向陈寅恪传达康生的要求，孰料陈寅恪冷冷地吐出两个字："不见。"这下把校办同志急坏了，再三动员、恳求，可陈寅恪借口生病而闻风不动。康生原本是来向陈寅恪套近乎的，顺便卖弄一下他的学问，结果吃了一个闭门羹，只得悻悻地走了。陈寅恪曾耳闻康生一贯装腔作势，其实肚子里并无多少货，所以懒得与之周旋，浪费时间。这其实亦是陈寅恪一以贯之的磊落人品和刚直秉性使然。他的助手黄萱讲他"正直，黑白分明，实事求是"，"是非得失，十分清楚"。他则自述："默念平生固未尝侮食自矜，曲学阿世，似可告慰友朋。"①

康生欲造访陈寅恪之时，正是人民文学出版社准备出版《论再生缘》及配套的《再生缘》之际。不过，康生返京后不久，情况突然起了变化：两书的出版计划被中止。于是论者多以为这是陈寅恪得罪了康生带来的后果。康生的鸡肠小肚、睚眦必报早有传闻。只是此次两书出版计划的夭折，实与国际形势变化有关，

---

① 陈寅恪：《赠蒋秉南序》，载《寒柳堂集》，三联书店2015年版，第182页。

而与康生无涉。当年《光明日报》总编辑穆欣后来回忆说，1962年初，周恩来曾让人给郭沫若打招呼："不要再在报纸上讨论《再生缘》，以免由此伤害中朝友谊，在国际上造成不良影响。"① 原来，《再生缘》里有关于元朝皇帝"征讨朝鲜"的故事，"朝鲜方面有意见"。此时正是中苏关系开始交恶之际，迫切需要争取夹于两大国之间不知如何是好的朝鲜的支持（起码是保持中立），因此，周恩来从国家最高利益出发，遂做出这个决定。当然，康生对周扬也讲过"那个孟丽君可不能再宣传了"一类的话，② 却应视为对中央高层决定的贯彻，还说不上挟私报复——尽管他对陈寅恪耿耿于怀。

就在中央决定中止两书出版计划稍前一点时间，也就是1962年早春时节，时任中共中央书记处候补书记、中共中央宣传部副部长的胡乔木来广州休养，由中共中央中南局书记陶铸陪同到中山大学看望陈寅恪（其时比康生欲造访陈寅恪的时间要早几天）。陈寅恪谈及他的一批旧论文稿结集重印事，称迟迟还未出版，是"盖棺有期，出版无日"。胡乔木笑了笑，让陈放心，说："出版有期，盖棺尚远。"后来事情的结局，果被陈寅恪言中。1964年11月，他大致已得知包括《论再生缘》在内的书稿被搁置的信息，并未太多伤感。他在《论再生缘校补记后序》里如是记言：

> 论再生缘一文乃颓龄戏笔，疏误可笑。然传播中外，议论纷纭。……噫！所南心史，固非吴井之藏。孙盛阳秋，同是辽东之本。点佛弟之额粉，久已先干。裹王娘之脚条，长则更臭。知我罪我，请俟来世。③

---

① 转见穆欣：《郭沫若考证〈再生缘〉》，载《世纪》（上海），2006年第5期。
② 参见黎之：《回忆与思考——从一月三日会议到六月批示》，载《新文学史料》（北京），1998年第3期。
③ 陈寅恪：《论再生缘》，载《寒柳堂集》，三联书店2015年版，第106–107页。

陈的这篇后序，虽是自嘲自娱，却透出对其著激情饱满的自尊和自信；虽是无可奈何，却坚守既有的学术品质与品位，不改初心，可叹可敬！

1978年，刚成立不久的上海古籍出版社在其主办的辑刊——《中华文史论丛》第七辑（7月出版）、八辑（10月出版）以连载形式首次公开推出《论再生缘》；又在1980年将其编入《寒柳集》，与《柳如是别传》等陈寅恪的其他文集一道，正式出版。虽然此时距离陈寅恪逝世已经十年，但仍可告慰这位为中华文化复振艰难奋斗了一辈子的老人。

4. 书生反击

1957年，中国大地出现了一种奇特的批判形式——"大字报"。

1958年3月10日，中共中央宣传部副部长、中央政治局委员陈伯达，在国务院科学规划委员会第五次会议上作《厚今薄古，边干边学》报告。4月28日，《人民日报》刊登范文澜的文章《历史研究必须厚今薄古》。6月11日，《人民日报》刊发郭沫若《关于厚今薄古问题》，掀起一场席卷全国的批判资产阶级思想运动。紧接着，由"厚今薄古"散布的愁云在学术界迅速扩张。

在这场运动中，全国学界必须学习的文章，是此次运动的导火索之一《关于厚今薄古问题》，其作者郭沫若更是把陈寅恪作为资产阶级陈旧思想的代表人物在文章中公开点名。随着《关于厚今薄古问题》的广泛传播，一时间，陈寅恪被推向风口浪尖，成了学术界万众瞩目的人物，同时也被架到了这场运动的火山口上。在这种形势下，陈寅恪遭受炙烤也就在所难免了。

很快，一场蓄谋已久、以摧毁陈寅恪学术根基为目标的第一轮"批陈"大字报风暴便向中山大学呼啸而来。其来势之凶猛，用词之恶毒，几乎要把人炸晕。在雪片一样肆虐的大字报风暴中，陈寅恪被描绘成一具活脱脱的"僵尸""老顽固""假权威"和

"花岗岩脑袋"。

面对排山倒海的大字报,双目失明的陈寅恪除了愤怒和抗议,其实毫无招架之力。第一轮"批陈"大字报刚刚接近尾声,紧接着在1958年7月,第二轮"批陈"大字报的风暴再度袭来。此轮大字报显然变更了策略,将批判目标直接对准了陈寅恪的著作。批判文章中有的竟称"元白诗证史"的考证,考证出了一部名副其实的"妓女春秋"云云。第二轮大字报谩骂之词虽然比第一轮有所减少,但其批判力度反而更强,所以对陈寅恪的精神摧残更大。特别是陈寅恪此前最满意的一个学生金应熙撰写的《批判陈寅恪先生的唯心主义和形而上的史学方法》,像利剑一般句句见血,给其内心造成的创伤终生都难以愈合。

在这场"厚今薄古"运动最猛烈的1958年夏季,已经被批判成"资产阶级史学代表人物"的"陈寅恪"三个字,一时成为中国史学界见报率最高的名字。仅仅是批判还不够,更有甚者,在密室谋划中,陈寅恪还差一点成为遣散对象而被赶出中山大学。

面对气势汹汹、欲置人于死地的大批判,陈寅恪所能做出的有效反抗就是拒绝教书。他郑重地向校方提出:"教书30多年,不意贻误青年,现在心有余而力不足,决定不再开课,准备迁出中大。"① 他顺带还作出退休的决定。其决绝的态度,令校方黯然。其时,以中共广东省委第一书记陶铸为代表的一些省领导已感到中山大学的大批判过火了,指示要降低调子,不要挫伤老教师的积极性。中山大学有关领导这才真正慌了——让陈寅恪这个被省领导看重的国宝级人物离校,如何交待得过去?陈寅恪一向是中大响当当的"金字招牌";"招牌"既丢,学校也便无脸面活了。于是,从校方到系上,各级负责人一再致歉、挽留,陈寅恪于是勉强收回退休一说而暂居中大,但学生他是决意不教了,研究生

---

① 转见吴定宇:《守望:陈寅恪往事》,中国社会科学出版社2014年版,第341页。

也不再带了。助手黄萱在后来一篇《怀念陈寅恪教授》的文章中痛苦地述说了当时的情景:

> 一九五八年批判"厚古薄今",陈先生受批判,说是"拔白旗"。他遂不再教课,专力著作。我曾劝他复课。他说:"是他们不要我的东西,不是我不教的。"这是多么伤心的话啊!①

1959年3月,风暴过后,中共中央宣传部副部长周扬前来看望陈寅恪。耿直的陈寅恪借机向他发泄怒火,令他颇为尴尬。周扬尔后想起此事,还觉惭愧,他在大连创作座谈会的一次讲话(1962年8月10日)中说:

> 我与陈寅恪谈过话,历史家,有点怪,国民党把他当国宝,曾用飞机接他走。记忆力惊人,书熟悉得不得了,随便讲哪知道哪地方,英法梵文都好,清末四公子之一。一九五九年我去拜访他。他问,周先生,新华社你管不管。我说有点关系。他说一九五八年几月几日,新华社广播了新闻,大学生教学比老师还好,只隔了半年,为什么又说学生向老师学习,何前后矛盾如此。我被突然袭击了一下。我说新事物要实验,总要实验几次。革命,社会主义也是个实验。买双鞋,要实验那么几次。他不大满意,说实验是可以,但是尺寸不要差得太远,但差一点是可能的。②

应该说,教书育人是陈寅恪最看重的事业。让他作出不再教书的决定,于他无疑是痛苦的。但人活着就是要争一口气,何况

---

① 卞僧慧:《陈寅恪先生年谱长编(初稿)》,中华书局2010年版,第308页。
② 卞僧慧:《陈寅恪先生年谱长编(初稿)》,中华书局2010年版,第312页。

把气节看得比生命还重的意气书生陈寅恪！《礼记·儒行》说："儒者可亲而不可劫也，可近而不可迫也，可杀而不可辱也。"文弱的陈寅恪以罢教来反击"拔白旗"，虽是无奈而悲怆着，却堪称壮士断腕之举，风骨凛凛，意气泱泱，痛快淋漓！

5. 暮年膑足

民间有"七十三、八十四，阎王不叫自己去"的迷信说法。1962年2月4日，农历辛丑年除夕，虚岁七十三的陈寅恪写下一首七律《辛丑除夕》，其颈联云："虎岁傥能逃佛劫，羊城犹自梦尧年。"陈寅恪本意是期望自己本命之年（进入2月5日即为壬寅年）能够平平安安地度过。不想天不佑人，陈寅恪还是没有逃过此劫。

五个月后的1962年7月11日，陈寅恪洗澡时突然滑倒在浴盆里，顿感右腿剧痛难忍。校医闻讯赶来，对陈寅恪的右腿进行了简单处置后，赶紧送往中山医学院第二附属医院。经过专家会诊，诊断为股骨颈折断。

对于骨折，最佳的治疗方案就是动手术，骨骼接驳或镶上铜钉，但动手术需要全身麻醉。由于老年人生理的特殊性，且老年人大多患有多种慢性疾病，故而全身麻醉具有一定风险。陈寅恪体质非常虚弱，又患有心脏病等多种疾病，显然不适合进行麻醉。鉴于安全考虑，最后院方不得不采取保守治疗，而保守治疗则很可能带来终身残疾。

当时陈寅恪的伤情牵动着广东学界的神经，也惊动了中共广东省委。广东省委高度重视，指示中山医学院第二附属医院全力医治陈寅恪。陈寅恪住进医院的第三天，时任中共广东省委书记的陶铸还亲自前来探望病情。

尽管有广东省委的关怀，中山医学院第二附属医院也为陈寅恪提供了最好的医疗服务，但由于没有手术，他还是无法摆脱暮年膑足的厄运。

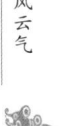

本已双目失明的身体现状,再加上暮年胼足,真是雪上加霜,直把陈寅恪的生活推向了深渊。陈寅恪摔伤后已经完全不能自理,足足在医院躺了 200 余天。在这期间,陈寅恪虽然饱受痛苦的折磨,但由于有中山大学派来的学校保健室的两位年轻保健护士——容苑梅和卢冠群的精心照料和陪护,让他生命里多了一些温馨和温暖。在两位青春洋溢而极负责任心的护士的长期照料下,陈寅恪的心理慢慢有所改变,开始从颓丧和悲哀中走出来……

1963 年 1 月 21 日,陈寅恪出院了。出院后,容苑梅和卢冠群由中山大学指派成为陈寅恪的专职护士。

经过此番折腾,出院后的陈寅恪显得更加苍老。由于需要长期连续二十四小时护理,不久,中山大学又给陈寅恪派来一个专职护士,以轮流护理。就这样,在中大三个护士全天候护理的优厚条件下,晚年的陈寅恪得以继续发挥其惊人的学术潜力。

陈寅恪之所以能得到如此厚待,主要是时任中共广东省委书记陶铸的作用。后来随着陶铸调出广东,失去庇护的陈寅恪的境况就一天不如一天了。

6. 人生绝唱

在陶铸主政广东的八年(1957—1965 年)间,大体上看,知识分子的日子是比较好过的。许多论者认为,陶铸在广东时,对知识分子一直有所偏爱,对不少知名知识分子都有过帮助,尤其对陈寅恪庇护有加。1965 年陶铸调出广东,赴京任国务院副总理。1966 年 6 月,"文化大革命"开始。1966 年冬天,陈寅恪的磨难便渐渐加深了,经常被迫作出书面检查,每每又因交代得不彻底,被校方及红卫兵勒令重新补充交代。

校方曾揪住陈寅恪的一首七绝不放,硬说其"兴亡遗恨尚如新"句中的"兴亡遗恨"是怀念已经被打倒的国民党政权,怀念败退台湾的蒋家王朝,真是欲加之罪,何患无词!在那场颠倒黑白的"文革"浪潮中,诸如此类关于陈寅恪的"罪状"可说是数不胜数。

1967年1月，陶铸被打倒，失去庇佑的陈寅恪立即成了各路红卫兵、"造反派"争相斗争的对象。他们撵跑了陈寅恪长期依靠的助手黄萱和他身边的护士，接着轮番上门逼迫陈寅恪坦白交代罪状。一时间，红卫兵对陈寅恪的折磨达到高潮。

当时红卫兵、"造反派"在整人方面花样百出，手段不断翻新。1969年春节刚过，陈寅恪就被勒令搬出东南区一号已居住长达十六年的家，被强行驱赶进条件极差的西南区五十号平房宿舍。面对陌生的环境，他手足无措，举步维艰。这对原来虽然生活在黑暗中，却十分熟悉周边环境的陈寅恪来说，无疑是在加速其死亡。

一个人的生理机能忍受外界的折磨和破坏毕竟是有限度的。陈寅恪在长年累月的病痛折磨中，身体早已被掏空了，何以还能经受住这一连串更加无情的打击？

八个月后，1969年10月7日凌晨5时半，陈寅恪因心力衰竭，走完了他八十岁的人生历程。四十五天后，陈寅恪七十二岁的夫人唐筼也撒手人寰，追随他去了。

1969年10月18日，《南方日报》刊登了一条不到两百字的关于陈寅恪逝世的消息。在那样的政治环境下，能享受如此"优厚待遇"也算不易。据说这不到两百字的短讯的发布，还是经过周恩来特批的。

紧接着，香港的《新晚报》也报道了陈寅恪的死讯。1969年12月1日，香港出版的《春秋杂志》更是以肯定的语气刊登了一篇《史学权威陈寅恪一死了之》的文章。文中有云："一代学人，就此怀着满腔忧愤长眠地下，这不仅是我国学术坛上陨落了一颗寒芒熠熠的彗星，同时也是我们文化传统中失去一个真正的读书种子。"该文在香港、台湾影响甚广，以后海外关于陈寅恪的学术文章，也基本沿袭这一观点。

第二章 遥望长安花雾隔
——书生意气，家国情怀

第一节 在香港沦陷的日子里

1. 进退维谷

尺有所短，寸有所长。学术上一向严谨的陈寅恪，在生活中却总会做出些许莽撞之事。1940年7月1日，陈寅恪为赴英之事仓促之中再一次来到香港。由于陈寅恪事先并未沟通协调，所以到港之后，赴牛津任教之事再次搁浅，一时间，陈寅恪陷入进退维谷的尴尬境地。陈寅恪在此期间写给亲戚、老友兼同事傅斯年的信，充分透漏出他当时的矛盾心境。

其实，陈寅恪抵达香港的第二天便预感到了此次来港的唐突。陈寅恪一时之间拉不下面子，但既然来了，再立马返回内地又心有不甘，于是便急匆匆提笔给傅斯年写信告诉老友自己在香港的状况，向傅斯年诉苦。陈寅恪在信中写道："现滇越道断，家眷无法迁入内地，上海亦在经济上、政治上不能往；又内子之病根未愈，唯留香港，无论如何不能往他地也。"傅斯年在接到此信后是如何回复陈寅恪的，我们现在不得而知，但陈寅恪因自己的莽撞之举使自己走到进退失据的地步，已然是不争的事实。

陈寅恪给傅斯年的第二封信写于其到香港一个多月后的8月

28日深夜，这封信道出了他在此期间经济上的窘迫和生活中的苦闷。陈寅恪在这封信中忧郁地写道："……然弟返港后月用三百元，因小孩学费及医药费在内，每饭几无肉，只食鸡蛋而已。一室有床三张，较之在靛花巷时饮食起居尚不能及……其中别有一种精神上不愉快之感觉，即无人可谈无书可读。实行赚钱糊口之工作，将来联大移川，而道路可通时，可再考虑行止也。"陈寅恪到港后的窘状，由其本人在私信中说出，水分应该不会太多，基本可以采信。由此信看来，陈寅恪这次来港，处境确实不妙。

1941年元宵节刚过，陈寅恪便又陆陆续续向傅斯年多次去信倾诉自己的苦难和苦闷。陈寅恪在其中一封信中写道："弟今年不能去英，大部分已可决定。在港则居、食、药三者，每月寅支卯粮，何能了局。"陈寅恪此次到港的目的既然是为赴英之事而来，而现在赴英之事搁浅，那他下一步又当如何呢？

是走是留的问题，那段时间一直困扰着陈寅恪，几乎是夜不能寐，茶饭不香。迟疑、彷徨、踌躇之中，陈寅恪对今后的去向想出了三种退路：一是筹集到足够的路费之后，离开香港，一个人到四川宜宾李庄，到中央研究院历史语言研究所赴任。二是自己单身入川，将家眷送至夫人唐筼的老家桂林。三是冒险赴英。

但无论哪种打算，首要解决的是路费问题。为筹钱之事，陈寅恪还曾写信向傅斯年求助。陈寅恪虽然为了离开香港，深思熟虑后做了三种计划，可当第四种可能出现的时候，令人百思不解的事情发生了：陈寅恪毅然放弃了那三种方案，做出了继续留在香港的决定。但正是这个决定，给陈寅恪的未来带来了许多麻烦。

2. 港大任教

正在陈寅恪进退两难之际，中英庚款董事会总干事杭立武先生出面为陈寅恪解了燃眉之急。为了解决陈寅恪一家的生计问题，杭立武以中英庚款委员会和中英文化协会的名义，与香港大学商定，聘请陈寅恪为香港大学哲学客座教授，并由中英庚款委员会支付其薪水。

1940年11月22日,港大师生在薄扶林运动场举行了陈寅恪莅校任教欢迎会,紧接着陈寅恪开始在港大正式开课。在港大任教期间,陈寅恪备课十分认真。他的课程在港大很受学生欢迎。在课堂上,陈寅恪引经据典,旁求博考,让听课的学生大开眼界。

开始时,香港大学每周只给陈寅恪安排了两个小时的课。1941年8月4日,香港大学中文系主任许地山教授逝世后,原本许地山教授的课程,港大安排给了陈寅恪。这样陈寅恪每周的课程就增加到后来的八小时。课程增加后,陈寅恪的教学任务更重了。在此期间,陈寅恪写给傅斯年的信中透露了那段时间的辛苦:"近日因上课太劳,不能多看书作文,除将前作完之'唐代政治史略'稍事增改外,复于六朝史有所论述,非俟至年暇时无时间写完。"

在滞留香港期间,陈寅恪到港大授课,须由九龙乘公共汽车到尖沙咀轮渡码头,渡海至香港岛后,然后再换乘电车才能到达香港大学。由于距离较远,加之交通不便,陈寅恪每次到港大授课仅来回路途就要花费大约4个小时时间。一开始,课程比较少还好办些,但在课程增加之后,每周需到港大授课的次数多了,花费在路上的时间就更多了。当时的香港已经是一个商品化程度极高的大都市了,消费水平奇高,生活成本自然居高不下。为了维持一家人在香港的生计,陈寅恪即使再辛苦也别无选择。

在港大任教期间,陈寅恪的众多学生当中,有两位学生的表现最为抢眼,其能力也最为陈寅恪所认可——他们就是谭凯光和金应熙。但正是这两位陈寅恪最喜爱的高徒,后来一个在太平洋战争爆发后不知去向,一个竟与陈寅恪产生了长达二十多年的"剪不乱,理还乱"的是非恩怨。

日军占领香港后,陈寅恪失去了港大教授的职位,也彻底失去了维持生计的来源。

3. 著书立说

陈寅恪在香港期间贫困交加，进退无措，以至断米息炊。但作为历史学家、古典文学研究者，即使在如此困难的情况下，他仍没有丢下研究工作，没有忘记著书立说。其间他创作出大量学术著作和文稿。此种锲而不舍的精神，为当世学人做出了表率。

《唐代政治史述论稿》是陈寅恪的一部重要学术作品。本书对有唐一代政治史作了精辟的论述。综观全书，上溯西晋、南北朝与隋世，下迄唐以后之变化，可谓创见迭出。其中所阐述、分析的唐代士大夫政治党派等问题，是司马光《资治通鉴》及历代其他史学著作都没有详细论述过的。这本中国中古史研究的传世杰作，是陈寅恪滞留香港期间，利用课余时间，以惊人的毅力、付出了巨大的努力才得以完成的。

唐朝诗人元稹以亲身经历撰写的小说《会真记》，叙述了张生与崔莺莺的爱情悲剧故事。这部小说文笔优美，刻画细致，为唐人传奇中的名篇。后世文人在此基础上演绎杂剧传奇者甚多，以金人董解元的《西厢记诸宫调》和元人王实甫的《西厢记》最为著名。后世戏曲作者更以其故事人物创作出许多戏曲。唐代另一部传奇小说《东城老父传》，通过对唐玄宗为首的上层贵族斗鸡走马、奢侈无度生活的描写来揭示开元盛世由盛转衰的根由，直接批判了"兆乱于太平矣，上心不悟"的唐玄宗。陈寅恪在香港期间，阅读这两部小说后深受触动。他经过研究考证，撰写出两万余字的重要文章。

《隋唐制度渊源略论稿》是陈寅恪研究西域史的经典著作，书中包含了礼仪、职官、刑律、音乐、兵制、财政等与隋唐制度及其建置相关的内容，涵盖了魏晋南北朝史、隋唐史、民族学、社会学、考古学、文化史、语言文字学等与中古史相关的诸多领域。在香港生病期间，陈寅恪为《隋唐制度渊源略论稿》增写了很有价值的一章，最终让这部学术著作更加完整，更加系统，当然也更有分量，从而成为他在香港期间创作的重大学术成果。

陈寅恪往往能把敏感的观察力与缜密的思考力相结合，利用常见的史料，在政治、社会、民族、宗教、思想、文学等许多方面，发现别人从未注意到的联系与问题，由现象深入本质，作出新鲜而令人折服、出乎意想之外而又在意料之中的解释。陈寅恪在香港期间，在资料匮乏的情况下，利用以上研究方法，认真研究魏晋南北朝史，还撰写出《六朝史论稿》数篇。这些论文在陈寅恪返回内地之后，陆续得以发表，在学术界产生了广泛影响。

最能体现陈寅恪善用史料和以小见大的研究方法特色的《魏书司马叡传江东民族条释证及推论》，也是在香港期间写完的。陈寅恪在那样恶劣的环境中，却能撰写出大量有价值的学术著作，其治学研史精神被后世传为美谈。

4. 香港沦陷

日本是一个位于太平洋西侧的岛国，严重扭曲的岛国心态，使其逐渐发展成为一个崇尚武力，以战争、掠夺为狂欢的国家。特别是在日本明治维新以后，其统治阶级将其潜藏已久的野心逐步转化为频繁发动侵略战争的勾当。

1894年中日甲午战争及1904年日俄战争两次战争的胜利，使日本称霸亚洲乃至世界的野心迅速膨胀。同时由于国内矛盾尖锐，日本统治阶级也亟需通过侵略邻国来转移矛盾。1931年，日本发动九一八事变，侵占中国东北地区，再次尝到了扩张的好处。1937年7月7日，日本侵华战争全面爆发。

日本对中国发动的全面侵略战争使其在国际上日渐孤立，稍后美国、英国和荷兰对日本实行经济制裁，断绝其战争物资的输入。

1941年4月，日本采取声东击西的策略假意与美国谈判。不知内情的美国竟然还强烈要求日本从中国撤军并停止扩张，并以限制废钢铁和石油出口对日本进行要挟，迫使日本就范。哪知这正中了日本的缓兵之计。1941年10月18日，日本主战派东条英机内阁成立，12月1日决定向美、英、荷开战。8日凌晨（日本时间8日3时20分，夏威夷时间7日7时50分），日军在联合舰队司令山本五十六指挥下，偷袭美国在太平洋最大的海空军基地夏威夷群岛的珍珠港，同时向香港、印度尼西亚、马来西亚、缅甸和菲律宾等地发动全面攻击。1941年12月9日，美、英对日宣战，太平洋战争全面爆发。

几乎在日本偷袭珍珠港的同时，12月8日，日军也把炮口对准了香港，猛烈的枪炮硝烟迅速把香港推进水深火热之中。香港的居民有的在枪炮声中惊恐度日，有的选择乘船逃难。在战争的阴影下，很多家庭一家大小挤在一起，蜷缩着发抖；一些逃难的人群刚刚涌上轮船，随后赶到的日本兵便用一排机关枪扫射……

12月12日九龙失陷，12月25日香港全面沦陷。12月8日到25日的18个日日夜夜，陈寅恪一家人始终待在九龙太子道号三楼后座租住的房间里，不敢出门。一家人在恐慌中煎熬着，期待着救援的奇迹出现，可惜等来的却是香港全面沦陷的噩耗。

5. 无课可上

对于一个热爱教育、热爱学生的教授，最大的打击莫过于离开讲台，沦落为无课可上的"闲人"。而这样的打击，却被陈寅恪摊上了。

陈寅恪一生先后任教于清华大学、北京大学、长沙临时大学、西南联大、香港大学、广西大学、燕京大学、岭南大学、中山大学等，历时四十四年。陈寅恪在香港无课可上的遭遇，是其四十四年教授生涯中唯一的一次（1958年的被迫罢教，不应计入此列），也是其最难熬的一段时光。

像战争中农民失去土地、工人失去工作一样，在沦陷区，陈寅恪也遭遇了类似致命的打击——无课可上。对陈寅恪来说这种打击之大，只要与其之前授课时陶醉的状态一比较，就立马体现出来了。

陈寅恪上课时，讲到激动或情深处往往会长时间地紧闭双眼，仿佛整个人都沉浸在学问之中。他上课时，每每先在黑板上写好要讲的重点，然后坐到椅子上，闭着眼睛开始讲课。陈寅恪上课时，在课堂上会点名叫学生朗读课文，哪怕是读错一个字，都必须停下来重读。再小的脱漏也逃不过陈寅恪的耳朵，因为那些文章典籍融汇于心，就像他的生命一样。

陈寅恪在失明之后上课，则总是睁大眼睛，炯炯地看向前方，侃侃而谈，一副很享受的样子。学生们则很崇敬地望着先生，聚精会神地听，生怕漏掉一句一词。

日军占领香港后，香港大学停课，陈寅恪开始了无课可上的煎熬。无课可上，陈寅恪自然失去了他教书育人的快乐和幸福，同时也失去了经济来源，生活很快陷入绝境。加上日军不停地烧杀抢掠，他只好每天带着全家东躲西藏，在恐惧和饥寒中度日。

此时的陈寅恪无课可上也罢，要命的是突然发现自己还陷入无书可读的境地。此种痛苦，不是读书人是无法明白的。

陈寅恪羁留香港，虽然时间不长，但却六次搬家，生活之艰难可想而知。香港沦陷以后，陈寅恪一家经常需要靠变卖衣物、首饰来购买食品。衣物、首饰毕竟是有限的，所以一家人经常连饭都吃不上，有时甚至要靠减少运动来保持体力，哪还有多余钱买书？

没有饭吃，肚子会饥饿；没有书读，心灵会饥饿。此次陈寅恪仓促来港，所带之书本来就不多，仅有的为数不多的书，在六次搬家中，又几乎遗失殆尽。另外，香港沦陷后香港大学又停了课，连借书之处也没有了。对于一个读书人来说，竟然到了无书可读的境地，应该没有比这更凄惨的了。

当时，在香港和陈寅恪谈得来的朋友原本就不多，而这些朋友大多通过各种关系先期回到内地；再加上不久前陈寅恪的世交挚友、香港大学的许地山教授谢世，立时便将陈寅恪推入茕茕孑立、形影相吊的境地，已和置身沙漠、置身黑暗没有什么区别。可陈寅恪在这样黑暗的日子里居然挺过来了，可见一个学人之坚强意志，在某些时候所迸发出来的抗争力量是无比强大的。

6. 度日如年

香港沦陷后，日军开始对其实行军事管制，一时间大街小巷到处都是日本宪兵。不但如此，很多重要街道都被日本宪兵封闭，并在许多路口架设铁丝网。更让人气愤的是，没有人性的日本宪兵，一时兴起就会随意开枪杀人，街头常有过路者无辜中弹仆地而亡。

当时陈寅恪被困在租住处几乎动弹不得，只能守着家人默默承受着战争带来的磨难。香港与内地之间，无论是陆地、海上还是空中，交通、书信、电传、票汇等等几乎全部断绝。同时香港粮库的存粮又全部被日本宪兵封存，充作军粮。紧接着学校停课、商店关门，粮荒四起，大街小巷散落着满地的垃圾和在寒风中窜动飘舞的废旧报纸。昔日歌舞升平的繁荣景象，似乎在一夜之间全面崩溃，港岛刹时笼罩在一片萧条破败之中。

陷入孤岛的陈寅恪，只靠一点存粮维持一家人的生命。为节省口粮，作为家庭主妇的唐筼已经开始控制全家人的饮食，由原来的每日三餐改为两餐甚至一餐，由温饱改为半饱甚至挨饿。那段日子里，一家人若能有红薯跟稀粥可以充饥，就已经求之不得了，更不敢奢望鸡鸭鱼肉了。有一次，唐筼心疼孩子，忍痛拿出家里仅有的一点钱给了大女儿流求、二女儿小彭，让她们去市场买一块豆腐解解馋。可是在回来的路上，突然有个外表斯文的男青年一把抢走豆腐，三口两口吞下，匆匆跑进人群中不见了。丢了豆腐的两个女儿伤心得哭了整整一个下午。

有一天夜里，对面楼上忽然传来阵阵凄惨的哭叫声与撕打声。陈家人在睡梦中被惊醒，紧张地听着外面的动静，直到天将大亮哭叫声才渐渐平息。次日消息传来，说是昨夜对面楼上一家五个大姑娘遭到日本大兵的强奸污辱。此时陈家大女儿流求已上初中，唐筼听罢打了个寒战，立即从身旁摸过剪刀，一把拉过流求，不由分说，喊里喀喳把她头上的长发剪掉；又找出陈寅恪的旧衣让她穿上，女扮男装，以躲避可能发生的不测。

兵荒马乱之中，唐筼为了防止孩子走失，含着眼泪，在一块淡色布上，用毛笔写上家长及孩子的姓名。她将出生年月日及亲友住址，缝在4岁的小妹美延罩衫大襟上，怕有一天万一走散，盼望好心人能够把她收留送回。可怜天下父母心，此情此景，连神仙见了也会落泪。

7. 浩然之气

九一八事变以后，特别是七七事变以后，日本在中国占领区先后扶持并建立了满洲国、察东特别自治区、冀东防共自治政府、蒙古联盟自治政府、蒙疆联合自治政府、中华民国临时政府、中华民国维新政府、中华民国南京国民政府等十多个傀儡伪政权，并收买了一大批为日本侵略军服务的汉奸，比如汪精卫、陈公博、周佛海、梁鸿志、傅筱庵、殷汝耕、李士群、陈璧君、丁默邨、王克敏、张景惠等等。

香港沦陷后，日本人也在积极拉拢一些社会上有影响有威望的人为他们所用，充当学术走狗。他们经常会采取威逼利诱手段，逼这些人就范。日本人自然知晓陈寅恪的学术影响，因此将他列入拉拢的目标。在香港沦陷后的半年间，来自敌伪各方的说客，像走马灯一样，纷纷登门，争相去拉陈寅恪下水。

当时的日本驻香港总督矶谷廉介派人游说陈寅恪，声称可拿出20万军票（折合40万港币），让他在香港筹办东亚文化协会，审定宣扬日中亲善与推行奴化教育的中小学教科书。为了使陈寅恪归附皇军，一批文化汉奸更是甘当日本人的马前卒，多次找到陈寅恪传达矶谷廉介的"旨意"。

陈寅恪过去在清华大学任教时的同事和朋友钱稻孙，出身于官宦世家，其父钱洵做过外交官，母亲单士厘是我国妇女解放运动的先行者之一。钱稻孙本人则到日本、意大利留过学，精通日文、意大利文、德文和法文等，曾任北京大学、清华大学等校教授，在20世纪20~30年代，也是北平教育界、学术界的一位名流。钱氏在北平学术界十分活跃，交游甚广，是鲁迅的密友，亦与陈寅恪、陈垣、吴宓等学者有所来往。陈寅恪等曾推荐他兼任国立北平图书馆馆长。北平沦陷之后，钱稻孙没有随北京大学与清华大学两校内迁，而是留在北平自甘沉沦当了文化汉奸，出任伪北京大学秘书长、校长。为了将陈寅恪召至门下，壮大声威，钱稻孙多次专门派人从北平赶来，对陈许以每月千元的高薪，请他北上为伪北大服务。但来人均在陈寅恪那里碰壁，灰溜溜地回去了。

其时饥寒交迫、贫病相磨的生活已使陈寅恪心力交瘁，而敌伪各方的骚扰逼诱则更让陈寅恪疲惫不堪。

在陈氏三姐妹所著《也同欢乐也同愁》里有这么一个情节：1942年2月中旬的农历年底，有人扛来一整袋面粉硬往陈寅恪家里塞。陈寅恪和唐筼感觉来路蹊跷，坚决不受，拼命拽住面粉袋朝外扯……一时间你塞我拽，都累得气喘吁吁，最终来人扔下面粉跑了。唐筼无奈，便将面粉分送给共患难的邻居们。

大汉奸汪精卫的老婆陈璧君也闻风而动，派出一个特务和一所伪大学的校长前往陈家，游说陈寅恪到广州、上海、南京等日占区的大学任教。陈寅恪就称病在床，任凭来人说破口舌，就是不理不睬，最后那个特务和大学校长只能乘兴而来，败兴而归。

深陷危境的陈寅恪面对威逼利诱所表现的彰显民族大义、浩然之气的故事，在抗战期间不胫而走，不但在香港尽人皆知，甚至还流播到内地，一时传为佳话。

第二节 对科学院的答复

1. 历史所所长的人选

1949年1月31日,北平和平解放以后,成立新中国的各项筹备工作开始提速。这之中,就包括组建新的国家科学院的工作。

1949年10月19日,中华人民共和国中央人民政府委员会第三次会议决定任命郭沫若为中国科学院院长,陈伯达、李四光、陶孟和、竺可桢为副院长。除陈伯达之外,郭沫若、李四光、陶孟和和竺可桢都是1948年当选的民国时期的首届中央研究院院士,是国内学术界具有很高声望的自然科学家和社会科学家。

1949年10月31日,中央人民政府主席毛泽东向中国科学院院长郭沫若颁发了刻有"中国科学院印"的铜质印信。1949年11月1日,中国科学院正式成立。

不久,中共中央宣传部拟在科学院组建一个综合的历史研究所,敦请陈寅恪出面主持。邀请是由科学院副院长陶孟和通过梁方仲(岭南大学经济系主任),于1950年2月或之前发出的,但陈寅恪却"托染方仲回复陶氏,言明无意北上,并推荐徐中舒'以自代'"①。于是,综合的历史研究所的组建便搁置起来。这年5月,以范文澜为所长的中国近代史研究所得以率先组建。

1953年8月5日,中共中央批准成立中国历史问题研究委员会,以陈伯达为负责人,成员有郭沫若、吴玉章、范文澜、侯外庐、吕振羽、翦伯赞、杜国庠、胡绳、尹达、刘大年等。研究委员会成立伊始的主要任务,就是迅速在中国科学院组建三个历史

---

① 卞僧慧:《陈寅恪先生年谱》长编(初稿),中华书局2010年版,第261页。

研究所。三个历史研究所中，第一所的研究对象为从远古到南北朝的历史，第二所的研究对象为隋唐到近代之间的历史，第三所研究的是近代史。

历史研究是一门专业性要求很强的学问，最根本的特点是尽可能多地占有史料，用史实说话，一切研究结论建立在扎实的史料基础上。而设立研究所，首要解决的就是所长人选问题。鉴于郭沫若对上古历史有极深的研究，成果丰硕，著有《甲骨文字研究》《古代文字之辩证的发展》《中国古代社会研究》《奴隶制时代》等大量专著，是最理想的一所所长人选。

本身已是中国近代史研究所所长的范文澜是著名的近代史研究专家，著有《中国通史简编》《中国近代史》（上册）等大量专著，是当然的三所所长人选。

三个研究所中让研究委员会颇伤脑筋的是二所所长的人选问题。尽管一所、三所的所长均从委员会委员中产生，但委员中却没有担任二所所长的合适人选，所以大家一致认为二所所长应该从委员会之外物色。

中国历史问题研究委员会委员们首先想到的是在1949年就成立的史学学术团体——中国史学会中寻找合适的人选，但经过反复筛选，并未得结果。

接下来大家把目光转向民国时期的中央研究院历史语言研究所。曾经的史语所会聚了傅斯年、陈寅恪、赵元任、罗常培、李方桂、李济、董作宾等成绩卓著的大学者。不过，当时，傅斯年、李济、董作宾去了台湾，赵元任、李方桂远在美国，罗常培则已担任了中国科学院语言研究所所长。这样可以选择的只有陈寅恪一个了。而陈寅恪正好对中古史研究有很深的造诣，著有《唐代政治史述论稿》《隋唐制度渊源略论稿》等专著，所以中国历史问题研究委员会最后把历史研究所二所所长人选确定为陈寅恪。

最终，中国历史问题研究委员会研究决定，郭沫若担任历史研究所一所所长，陈寅恪担任二所所长，范文澜担任三所所长。

人选确定之后，中国历史问题研究委员会便把名单报到中宣部，迅速得到批准。

郭沫若、范文澜很快走马上任。而当时陈寅恪还远在岭南，且并不知道自己已被任命为二所所长。

2. 请君出山

由于郭沫若、范文澜的积极推动，历史研究一、三所的工作很快运转起来，唯独二所的工作迟迟未动。中国历史问题研究委员会遂决定派人去岭南，请陈寅恪尽快来京主持二所工作。

这时，北京大学历史系副教授、陈寅恪曾经的学生汪篯主动请缨，愿意前往广州请老师出山。于是中国历史问题研究委员会通过中宣部协调，决定委派汪篯前去请陈寅恪。但正是这个草率决定，成为陈寅恪拒绝赴任的一个诱因。

陈寅恪作为传统文化浸润很深的世家子弟及学问大家，是极其在意学术对话的地位和社会交往的礼仪的。当1953年11月21日汪篯以"北京使者"的身份兴冲冲地来到广州时，陈寅恪便立生不快，有了中国历史问题研究委员会藐视自己之想；因为这分明是把自己置于学生之下或者同等的地位。仅从礼仪上讲，陈寅恪就不会接受。

然而不明就里的汪篯一到康乐园便高谈阔论，这更引起了陈寅恪内心的抵触。汪篯自以为陈寅恪是自己的老师，说话可以无所顾忌。如果是在以前，这或许没有什么，只是这次汪篯不是以学生的身份来恭迎老师，而是以"北京来使"的面貌来传达信息。身份既错位，效果的错位也就可想而知。

陈寅恪对来使的不满，除了他的身份不靠谱外，还在于他到康乐园后的一些表现。

首先是汪篯的态度。其一改往日的拘谨，而显出一副志得意满的样子，一到陈寅恪家便滔滔不绝。最终陈寅恪把对汪篯的不满，归咎于中国历史问题研究委员会，归咎于中国科学院。所以此事的结果，自汪篯出发之始，似乎就已注定。

其次是汪篯的行为。汪篯曾有过借住陈家的经历。如果此行他没有肩负使命，仍旧以陈寅恪学生的身份来访，住在陈寅恪家里也未尝不可。但问题在于，汪篯是以北京"使者"的身份出现，仍住在陈家，就令主人家尴尬了。因为汪篯来看，是显出亲近；而在陈寅恪这边，却不乏"压迫"之感。

3. 百无一用是书生

我们不要小看陈寅恪对北京及"北京来使"的"讲面子"。这是因为这个"面子"后面是传统文人所普遍遵循的价值观，是读书人的人格尊严。其内核则是陈寅恪所讲的中国知识分子应持有的"独立之精神，自由之思想"。所以陈寅恪才会对汪篯乃至中国历史问题研究委员会的"做大"很是不爽。而他之所以拒绝出山的更重要的原因，则在于汪篯传达的信息模糊。他需要更明晰的说法，需要来个"约法三章"，多而能够守持住"独立之精神，自由之思想"——这是陈寅恪的为人底线，也是治学底线。舍此，则谈不上人格独立，治学自由。

为了守住底线，1953年11月22日晨，陈寅恪让唐筼执笔，提出他担任二所所长的两个条件：一、允许研究所不宗奉马列主义，并不学习政治；二、请毛公或刘公给一允许证明书，以作挡箭牌。① 明眼人一看，便知道这是两个"冒犯"中央的条件，因为这一是与当时中国的政治氛围相悖，二是与共产党作为执政党的政治纲领相左。

中华人民共和国成立初期是政治氛围较浓厚的时期，这从当时的清匪、反霸、减租、退押运动，土地改革运动，爱国捐献运动，"三反""五反"运动，"新三反"运动等数次轰轰烈烈的运动就可以看出。而在这样的大环境下，陈寅恪竟然不合时宜地提

---

① 陆键东：《陈寅恪的最后20年》，三联书店1995年版，第102页。

出"允许研究所不宗奉马列主义,并不学习政治"的要求。提出这样的要求,有幸不被问罪已经是最好的结果了,遑论会予以应允。

当时历史研究所设立的初衷就是以马克思列宁主义为指导思想,以阶级斗争为纲,古为今用,更好地为稳定人民政权服务。倘若答应陈寅恪的条件,无疑是自掘根基,自毁长城,自坏刀枪。一个兴师动众、费钱费力建立起来的历史研究所,竟然不能和党中央保持一致,甚至离心离德,岂非笑话!所以陈寅恪提出的条件,注定要碰壁。

而陈寅恪面对自己的学生提出这个条件,则显然不够聪明。如果陈寅恪真想提这样的条件,完全可以当面向陶铸提,向周扬提,他们都有可能把他的要求带到中央。可他面对可以提条件的人的时候,却没提过;唯独对一个毫无权力,更无向上汇报通道的人提出来——是否有意刁难,不得而知。

我们再看看陈寅恪的第二个要求:"请毛公或刘公给一允许证明书,以作挡箭牌。"这一要求其实是对第一个要求的延伸,就是让国家最高领导人来纵容自己。

我们知道,毛泽东本人是最反对搞特殊的,不但自己不搞特殊,甚至对自己最喜欢的女儿都不允许搞特殊。这还是生活上的。遇上政治原则问题,毛泽东更不可能允许搞特殊了。如果陈寅恪想搞"特殊",还要毛泽东亲自允许,并开示证明,这当然是开天大的玩笑了。这样的笑谈在民间传传尚可,是断无可能被毛泽东听到的。一个普通的大学教师,或者说一个普通党员并无向国家最高领导人汇报这一"无理"要求的机会。汪篯即使回到北京以后能见到毛泽东,谅他也无胆量当面向毛汇报这件事。

所以,陈寅恪的这两个条件,也仅仅是提提而已,并没奢望得到答复。他只是靠此举动,去努力维护知识分子应有的"独立之精神,自由之思想"。如果从这个角度看问题,那么,连同这两个条件,以及之后陈寅恪对科学院的答复,虽说近乎荒唐,却是大实话，是陈寅恪和当时相当一部分知识分子的真实想法。由此，我们还可看出陈寅恪作为一个纯粹读书人的天真可爱之处。这也是那时一般知识分子的处世状况。从这层意思上看，清人黄景仁所讲"百无一用是书生"，真是一语中的。

4. 对科学院的答复

1953年11月22日的这个早晨，除了唐筼以外，还有陈寅恪最信赖的两位女性——冼玉清、黄萱目睹了陈向汪篯提出两个条件的情景。当时冼、黄都怕中央怪罪下来，对陈不利，劝他不必如此。陈却一再坚持，还说："我对共产党不必说假话。"12月1日，在汪篯即将离穗之时，陈寅恪又向他口述了后来被广为传诵的那篇《对科学院的答复》：

> 我的思想，我的主张完全见于我所写的王国维纪念碑中。王国维死后，学生刘节等请我撰文纪念。当时正值国民党统一时，立碑时间有年月可查。在当时，清华校长是罗家伦，他是二陈（CC）派去的，众所周知。我当时是清华研究院导师，认为王国维是近世学术界最主要的人物，故撰文来昭示天下后世研究学问的人，特别是研究史学的人。我认为研究学术，最主要的是要具有自由的意志和独立的精神，所以我说"士之读书治学，盖将以脱心志于俗谛之桎梏"。"俗谛"在当时即指三民主义而言。必须脱掉"俗谛之桎梏"，真理才能发挥，受"俗谛之桎梏"，没有自由思想，没有独立精神，即不能发扬真理，即不能研究学术。学说有无错误，这是可以商量的，我对于王国维即是如此。王国维的学说中，也有错的，如关于蒙古史上的一些问题，我认为就可以商量。我的学说也有错误，也可以商量，个人之间的争吵，不必芥蒂。我、你都应该如此。我写王国维诗，中间骂了梁任公，给梁任公看，梁任公只笑了一笑，不以为芥蒂。我对胡适也骂过。

但对于独立精神,自由思想,我认为是最重要的,所以我说"唯此独立之精神,自由之思想,历千万祀与天壤而同久,共三光而永光"。我认为王国维之死,不关与罗振玉之恩怨,不关满清之灭亡,其一死乃以见其独立自由之意志。独立精神和自由意志是必须争的,且须以生死力争。正如词文所示,"思想而不自由,毋宁死耳。斯古今仁贤所同殉之精义,夫岂庸鄙之敢望。"一切都是小事,惟此是大事。碑文中所持之宗旨,至今并未改易。

我决不反对现在政权,在宣统三年时就在瑞士读过资本论原文。但是我认为不能先存马列主义的见解,再研究学术。我要请的人,要带的徒弟都要有自由思想,独立精神。不是这样,即不是我的学生。你以前的看法是否和我相同我不知道,但现在不同了,你已不是我的学生了,所有周一良也好,王永兴也好,从我之说即是我的学生,否则即不是。将来我要带徒弟,也是如此。

因此,我提出第一条:"允许中古史研究所不宗奉马列主义,并不学习政治。"其意就在不要有桎梏,不要先有马列主义的见解,再研究学术,也不要学政治。不止我一人要如此,我要全部的人都如此。我从来不谈政治,与政治决无连涉,和任何党派没有关系。怎样调查,也只是这样。

因此我又提出第二条:"请毛公或刘公给一允许证明书,以作挡箭牌。"其意是毛公是政治上的最高当局,刘少奇是党的最高负责人。我认为最高当局也应和我有同样看法,应从我之说,否则,就谈不到学术研究。

至如实际情形,则一动不如一静,我提出的条件,科学院接受也不好,不接受也不好。两难。我在广州很安静,做我的研究工作,无此两难。去北京则有此两难。动也有困难。我自己身体不好,患高血压,太太又病,心脏扩大,昨天还吐血。

你要把我的意见不多也不少地带到科学院。碑文你带去给郭沫若看。郭沫若在日本曾看到我的（挽）王国维诗。碑是否还在，我不知道。如果做得不好，可以打掉，请郭沫若来做，也许更好。郭沫若是甲骨文专家，是"四堂"之一，也许更懂得王国维的学说。那么我就做韩愈，郭沫若就做段文昌，如果有人再做诗，他就做李商隐也很好。我（写）的碑文已流传出去，不会湮没。①

5. 书生意气，挥斥方遒

自古书生多意气。杨修因书生意气而被杀，苏轼因书生意气而被贬，文天祥因书生意气而被俘。但是，假如一个人没有这个意气，没了真性情，就不配做读书人了。正是葆有真性情，读书人才有脊梁，才挺得起腰板，才活得潇洒痛快而为人敬重，才青史留名——尽管这样的活法，往往伴随着血和泪，甚至生命的牺牲。因此，不要嘲笑书生意气。对那些不为利害所动，不为世故所淫，也不为世俗的议论所左右，依然故我地保持书生意气的人，也就是保持独立精神、自由思想的学人，我们应该发自内心地给予礼敬，哪怕他的一些做法惊世骇俗，违背常理，甚至为世所不容。

遥想陈寅恪自读书之时的数次中断学业，到中央研究院的院长选举，再到《对科学院的答复》，他的一生无不洋溢着书生意气，虽人到暮年却仍葆童真，让人永远感受到他那可爱复可敬的真性情。

陈寅恪当年留学之时，不要说每次都能学成归来，即便是其中一次能够功德圆满，获得文凭，那么，他初进清华之时，也不

---

① 陈寅恪口述，汪篯记录，1953年12月1日。副本存中山大学档案馆。转引自陈寅恪：《讲义及杂稿》，三联书店2015年版，第463—465页。

至于引起那么多的非议。不过话又说回来，如果不是陈寅恪的书生意气，我行我素，率性而为，求真务实，他就不会游历欧美日去遍学知识，也就不会有后来大师级的博学多才、满腹经纶的陈寅恪。

中央研究院选举之时，如果没有陈寅恪等人的书生意气，一意孤行，蒋介石那个并无学术志向的秘书顾孟余，就会成功执掌中央研究院，那么那名响中外、至今还余音绕梁的国家级学术研究机构就可能被熟稔政治的顾孟余搬弄成政府衙门，而中国学术史，特别是民国学术史便会失去一处灿烂星光、一片皎洁月色。

再说此次，如果陈寅恪不是一意守持自己的做人底线、学术底线，而是稍微做点变通，委曲求全；哪怕不去计较细枝末节，不因中国历史问题研究委员会派出的"使者"是自己的学生，不因这位"使者"的一些不当表现，而去接受中国科学院中古所所长的任命，那么，陈寅恪便会享受到更多更好的研究资源和人脉资源，他人生后二十年的情景或有可能更加光鲜体面（有郭沫若等可比），在事业上或有可能有更多更为轰动的学术成果问世。

只是历史不能假设，陈寅恪更不能假设。如果陈寅恪失去了人格的坚守，或言失去了书生意气，失去了读书人的本色，那么他就不是陈寅恪了。

周恩来是党外知识分子所信赖的亲密朋友，将党外知识分子视作家人般的老朋友。家人有错，他敢于批评，也善于批评，并给予耐心等待。他同时以敏锐的眼光捕捉家人身上的闪光点，以此形成对家人的教育或帮助方法。周恩来对陈寅恪的"意气用事"的处理，就很见一个无产阶级革命家的博大胸怀和聪明睿智。1954年1月28日晚，距离陈寅恪拒绝进京并作《对科学院的答复》不到两个月，周恩来在政务院第204次会议上发表讲话，其中讲道：

老科学家中一部分思想未改造好,思想上的隔阂要进行教育,使大家好好做工作,也会有个别坏的,在改造中个别淘汰,但绝大多数要团结,有的思想上守旧者如陈寅恪为历史学家,但他是爱国的,英国不去,美国不去。俞大维是他的妹夫,傅斯年也是他的亲戚,我们请他做中古所所长,他要两个条件,第一个是不研究马克思列宁主义,另一个要毛、刘二长保证,我们怎么办呢?第一我们问他是否是爱国者,是否新中国比旧中国好一些,因为他不去台湾,与美英帝国主义国家比较也好些。思想界线很保守,有反动思想不待言,他身体很坏,学问也不是了不起的,我们等待他,他已六十多了,曾留学美国,在旧中国待了五十多年,在新中国只有几年,能有我们这样觉悟吗?他对参加政协的先生们大骂;虽然旧思想很严重,但是爱国者(根据我们的材料),我们等待他,看他四年、八年、十年,他会变的,苏联科学家十年之久才转变的很多。这样人科学院为极少数,大多数热爱祖国,是爱国知识分子,学习苏联很赞成,因而更应团结,思想方法上有问题慢慢教育帮助。①

以后陈寅恪的发展,印证了周恩来的讲话精神。周恩来的确善于识人,所以党外知识分子喜欢和他打交道,服他。1955年,全国政协二届会议开幕前夕,邀陈寅恪出任全国政协委员。他屡次拒绝。后来,广东省教育厅厅长杜国庠告诉他,是周总理提议他去当政协委员的。陈寅恪感慨道:"噢,是他啊!"沉吟片刻后又说:"既然是周总理出来让我当政协委员,是一片好意。"他便

---

① 原载王少丁、王忠俊编《中国科学院史科汇编1954年》第31页,中国科学院院史文物资料征集委员会办公室,1996年12月。转见谢泳:《周恩来谈陈寅恪》,《中华读书报》2016年11月9日,第3版。谢泳在转述周恩来这段讲话后指出:"因为是记录稿,未经讲话本人审阅,常见记录笔误难免。比如说陈寅恪'学问也不是了不起的',按讲话逻辑和语气,我猜测当是'学问是很了不起的'之笔误。"

应允下来。①

  毛泽东对陈寅恪也是很"迁就"的。之所以迁就，是因为陈寅恪真像周恩来所讲，"是爱国的"。至于陈的孤高自负甚或狂悖，在毛泽东那里则有着"了解之同情"，并不是什么大问题。

  1925年，当陈寅恪在柏林大学读书正酣之际，青年毛泽东在陈寅恪的诞生地附近——湘江橘子洲头，朗声吟出《沁园春·长沙》之长调，中有"鹰击长空，鱼翔浅底，万类霜天竞自由"句，又有"书生意气，挥斥方遒。指点江山，激扬文字，粪土当年万户侯"句。作为心怀共产主义理想的新型书生，毛泽东凭着那么一股矢志不改、坚忍不拔的意气，冷眼向洋看世界，孤掌水击三千里，这才率领中国共产党打出了一个红彤彤的新中国。那时，毛泽东倘没有"问苍茫大地，谁主沉浮"的勇气和"到中流击水，浪遏飞舟"的信心，那他就不是毛泽东了；他中间有过的失败和曲折，也便不会被后人视为光荣历史的一部分而津津乐道，广为传诵了。

  1953年，虽然陈寅恪仍坚持不进京，但毛泽东、周恩来仍指示中国科学院中古所所长一职虚位以待，直到翌年陈寅恪荐陈垣代替自己。1955年，中国科学院遴选学部委员，因为陈寅恪不信奉马列主义，党内一些人对他的候选资格颇有责难。但毛泽东批示了一句话："要选上"②，一言九鼎，这才终止了对陈寅恪的争论，使之进入中科院哲学社会科学学部委员会。直至陈寅恪逝世的1969年，他头上还戴着中国科学院哲学社会科学学部委员的桂冠，又拥有中山大学一级教授、中央文史研究馆副馆长、全国政协常委等头衔。在长达十五年的时间里，陈寅恪从未实际践履过北京的职务，但却实在地受领了。"士为知己者死"——这是中国传统士人的为人守则之一，在陈寅恪又何尝不是？

---

  ① 参见吴定宇：《守望：陈寅恪往事》，中国社会科学出版社2014年版，第281页。

  ② 转见张稼夫：《庚申记逝》，山西人民出版社1984年版，第131页。

投之以桃，报之以李。陈寅恪除了勤奋教书育人、发奋著书立说，以回应党和国家对自己的"国宝级"厚爱以外，还相继参与到国家决策机制中，向党和政府建言献策。中山大学档案馆还保存有一份1957年填写的关于陈寅恪的有关情况调查表，其中在"政治态度"一栏，调查人员作有如下记录："忠于祖国。对历史科学问题能积极提意见。如去年吴晗访印，陈曾提出将玄奘法师骨灰送给印度，对中印文化关系有所改进。"调查的"核心小组"有个"初评意见"，对陈寅恪给出的是"特级"。

1959年3月，西藏上层反动集团发动叛乱不久，印度尼赫鲁政府亦趁机向中国政府提出大片领土要求。1959年8月25日和10月21日，印度军队两次侵入中国领土，与中国军队发生武装冲突。消息传到广州，陈寅恪同中山大学广大师生一道，同声谴责印度政府妄图重走英国殖民者老路、侵占我国领土的阴谋。陈寅恪列举清史资料，用历史文献来证明"现在地图上的习惯边境线我国已经吃亏了，原来的版图界线应更向前，绝对不是麦克马洪线"[1]。包括陈寅恪在内的国内一些历史学者关于"麦克马洪线"问题的澄清，为党中央的战略决策提供了历史依据。1962年10月，中国边防部队遵照毛泽东和中央军委命令，在中印边界东西两段举行自卫反击战，在中印边境西段一举扫除了印度军队于中国境内建立的全部据点，在东段控制了"麦克马洪线"以南的大片土地。[2]

事实证明：陈寅恪是一位爱国历史学家。他愿意用所学知识，为中国人民服务，为中华民族重新屹立于世界民族之林服务。毛泽东和周恩来看他的眼光没错。

---

[1] 原载《中山大学校报》1959年4月30日，转见吴定宇：《守望：陈寅恪往事》，中国社会科学出版社2014年版，第283页。

[2] 参见中共中央党史研究室：《中国共产党历史》第二卷（1949—1978），下册，中共党史出版社2011年版，第649页。

第三节 学人的辉煌

1. 一代大家

陈寅恪虽然离开我们半个多世纪了，但他的治学精神一刻也没有离开过我们。纵观陈寅恪的一生，一直都在学问之路上艰难跋涉。在陈寅恪近八十年的生命历程中，执着地甚至只有两种经历——留学十六载和执教四十四载，而这两种经历都和学问有关。

陈寅恪先后留学于日本、德国、瑞士、法国、美国等国。十六年的留学经历，使其开阔了眼界，通晓了英文、法文、德文、俄文、西班牙文、日文、蒙古文、阿拉伯文、突厥文、满文等多种东西方文字，这为他后来的治学之路奠定了坚实基础。陈寅恪先后受聘于清华大学、北京大学、长沙临时大学、西南联大、香港大学、广西大学、燕京大学、岭南大学、中山大学等高等学府，兢兢业业执教四十四载而桃李满天下，培养出众多一流学者、教授。

陈寅恪执教的四十四年，也是其治学的四十四载。这四十四载的上下求索、艰苦努力，使从初入清华时学术上的籍籍无名，逐渐成为中国现代史上少见的集历史学家、古典文学研究家、语言学家、诗人于一身的学问大家。

陈寅恪长期致力于治史属文，且研究范围广泛。他在魏晋南北朝史、隋唐史、蒙古史、明清史、宗教史、西域各民族史、古代语言学、中国古典文学以及史学理论等方面都贡献辉煌。陈寅恪继承了清代乾嘉学者治史重证据、重事实的实证精神，又吸取西方兰克学派等实证主义、文献主义等诸多理论方法，予以中西交融贯通；对资料则广收博取、辨伪存真、穷本溯源，直至洞开历史的真相。

陈寅恪的著作，虽多属考证性文字，但不囿成法而独辟蹊径。

他以考据为手段，在考证历史事实的基础上，注意探求历史发展的客观规律，注重分析推动历史发展的各种力量的沉陟升降及相互关系。他立足于中国各民族文化的交流中，从民族与文化两个维度来进行研究，强调"民族文化之史"，提出"文化高于种族"的创见，在世界现代化和世界知识的平台上彰显并发展了中国文化本位理论。他还努力打通文史间壁，拓展史学研究的范围，形成了独具特色的新考据方法——"诗史互证"考证法。

陈寅恪还精通梵文和多种西域古代语言，对佛经翻译、校勘、解释，以及对音韵学、蒙古源流、李唐氏族渊源、府兵制源流、中印文化交流等课题的研究，均有重要发现。同时，陈寅恪还对蒙古史、敦煌学、藏学、突厥学、宗教学、语言学等区域文化进行深入研究，做出了重大贡献。

陈寅恪的学术成就，由于涉猎太广，至今还没有人能对其进行全面而准确的概括。时人对陈寅恪的评价也只能从学识上予以笼统概说。例如傅斯年说胡适读书没有陈寅恪多，论学问不如陈寅恪，"陈先生的学问，近三百年来一人而已"；吴宓说"合中西新旧各种学问而统论之，吾必以寅恪为全中国最博学之人"；石泉说陈寅恪"西学学历极深，学养极厚，却极热爱中国文化，坚持中国文化本位论"；胡适说"寅恪治史学，当然是今日最渊博、最有识见、最能用材料的人"；蒋天枢说"其才高学博，足以压倒时辈也"；汪荣祖说"陈寅恪在现代中国史学上占有极其重要的地位"；卞僧慧说"世人每称先生为一代宗师，诚当之无愧"……如此等等，不一而足。归根结底，陈寅恪是中国现代文化史上的一个令人仰止的标杆式人物。他留给后人的遗产，丰富而韵味悠长，需要慢慢地咀嚼、领会。

2. 治史成就

陈寅恪的历史研究涉及朝代很多，年代跨度很大，其中尤以对魏晋南北朝、隋唐和明清等朝代的研究最深厚有力，著述也最集中和有创见。

陈寅恪是魏晋南北朝史研究的开拓者。他详细而深入地分析了东汉之后中国社会上儒家大族与非儒家寒族之所以形成的诸种因素，进而对这政治上的两个不同利益集团条分缕析，找出了这两个利益集团势力的角逐决定着魏晋南北朝政治走向的规律；然后又从两个利益集团所呈现的等级性、宗法性、民族性、宗教性这四大特点进行透彻研究，从而勾勒出魏晋南北朝发展演变的历史与文化的轨迹，其所述所论视角独特而入木三分。

陈寅恪在魏晋南北朝史的研究中，反复强调种族与文化问题是把握魏晋南北朝史的关键。他在《隋唐制度渊源略论稿》中指出："北朝胡汉之分，不在种族，而在文化"，认为这是"论史之关要"。陈寅恪的魏晋南北朝史研究超越前人之处在于：一是史料的扩充，如诗文与史实的互证、考古与音韵资料的应用、域外记载的采撷；二是分析方法的改进，即所谓史法的进步。

隋唐两朝共有三百多年的历史，是中国历史上最强盛的时期，是经历了五胡乱华和南北朝两个漫长时期后的两个大一统皇朝。这一时期，中国的政治、军事、文化、经济、科技发展水平达到前所未有的高度，成为当时世界上最强大的国家。不过对这样一段辉煌的历史，此前学界还有许多问题研究得不全不透。比如对这个时期文物制度（指礼乐典章制度）渊源流变的研究，就缺少符合历史事实的论著。鉴于此，陈寅恪于20世纪40年代初写出了《隋唐制度渊源略论稿》与《唐代政治史述论稿》，运用大量资料，细致入微地考察了隋唐时期的礼仪、职官、刑律、音乐、兵制、财政诸制，发其源而究其变，从而填补了隋唐两朝文物制度渊源流变研究的空白。

陈寅恪在《隋唐制度渊源略论稿》与《唐代政治史述论稿》中提出了"关陇集团""关陇（关中）本位政策"等概念，用以解释西魏以降至唐末三百余年间统治阶级升降嬗替关系。他指出：专制西魏朝政的宇文泰之所以能凭借六镇一小部分武力而割据关陇，与山东、江左鼎足而三，主要就是奉行了"关陇文化本位之政策"。这是一个精神上独立而自成一系统之文化政策，"其作用既能文饰辅助其特质即整军务农政策之进行，更可以维系其关陇辖境以内之胡汉诸族之人心，使其融合成为一家"①。陈寅恪关于"文化高于种族"之创论，于此可见一斑。陈寅恪又说："李唐一族之所以崛兴，盖取塞外野蛮精悍之血，注入中原文化颓废之躯，旧染既除，新机重启，扩大恢张，遂能另创空前之世局。"② 刘梦溪先生说：陈寅恪提出"关陇（关中）本位政策"的概念，并反复申论，并非以种族与文化的理念来剪裁历史，而主要是根据并认清了西魏以来至唐末三百余年间中国历史演进的实际状况及内在规律。陈寅恪的"关陇（关中）本位"论以及相应的"文化高于种族"的观点，开辟了中古史研究的新途径。"这是陈寅恪先生对中古史研究的一大贡献"③。

《剑桥中国隋唐史》在评价陈寅恪对隋唐史研究的贡献时说，陈寅恪"是伟大的中国史学家"：

> 他提出的关于唐代政治和制度的一个观点远比以往发表的任何观点扎实、严谨和令人信服。在使我们了解这一时期方面，他的主要贡献是对不同的对立集团和利益集团的分析，因为这些集团为唐代的宫廷政治提供了动力。……他认为科举制度是为王朝提供官僚精英的一种手段，这些人依靠王朝不是依靠高贵的世系和世袭特权取得地位和权力。……陈寅恪不但注意对立的贵族集团之间和宫廷党派之间的斗争，他同样提出了制度发展方面有创见和有洞察力的观点。他确定了唐政府中出现的另一个根深蒂固的紧张局面：一方是隋唐从北方诸王朝（可追溯至北魏）继承下来的制度，上面已经

---

① 陈寅恪：《隋唐制度渊源略论稿》，三联书店2001年版，第101页。
② 陈寅恪：《金明馆丛稿二编》，三联书店2015年版，第344页。
③ 刘梦溪：《陈寅恪的学说》，三联书店2014年版，第90页，96页。

谈过，这些制度是为比较原始和简单的社会制定的；一方是出于把它们应用于重新统一的帝国中远为复杂的形势的要求。他指出唐代政府的各个方面是怎样处于一个激烈变化的时期的，这些继承的制度在此期间或被修改，或被更先进、更适用于新形势的体制所代替。①

在欧美汉学家眼中，日本的内藤虎次郎（号湖南）和中国的陈寅恪是隋唐史研究的两大权威。但内藤是一位半途出家的历史学家（原本是一位新闻工作者和时事评论员），且占有的中古史资料不及陈寅恪，所以只能"很笼统地阐述"他的理论；而陈寅恪则能深入中国社会的各个民族、各个集团、各个层面、各个方位去予以具体比较分析，提出许多独具慧眼的创见，不仅令中国中古史学界佩服，亦令欧美汉学家臣服。

陈寅恪是坚定的中国文化本位主义者，他始终认为，在推动社会演进的多种力量中，文化的作用要高于种族，"所谓有教无类者是也"②。这个观点，像一根红线一样，贯穿于他的中古史研究（以《隋唐制度渊源略论稿》《唐代政治史述论稿》《元白诗笺证稿》为代表）中，也贯穿于其明清史的研究。

《元白诗笺证稿》扉页

---

① ［英］崔瑞德编，中国社会科学院历史研究所、西方汉学课题组译《剑桥中国隋唐史（589—906年）》，中国社会科学出版社1990年版，第10-11页。
② 陈寅恪：《隋唐制度渊源略论稿》，三联书店2001年版，第79页。

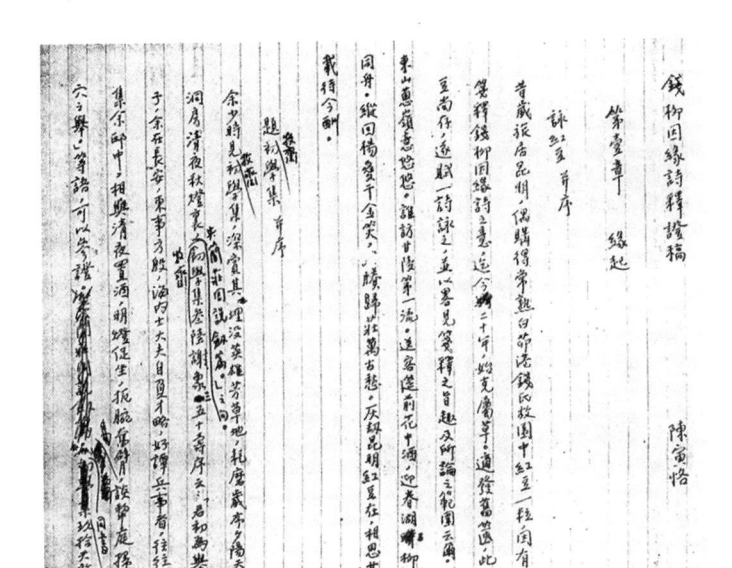

《柳如是别传》（原名《钱柳因缘诗释证稿》）原稿首页
（陈寅恪口述 黄萱笔录）

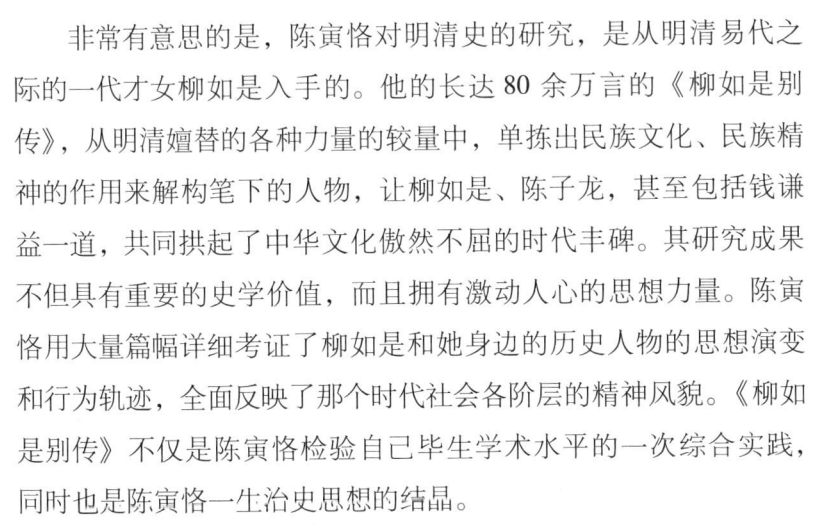

非常有意思的是，陈寅恪对明清史的研究，是从明清易代之际的一代才女柳如是入手的。他的长达80余万言的《柳如是别传》，从明清嬗替的各种力量的较量中，单拣出民族文化、民族精神的作用来解构笔下的人物，让柳如是、陈子龙，甚至包括钱谦益一道，共同拱起了中华文化傲然不屈的时代丰碑。其研究成果不但具有重要的史学价值，而且拥有激动人心的思想力量。陈寅恪用大量篇幅详细考证了柳如是和她身边的历史人物的思想演变和行为轨迹，全面反映了那个时代社会各阶层的精神风貌。《柳如是别传》不仅是陈寅恪检验自己毕生学术水平的一次综合实践，同时也是陈寅恪一生治史思想的结晶。

《柳如是别传》是陈寅恪的封笔之作。其从1953年动手，至1964年方完成，历时十一年，可谓呕心沥血，但直至1980年8月才由上海古籍出版社正式出版。陈寅恪生前未得以抚及其心血之作，既是他晚年一大憾事，亦是中国文化的一大憾事。陈寅恪于1961年吴宓来穗造访时写过一首答吴宓"承询近况"的七律，其颔联是："留命任教加白眼，著书唯剩颂红妆。"这前一句说的是他1958年被"拔白旗"遭批判的事，后一句讲的就是罢教后以全力写作《柳如是别传》。其书主旨仍同《论再生缘》，既是为自由女性唱赞歌，更是褒扬"民族独立之精神"。吴宓在1961年9月1日的日记中记载了陈寅恪向他细述的柳如是研究之大纲：

> 柳心爱陈子龙，即其嫁牧翁，亦始终不离其民族气节之立场，赞助光复之活动，不仅其才之高、学之博，足以压倒时辈也。又及卞玉京、陈圆圆等与柳之关系，侯朝宗之应试，以父在，不得已而敷衍耳。总之，寅恪之研究"红妆"之身世与著作，盖藉以察出当时政治（夷夏）、道德（气节）之真实情况，盖有深意存焉，绝非消闲、风流之行事。①

3. 新考据学成就

考据学是我国传统的治学方法，是对古籍语义和历代名物典章制度进行研究、考核、辩证，以期确凿有据，从而得出结论的一种学问。明清之际的顾炎武等主张"通经致用"，推崇汉儒朴实学风，反对宋儒空谈义理，主张根据经书和历史立论，以达到"明道救世"的目的，是为考据学之滥觞。考据学的方法主要是训诂、校勘和资料的搜集整理，至清乾嘉学派达到极盛，人尊之为汉学（朴学），以区别于宋学。

陈寅恪的著作突出对文献的考证，但他的考证方法，有别于传统意义上的考据。他在乾嘉学者实事求是、精密严谨的传统学风基础上，吸收宋代学者追求义理、探求规律的精神，又引入西方近现代史学如德国兰克学派的语言考据方法，美、法学派的平行研究、影响研究方法，从民族与文化两个角度来进行研究，拓

---

① 吴学昭：《吴宓与陈寅恪》增补本，三联书店2014年版，第431页。

展了史学研究的范围，从而形成自己独具特色的新考据方法——"诗史互证"考据法。

陈寅恪在唐史研究中发现了唐诗的史料价值，从而将其运用于史实的证明。其"诗史互证"法最早最大量的运用，是《元白诗笺证稿》（完成于20世纪40年代中期，1950年由岭南大学出版线装本），主要用两《唐书》与元稹、白居易诗中的故实进行互证，以此融通文史，深化问题的讨论，从而得出比较符合历史演变规律的结论。刘梦溪先生说："陈寅恪的贡献，是在说史治史的过程中，创立了一种既能与吾国古典注疏义证传统相衔接，又具有现代精神的独特的阐释学统。"这就是所谓陈氏阐释学。其主要内容为："第一，'了解之同情'：阐释的先验态度；第二，'补正''参证'：阐释的多元途径；第三，'既解释文句又讨论问题'：阐释的思想向度；第四，比较阐释和心理分析：阐释的现代意味；第五，古典、今典双重证发：阐释的学问境界；第六，环境与家世信仰的熏习：阐释的种子求证。"[①]

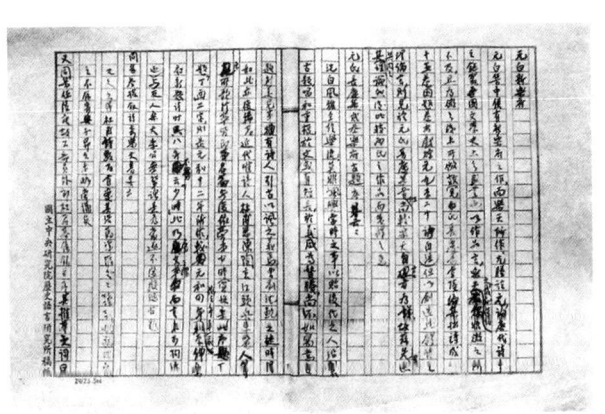

《元白新乐府》初稿，后经修改，收入《元白诗笺证稿》第五章

[①] 刘梦溪：《陈寅恪的学说》，三联书店2014年版，第111页。

何谓"了解之同情"？陈寅恪说：

> 盖古人著书立说，皆有所为而发。故其所处之环境，所受之背景，非完全明了，则其学说不易评论，而古代哲学家去今数千年，其时代之真相，极难推知。吾人今日可依据之材料，仅为当时所遗存最小之一部，欲借此残余断片，以窥测其全部结构，必须具备艺术家欣赏古代绘画雕刻之眼光及精神，然后古人立说之用意与对象，始可以真了解。所谓真了解者，必神游冥想，与立说之古人，处于同一境界，而对于其持论所以不得不如是之苦心孤诣，表一种之同情，始能批评其学说之是非得失，而无隔阂肤廓之论。否则数千年前之陈言旧说，与今日之情势迥殊，何一不可以可笑可怪目之乎？①

正是基于以上给予古人了解之前提，陈寅恪才郑重指出："凡著中国古代哲学史者，其对于古人之学说，应具了解之同情，方可下笔。"② 陈寅恪关于治史须具有"了解之同情"的观点，是其阐释学系统中的第一要素，用刘梦溪先生的话来讲，是这一系统中的"精神柱石"，也是其"诗史互证"方法的出发点和核心点。陈寅恪对唐代诗人元稹的认识，便充分显出其"了解之同情"观的意义。旧时对元稹"始乱终弃"一味持以批评态度。陈寅恪在《元白诗笺证稿》中首先表明了对元稹爱情观的不苟同立场。但他随后又具体辨析道，元稹之世，"士大夫阶级山东士族，尚保有一部分残余势力。其道德标准，与词科进士阶级之新社会风气，并存杂用。而工于投机取巧之才人如微之者，乃能利用之也。明乎

---

① 陈寅恪：《冯友兰中国哲学史上册审查报告》，载《金明馆丛稿二编》，三联书店2015年版，第279页。
② 陈寅恪：《冯友兰中国哲学史上册审查报告》，载《金明馆丛稿二编》，三联书店2015年版，第279页。

此，然后可以论微之与韦丛及莺莺之关系焉"①。其时"民间社会方面，则久经离乱，略得一喘息之会，故亦趋于嬉娱游乐。因此上下相应，成为一种崇尚文词，矜诩风流之风气"②。陈寅恪在《元白诗笺证稿》中还进而提起人们注意元稹诗歌所表达的对爱情的真实、真诚度及其对后世的影响：

> 微之自编诗集，以悼亡诗与艳诗分归两类。其悼亡诗即为元配韦丛而作。其艳诗则多为其少日之情人所谓崔莺莺者而作。微之以绝代之才华，抒写男女生死离别悲歌之情感。其哀艳缠绵，不仅在唐人诗中不可多见，而影响及于后来之文学者尤巨。③

陈寅恪用"了解之同情"的态度及"诗史互证"的方法，还原了元稹"始乱终弃"的历史背景，还原了一个有血有肉亦有情有义的真实的元稹形象。陈寅恪在元稹研究方面所取的态度，是实事求是的；所取的方法，是历史唯物主义、是唯物辩证法的。当然，陈寅恪并未意识到这点；或者意识到了，也不愿意承认。

"诗史互证"是陈寅恪在研究中用得最多、最有力道的考据方法。虽然最先提出"诗史互证"这种方法的并不是陈寅恪，但陈寅恪把这种方法大量付诸实践，使之系统化、完善化，取得了丰硕成果，达到圆融、灵通的艺术境界。因此把"诗史互证"归在陈寅恪名下，并不为过。

除了《元白诗笺证稿》外，《柳如是别传》也是陈寅恪"诗史互证"的力作。此书通过笺释钱谦益、柳如是的诗文，系统论述了明末清初的一系列重大历史事件。陈寅恪对"诗史互证"方法的运用与发展，既是对史料范围的扩展，也是对考据方法的

---

① 陈寅恪：《元白诗笺证稿》，三联书店2001年版，第90页。
② 陈寅恪：《元白诗笺证稿》，三联书店2001年版，第90页。
③ 陈寅恪：《元白诗笺证稿》，三联书店2001年版，第84页。

创新。

陈寅恪还利用自己掌握的多种语言工具，对中外文史资料进行比较研究（包括平行研究与影响研究），发现了许多前人未发现的问题。陈寅恪利用这种方法在蒙古史研究中获得了许多成果。他还利用对音方法考证出史书中的一些地名，以及书籍在辗转翻译过程中出现的一些错误。与王国维一样，陈寅恪也注重地上实物与地下实物的比较研究，特别是利用敦煌出土资料来释证文献记载，并有许多发现。

陈寅恪主张并实践的新考据学，丰富和发展了中国传统文献研究方法，在继承和弘扬中国优秀传统文化方面具有重大意义。

摄于广州中山大学东南区一号楼寓所阳台（1959年）

4. 区域文化成就

陈寅恪在区域文化研究上的成就，主要体现在对蒙古史、敦煌学、藏学和突厥学等学科的学术研究上。

成书于康熙年间的蒙古史学著作《蒙古源流》，提供了自蒙古部落的崛起至清初蒙古大汗的完整谱系，反映了北元时期（1368—1635）蒙古社会组织、部落变迁、经济状况、阶级关系、思想意识、封建主之间的关系等诸多方面的历史面貌，是17世纪蒙古编年史中最珍贵的一部史书。但《蒙古源流》中的许多记载，与元代蒙汉文史书多有不同，让后人困惑不已。20世纪30年代初，陈寅恪运用西方汉学家的对音勘同的译名还原法解决了这一历史难题，并在四篇《蒙古源流研究》论文中，还原了《蒙古源流》一书的本来面貌，解开了人们由来已久的困惑，为后来的蒙古史研究扫清了障碍。

敦煌学是以敦煌遗书、敦煌石窟艺术、敦煌学理论为主，兼及敦煌史地为研究对象，发掘、整理和保护中国敦煌地区文物、文献的综合性研究学科。20世纪30年代，陈寅恪在敦煌学资料的抢救、整理，敦煌学的确立及发展等各方面都做出了突出的贡献。

陈寅恪在其所撰《陈垣敦煌劫余录序》中最早提出"敦煌学"的概念，指出"敦煌学者，今日世界学术之新潮流也"。在该序中，就北京图书馆所藏八千余卷敦煌写本提出九个方面的研究价值，即摩尼教经、唐代史事、佛教文义、小说文学史、佛教故事、唐代诗歌之佚文、古语言文字、佛经旧译别本、学术之考证，为敦煌学未来研究指明了方向。另外，陈寅恪还撰有《大乘稻芊经随听疏跋》《忏悔灭罪金光明经冥报传跋》《有相夫人生天因缘曲跋》《须达起精舍因缘曲跋》《韦庄〈秦妇吟〉校笺》《西游记玄奘弟子故事之演变》《莲花色尼出家因缘跋》等多篇相关论文。陈寅恪的研究为后来的研究者开阔了视野，为中国敦煌学研究的全面开展奠定了基础。更为重要的是，陈寅恪把敦煌学引入现代学术大潮中，得到学术界普遍认可，使敦煌学逐渐成为21世纪的"显学"。

陈寅恪对藏学、突厥学的研究也颇为深入、严谨。陈寅恪坚持不违背事实的原则，在研究过程中始终以科学态度进行判别。他注重中原传统文化与藏学、突厥学的交流互补关系，严谨处理"赞美"与"求真"的矛盾，实事求是地评价历史，表现出一个学术大家的责任感与科学精神。

藏学是研究中国藏族历史、宗教、文化、经济、政治、社会等各个领域的综合性学科。陈寅恪积极倡导和推进当时国内藏文文献典籍的保护和收藏，并整理出《西藏文籍目录》，为后人提供了极有价值的藏学研究史料。此外，陈寅恪又对比佛经的梵、藏、汉等各种译本予以对勘，修正了以往的大量"误译"或"误解"，在此基础上撰写出《佛经校记》。

在突厥学方面，陈寅恪摒弃了把突厥史作为隋唐史附庸的观念，将其纳入大西域文化研究的范畴，肯定了突厥对中亚到西亚各民族的形成和发展的重要作用。另外陈寅恪还以"外族盛衰之连环性"观点来解释唐与突厥间力量的此消彼长及霸权地位的相互转化，初步探明了其时这一地域历史演变的内在动力。

5. 宗教学成就

宗教学是以宗教和宗教发展为研究对象的现代社会科学，旨在通过对宗教现象和宗教起源、演化、性质、规律、作用的客观研究，揭示人类社会文化发展规律。

早在古希腊时期，人们就开始观察宗教现象。欧洲文艺复兴以后，人们对宗教的认识有了新的发展和突破。19世纪末至20世纪初，西方宗教学者首先建立了这门学科。陈寅恪在宗教学建立之初，便对它展开了广泛而深入的研究，实属难能可贵。

其实，陈寅恪对宗教学的研究与陈家的家学氛围密切相关。陈家有着浓厚的佛学气氛，陈寅恪之父陈三立曾就学于佛学大师杨仁山的祇洹精舍，潜心修佛。长兄陈衡恪自幼接受佛学熏习，且擅佛画。陈寅恪少年时代曾泛览祖父所藏"浩如烟海"的古籍佛典，与佛教渊源甚深。他早年又受到传统考据方法论的系统训练，具有深厚的驾驭语言文字的功底，使他能够在宗教学研究里游刃自如。

陈寅恪在梳理佛教的产生和演变过程中，通过对各种宗教的观念、宗教的基本理论、宗教的仪轨与制度、宗教的心理结构、宗教信徒、宗教场所、宗教活动等进行比较研究，提出了大量非常有见地的意见和观点，并发表有多篇论文。

中国的佛教典籍，往往因语言限制，不能与原本或原语言译本对勘。陈寅恪精通多种语言，所以他研究佛教，能多方考证，并在考证中探讨问题。20世纪三四十年代，是世界佛学界对早期禅宗研究的高潮，陈寅恪先后对《大乘起信论》和《六祖坛经》

的"传法偈"的问题发表了自己独到的见解。陈寅恪还注重研究中国佛教的源与流,阐明了中华传统文化对中国佛教之所以形成的内在逻辑。

陈寅恪的宗教学研究特别是佛教研究,强调以我为主,突出中国文化的本位性,守持中国文化、中华民族的主体性原则。1961年,陈寅恪对来访的吴宓提到这一原则,被吴宓记入9月1日的日记中:

> 坚信并力持,必须保持有中华民族之独立与自由,而后可言政治与文化。若印尼、印度、埃及之所行,不失为计之所得者。反是,则他人之奴仆耳。——寅恪论韩愈辟佛,实取其保持中国固有之社会制度,其所辟者印度佛教"出家"生活耳。①

魏晋玄学,是中国魏晋时期出现的一种崇尚老庄的思潮,重视万物根源存有等相关论题,其内容牵涉哲学的各个领域,其中包括本体论、知识论、语言哲学、伦理学、美学等各个范畴。20世纪30年代,国内佛学界和中国哲学界开展了魏晋玄学的讨论,陈寅恪积极参与其中,就有关支愍度的"心无义"学说进行深入考证,撰写出迄今仍然光彩夺目的专题考论——《支愍度学说考》(1933年载于中央研究院《历史语言研究所集刊》外编第一种《庆祝蔡元培先生六十五岁论文集》)。此文可与尔后所谓"最权威之作"的汤用彤的《两汉魏晋南北朝佛教史》(1937年完成)并肩而论。

我国历史上唯一的女皇帝武则天,其母亲是一位虔诚的佛教徒。武则天从小受到母亲的影响而笃信佛教。她当上皇帝之后,更是全力支持佛教发展。由于唐代佛教在社会上有着广泛的影响,

---

① 吴学昭:《吴宓与陈寅恪》增补本,三联书店2014年版,第431页。

对唐朝历史熟稔于心的陈寅恪，自然对武则天与佛教的关系也进行了深入研究。陈寅恪在《武曌与佛教》一文中认为，武则天作为打破西北贵族对政治力量垄断的"外人"，为了巩固自己的地位而外求佛教的帮助，使之成为政体合法化的工具。但她所外求者，如"女身得为帝王之说"，"实源出华夏移民所主张"。这里，实际又牵涉到一个中国文化本位的问题。陈寅恪在武则天与佛教课题上的探讨，别具深意，受到中外学者的广泛关注。此外，陈寅恪对佛经翻译和佛教文学本身，也多有涉猎。

6. 语言学成就

语言是人类最重要的交际工具，是思想的最直接体现，是承载历史的最直接证据。各个民族、国家借助语言保存和传递人类文明的各个时期最重要的成果。同时，不同的语言对不同政治、经济和社会、科技乃至文化本身都直接产生着深远的影响。语言学是以语言为研究对象的学科，是一种对语言的科学化、系统化的理论研究，探索范围包括语言的性质、功能、结构、运用和历史发展，以及其他与语言有关的问题。陈寅恪作为语言学家，其成就主要体现在对古代文献的研究和音韵学的探讨上。陈寅恪不但精通梵文和多种西域古代语言，还通晓包括英、法、德、俄、日语在内的十余种外国语言。这为陈寅恪进行语言学研究奠定了坚实基础。

陈寅恪阅读过大量的域外古文献，通过语言学的比较研究与考证、探讨而还原史料所揭示的真相，使之回到史实的现场。陈寅恪于1934年完成的《四声三问》（载于1934年4月《清华学报》第九卷第二期）便是这样的好文章。在这篇文章里，陈寅恪着重考察了古汉语四声与佛教经声的关系。他广引《高僧传》里的十余篇僧传文献，阐明四声之所以出现于南齐永明时期，是诸种原因合力的结果，亦是必然与偶然的关系。陈寅恪在"四声"问题上明确了三点：一是"中国文士依据及摹拟当日转读佛教之声，分别定为平上去之三声。合入声共计之，适成四声"。二是南齐永明七年（489）二月二十日，竟陵王萧子良大集善声沙门于京邸，"造经呗新声"，为四声的发明创造了契机。三是周颙、沈约这样的审音文士在佛教文学的浸润中，成为四声说的创始人。陈寅恪如此看重四声与经声的关系，是因为四声的创立对我国古典文学特别是诗词的发展具有重要意义。此外，陈寅恪还指出，四声的创立，乃"西域输入之技术也"，这是中外关系互动互利的又一证明。

陈寅恪在语言和语文教学中，还别开生面地运用对对子的方法，来考查和提高学生的文化功力。1932年夏，他应清华大学国文系主任刘文典（字叔雅）之邀，为大学入学考试代拟试题，题目为《梦游清华园记》，此外还出有对对联之题（属国文试题之一部分）。其所出上联为"孙行者"，要考生对出下联。陈氏心目中理想的下联是"胡适之"，"盖猢狲乃猿猴，而'行者'与'适之'意义音韵皆可相对"①。就这点而言，旧时语文界传陈寅恪所拟答案为"祖冲之"，当系误说；至于考生周祖谟以"胡适之"应对，颇出陈氏意外而大加夸奖云云，更是无从谈起。

以对对子为国文试题，颇为新奇，在大学入学考试中从未见过，而一般人又以为乃游戏之作、小儿科，故对陈氏之举颇有微词。为阐明自己的主张，陈寅恪在1932年9月5日天津《大公报》文学副刊上发表《与刘叔雅论国文试题书》。他概括以对对子为国文试题的优点是："所对不逾十字，已能表现中国语文特性之多方面。其中有与高中毕业应备之国文常识相关者，亦有汉语汉文特殊优点之所在，可藉以测验高材及专攻吾国文学之人，即投考国文学系者。"他还从语言学和文学理论高度分四条说明：

（1）对子可以测验应试者能否分别虚实字及其应用。

---

① 陈寅恪：《与刘叔雅论国文试题书》附记，载《金明馆丛稿二编》，三联书店2015年版，第257页。

（2）对子可以测验应试者能否分别平仄声。

（3）对子可以测验读书之多少及语藏之贫富。

（4）对子可以测验思想条理。

陈寅恪在国文试题上的独辟蹊径，活跃了语言和语文教学，受到一般学生欢迎。今天各省考语文试题，亦不时可见对对子。

7. 教育成就

陈寅恪作为传授知识、讲课授业的教授，在教书育人上也做出了突出的贡献。陈寅恪先后任教于清华大学、西南联大、广西大学、燕京大学、中山大学等，在四十四年的执教生涯中，为国家培养了许许多多的优秀人才，其中不乏如季羡林、蒋天枢等大师级的人物。

陈寅恪自1926年留学回国后，就任清华大学研究院教授，是当时清华"四大导师"之一。之后，成为清华大学唯一的中文系、历史系"合聘教授"，在师生中享有"教授的教授""太老师"等称誉。

陈寅恪讲授的课程主要有"佛经翻译文学""梵文文法""两晋南北朝史""唐史""唐代乐府""唐诗证史""中国哲学史"等。陈寅恪在清华讲课时，研究院主任吴宓教授风雨无阻，堂堂必到；其他如朱自清等教授，也常到教室听他讲学。清华大学秘书长、文学院院长、哲学家冯友兰，每当陈寅恪上"中国哲学史"课时，便静静地坐在教室里听他讲课。陈寅恪的课，不仅仅给学生传道解惑，还深深影响了一大批教授的教育理念和治学思想。

我们知道，大学教育是教授从现有的经验、学识出发，来传授知识，讲课授业，并为学生解释各种现象、问题或行为，慢慢地让学生对一种事物由感官触摸进入认知理解的状态，从而形成一种相对完善或理性的自我意识思维。而如何才能达到最好的教育效果，一代代学人一直在进行着探索和实践。

陈寅恪在教育上的贡献，除了"桃李满天下"的"直接贡献"

以外，还自觉充当教育改革的先行者——这是他的"间接贡献"。陈寅恪在多年的教学实践中，探索出了不同于前人的教学方法、教学理念和考试方式等，有些方法和理念至今仍在沿用。我们大致梳理如下：

陈寅恪试图建立一种全新的师生关系。他对学生的爱护向来无微不至，对学生生活乃至毕业后就业问题，都处处关心。

陈寅恪探索出了一种全新的教学方法。他认为问答式的笔试，不是考查学问的最好方法。他从不要求学生去死记硬背，而是鼓励思考，提出新见解，反对"填鸭式"的教育方式。

陈寅恪使"备课"成为一种制度。他备课特别认真，认真得"固执"，认真得让人肃然起敬。陈寅恪的执着，无形之中扭转了当时大学教师不备课的风气。陈寅恪的这种备课习惯，如今已经成为中国教育的一种教学制度。

陈寅恪还非常注重培养学生的独立思考、自由发挥的创新能力，鼓励学生在学术领域大胆探索。1951年，在岭南大学时期，作为陈寅恪课堂教学助手的唐筼，照陈的吩咐，为两个课程写了安排说明，兹录如下：

> 两晋南北朝史：此课每周两小时在课堂讲授，两学期授完。除阅指定参考书外，另编讲义分发学生。学生成绩以考试分别定之。
>
> 唐史专题研究：此课在开课之初，先讲述材料之种类，问题之性质，及研究之方法等数小时，其后再由学生就其兴趣能力之所在，选定题目分别指导，令其自动研究。学期或学年终了时，缴呈论文一篇，即作为此课成绩，不另行考试。[1]

---

[1] 卞僧慧：《陈寅恪先生年谱长编（初稿）》，中华书局2010年版，第271页。

陈寅恪对课题的安排，突出了学生的主体性、能动性，教学气氛活泼宽松，教学方法循循善诱，金针度人，使学生学有所成，且能化为己用。

同时陈寅恪还总结出了有别于前人的出题（如前举对对子）和选拔人才的方法，这些方法经过后来的发展完善，如今已得到普遍应用。

8. 诗歌成就

在中国现代文化史上，陈寅恪几乎可以说是一位百科全书式的学人，不仅为大史学家、教育家、宗教学家、语言学家，而且其旧体诗创作亦成果斐然。陈寅恪的一生为我们留下了大量的诗文，并有《诗集·附唐篔诗存》留世。

陈寅恪的生命和诗歌是密不可分的。他一生都在坚持诗歌创作，无论在什么环境、什么处境下，都笔耕不辍，并且每每有感而发，绝不无病呻吟，绝不"为赋新词强说愁"。作为一个长期浸润于传统文化又曾接受过欧风美雨熏陶的复合型诗人，这点是难能可贵的。

另一方面，陈寅恪从"古文运动""新乐府""行卷"三方面入手研究唐代文学，把"古文运动"与民族意识、种族与文化交互关系结合起来研究，对唐代文学的源与流以及核心价值提出了自己的新见解。在《论韩愈》一文中，陈寅恪指出古文运动的要旨是恢复古代儒家思想的地位，韩愈等是走在"古文运动"最前面的人。陈寅恪还认为，"新乐府"是我国文学逐步趋向下层的一个重要标志。另外，他也是第一个对"行卷"进行全面研究的学人。

陈寅恪在文化上尊宋崇宋儒，因为宋代文化（即陈寅恪所言"广义的宋学"）是中国古代文化集大成者：最完备、最丰富、最具美感、最富人格精神与自由价值；但在诗歌创作中，他却不以宋诗、宋词为宗，亦学唐诗、崇唐诗。就这点而言，他与父亲、

"同光体"诗派领袖陈三立大有不同。

唐诗中，陈寅恪最服膺白居易与杜甫，特别是白居易。赵翼《瓯北诗话》说："元白尚坦易，务言人所共欲言。"这是讲，元稹和白居易能够用平易近人的语言表达大众想要表达（却未必能表达出来）的声音。陈寅恪的诗，已达到"言人所共欲言"的境界。这里赵翼所讲"坦易"并非文字粗糙，内容平淡；至于陈诗，自是劲爽而苍朴，格调高，意境深，往往蕴含丰赡，耐人寻味。罗韬先生甚至认为，在这方面，陈诗已然超越了元白。罗韬在为《陈寅恪诗笺释》（增订本）所写序言中说："义宁（指陈寅恪）之压倒元白者，以其诗关乎天意，所寄宏深，伤国伤时，最堪论世。义宁常自比元祐党家子，而胸罗中古兴亡之迹，撑持于天坼地解之际，独立于礼崩乐坏之时；责己以文化托命之大，讽世在士节出处之微。故其诗秉国身通一之义，造今古交融之境，望之气沈郁，扪之骨嶙峋，史识诗情，盘屈楮墨。每读之，未尝不掩卷低回，愀然而叹：此变风变雅之音也。"此言甚确！

陈寅恪同历代优秀知识分子一样，关注民生，更关注国家民族命运，忧国愤时，疾恶如仇；又以中国文化托命之人自励，立足传统文化的深厚土壤，试图以一肩之力，力扛近世颓落的中国文化大闸，并为其赋予新的生命与活力。他的诗歌，便传递出这样的思考，反映出这样的心声。我们看他于1916年所写《寄王郎》，1929年所写《北大学院己巳级史学系毕业生赠言》，1930年所写《阅报戏作二绝》，1938年所写《蓝霞》诸诗，均反映出他在民族危急、国家危急之时的焦虑不安和奋拔之状。他的《蓝霞》一首系七律，全诗如下：

　　天际蓝霞总不收，蓝霞极目隔神州。
　　楼高雁断怀人远，国破花开溅泪流。
　　甘卖卢龙无善价，警传戏马有新愁。
　　辨亡欲论何人会，此恨绵绵死未休。

按："蓝"指国民党特务组织蓝衣社，以代指国民党；"霞"（红色）则指红军，以代指共产党。卢龙，在今河北喜峰口附近，典出《三国志·魏书·田畴传》。据胡文辉的解释，旧时用"卢龙"指割地，出卖国家利益，但此处指共产党向国民党委曲求全，以建立抗日民族统一战线。戏马，即戏马台，在江苏铜山县南，原属徐州府，此代指徐州。陈寅恪写此诗时，正值日军发动徐州会战之际（1938年5月）。其时国民党四十万军队在徐州陷入日寇南北夹击的合围中，形势岌岌可危。陈寅恪获此消息，心急如焚，祈愿我军能全身而退，更祈愿国共两党能捐弃前嫌，共同对敌，否则必将造成亡国之祸，遗恨千古。陈寅恪此诗，既反映出当时国人、知识分子的普遍心态，又有高出他们的更深刻认识——这从其以"蓝霞"冠题可见隐秘。尽管陈寅恪同国统区的许多知识分子一样，对共产党不甚了解，以为其对国民党"委曲求全"不过是实用主义而已，但他对国民党的态度则嗤之以法西斯主义，忧虑共产党不是其对手。所以他的"此恨绵绵"不是各打五十大板，而是侧重于对国民党的警惕与责难。《吴宓日记》在1938年5月有段记述，很能说明问题："因忧共产党与国民党政府不能圆满合作，故宓诗中有'异志同仇'之语，而寅恪又有《蓝霞》一诗。"之所以对国民党多有责难，是因为对其翻手为云、覆手为雨的手法了解颇深，对刚艰难辗转、万里长征才至延安，却又风尘仆仆、立马走上抗日前线的共产党殊为惜怜。陈寅恪在1936年7月中央红军到达陕北后不久，写有《吴氏园海棠二首》呈吴宓，吴宓即在其手迹后加附注云："寅恪此二诗，用海棠典故（如苏东坡诗）而实感伤国事世局（其一即 Edgar Snow *Red Star Over China* 书之内容——"二万五千里长征"）"。那本描写红军长征的书，就是美国著名记者埃德加·斯诺于1936年6月—10月访问陕甘宁边区后的长篇报告文学《红星照耀中国》。陈寅恪《海棠》诗之一有"蜀道移根销绛颊，吴妆流眄伴黄昏"句。胡文辉笺释说，其时红军"处在国民党军队的追剿下,显得前途黯淡。故陈诗当是以海棠移植后红色转淡比喻共产主义赤潮的低落"。陈寅恪于此诗流露的"亲共"情绪是很明晰的。再回过头来看《蓝霞》一诗,自会对陈氏同情看似弱者的红军、责难处于强势的国民党而心有戚戚焉。

《蓝霞》中的"楼高"犹言"高楼",谓最高当局。《杜甫》《登楼》云"花近高楼伤客心"即此。1940 年 3 月 22 日,陈寅恪作为中央研究院第一届评议会评议员之一,与竺可桢等在重庆应蒋介石之邀赴蒋官邸晚宴,"寅恪于座中初次见蒋公,深觉其人不足有为,有负厥职"①。陈寅恪返回在渝所寄住的俞大维宅后,遂有《庚辰暮春重庆夜宴归作》抒怀,中有"食蛤那知天下事,看花愁近最高楼"句,显示出对身居最高位的蒋介石的不屑与忧惧。

毋庸讳言的是,陈寅恪同国统区的许多知识分子一样,在太平洋战争爆发前,对抗战的前途比较悲观——这也大量地表现在其于这一时期的诗作中。不过,这丝毫无损陈寅恪的爱国立场。他 1940 年在写给傅斯年的信函中说:"弟素忧国亡。"他当时对抗战前途之所以感到悲观,一是缺乏对国际大势的通盘把握;二是缺乏对中国共产党的深入认识;第三,也是最重要一点,就是对蒋介石法西斯式的独裁政权彻底失望。陈寅恪于 1932 年所作《和陶然亭壁间女子题句》诗中写有:"钟阜徒闻蒋骨青,也无人对泣新亭",就是对蒋介石政权无力阻止日本并吞东三省,更无力掌控全国大局的批评。在先,1929 年 5 月,陈寅恪有《北大学院己巳级中学系毕业生赠言》诗,其"读书不肯为人忙"句,则是对国民党欲在包括大中学生在内的全国人民中推行所谓"三民主义教育",以实行思想统一政策的不满与嘲讽。

陈寅恪于 20 世纪 30 年代至 40 年代的不少诗作,都流露出对国民党政府腐败无能却又贪婪专制的鄙夷情绪,有的甚至是大

---

① 吴学昭整理《吴宓诗集》,商务印书馆 2004 年版,第 360 页。

声谴责。与此同时,陈寅恪则对辗转呻吟于战乱流徙中的人民的生存状况深表忧虑和同情。如1938年6月,陈寅恪在云南蒙自闻黄河花园口决堤,"死民若干万人",即悲从中来,写下五律《蒙自南湖》,尾联云:"黄河难塞黄金尽,日暮人间几万里。"其以《史记·封禅书》"黄金可成,而河决可塞"之典,反讽黄河决口、货币贬值,指出最终受害者是无辜的百姓。"日暮人间",用庾信《哀江南赋》"日暮途穷,人间何世"意,一语双关:国民党政权已走上穷途末路;而其治下的百姓则生计维艰,不知何日能出头!

1940年元月,陈寅恪在昆明西南联大执教,有七律《庚辰元夕作,时旅居昆明》,其颈联、尾联吟道:"淮南米价惊心问,中统银钞入手空。念昔伤时无可说,剩将诗句记飘蓬。"这是对国统区通货膨胀、物价高涨、民不聊生状况的写实。诗人感伤国事,暗自落泪,唯以赋诗寄怀,以明心迹。这年4月,陈寅恪在昆明增订旧作《读秦妇吟》(原载《清华学报》第11卷第4期,1936年),改名《秦妇吟校笺》,由夫人唐篔题写书名,制成若干线装本分赠友人及学生。《秦妇吟》系唐末韦庄所作七言长篇史诗,用陈寅恪的话来讲,其中心内容是描写唐末战乱中"人民避难之惨状",矛头所向,则是"残民肥己不急国难"的统治者。陈寅恪此时重订《读秦妇吟》,其意不言自明。俞平伯《读陈寅恪〈秦妇吟校笺〉》一文回忆道:"昔于戊辰(一九二八)春,与陈寅恪共读韦庄《秦妇吟》,寅恪属(嘱)我写一横幅张诸壁间,以备讽咏,又作一文载一九三六年《清华学报》,后于庚辰(一九四〇年)四月在昆明印为单行本,改名《秦妇吟校笺》。其中论点多与畴昔倾谈有关者。"

1942年夏,陈寅恪在多方营救下,逃离已沦陷的香港,历尽千辛万苦,终至当时的广西省省会桂林市,旋被国民政府教育部聘为首批部聘教授,执教于广西大学。1943年1月,国民党中央组织部部长朱家骅导演了一出向蒋介石献九鼎(据说是受蒋的授意）的闹剧，请人给鼎做铭文。据程千帆回忆，当时"四川有许多老先生很擅长此道，但他们都不愿意写"。后来教育部找到顾颉刚，"他大概迫于压力，答应了"，到底促成献鼎之事。消息传到桂林，陈寅恪讶异之余，对顾颉刚颇有不满，以为趋炎附势，有失文人风骨，故在题为《癸未春日感赋》诗中嘲讽道："九鼎铭辞争颂德……"陈寅恪之所以有责难，还在于"颉刚不信历史上有禹，而竟信有九鼎"——为了曲逢蒋介石，不惜推翻自己先前的学术观点。后来程千帆读《顾颉刚年谱》，亦认为顾的"学问和陈寅恪有距离，没有能够把学问与国家命运联系起来"。此事稍后又出现富有戏剧性的反转：原来那九鼎铭文是每鼎一句，最后四句顾氏写作："我士我工，载歌载舞，献兹九鼎，保于万古。"这四句是竖排，每句头一字连读即成："我载（在）献（现）保（宝）。""现宝"是川人挖苦人的话，意为装疯卖傻或出丑、出洋相（今网络语"卖萌"与之语近），如"活现宝""现活宝""现世宝"之谓。有朱家骅的政敌知晓四川方言，便向蒋介石说：朱家骅在骂你。蒋介石将那四句连读，果如此，气得一脚把鼎（体积不大）踢翻了。此事弄得朱家骅极狼狈，也令铭文撰拟者顾颉刚以及九鼎设计并监制者马衡（故宫博物院院长）成为学界笑柄。陈寅恪嘲讽顾颉刚的事，后者也知道。他在1943年5月13日日记中写道："寅恪诗中有'九鼎铭辞争颂德'语，比予于王莽时之献符命。诸君盖忘我之为公务员，使寅恪与我易地而处，能不为是乎！"[1] 顾颉刚、马衡都是一代学术大家，同时在国民政府中也有兼职。他俩参与向蒋介石献九鼎的闹剧，当然有迫不得已的苦衷。只是倘换做是陈寅恪，那断不会做这事。陈寅恪一贯深恶曲学阿世之人，看重独立人格，坚守自己做人的底线。吴宓日记说，他和陈寅恪"相约不入（国民）党，他日党化教育弥漫全国，为保

---

[1] 余英时：《顾颉刚与国民党》引《顾颉刚日记》，转引自胡文辉：《陈寅恪诗笺释》（增订本）上册，广东人民出版社2013年版，第238页。

全个人思想精神之自由,只能舍弃学校,另谋生活"①。

1943年底,陈寅恪携全家自桂林辗转半载,终至成都,任教于南迁的燕京大学。翌年正月人日,陈寅恪拜谒杜甫草堂,遂有七律《甲申春日谒杜工部祠》一首,其颔联、颈联云:"一树枯柟吹欲倒,千竿恶竹斩还生。人心已渐忘离乱,天意真难见太平。"此用杜诗"恶竹应须斩万竿"及韦庄诗"人心不似经离乱,时运还应却太平"意,表达对日本侵略的愤慨及国统区当轴诸公无视民生的怨怼。正是在这种心境里,1949年,当人民解放军万船齐发,横渡长江南下之时,陈寅恪在广州赋七律《己丑夏日》以抒怀:

> 绿阴长夏亦何为,消得收枰败局棋。
> 自我失之终可惜,使公至此早皆知。
> 群儿只博今朝醉,故老空余后死悲。
> 玉石昆冈同一烬,劫灰遗恨话当时。

寻绎此诗,个中况味是复杂的:既是对人民苦难已见尽头,可以重见光明的额庆,又是对蒋介石及其追随者们暴殄天物、自取灭亡的痛惜;既是对历史得以大浪淘沙、改天换日的欢呼,又是对孙中山开创的民国伟业凄怆落幕、无尽悲凉的挽歌。是诗说明,陈寅恪对即将到来的人民政权是心怀忐忑的,但归根结底,是持欢迎态度的。他1949年拒绝去台湾,而毅然留在大陆,就是大体看好共产党的治世、执政能力,而对国民党,则是早已看衰了。陈寅恪是历史学大家,对"水能载舟,亦能覆舟"的道理不是不懂,对天命难违与人心向背的力量不是不识。1935年春,清华大学先后有一二十名学生遭当局逮捕(后得以陆续释放)。陈寅

---

① 吴宓:《吴宓日记》第三卷(1927年6月29日),转引自郭长城、赵刚等:《陈寅恪研究:新史料与新问题》,九州出版社2014年版,第73页。

恪后来在谈及此次事件时说：

> 我班上的好学生大都是共产党。我怎么知道的呢？抗战前那一两年，上我的课的学生中有些人学得很好。后来有一天我去上课，他们忽然都不见了，我一打听，才知道是因为国民党要抓他们，都躲起来了。我由此感到共产党将要成功，因为好学生都到那边去了。①

这段话，是陈寅恪在20世纪40年代末对他的学生石泉、李涵讲的。或许当时陈寅恪也知道他的这两位学生是共产党，故有此言，以示亲近或友好。石泉、李涵回忆说，1948年暑假，国民党政府发动"八·一九"大逮捕，石泉、李涵都在拟逮捕名单之列。石泉在师友掩护下得以脱身，李涵则遭拘押。陈寅恪闻讯后，"立即表示他愿出面保释"。虽然不久李涵由燕京校方出面保释出来，但却显出陈寅恪对爱徒的一腔仗义，即便知道他们是共产党。陈寅恪的另一位学生王应常亦回忆到，1948年12月13日上午，人民解放军兵临北平城下，一时大炮轰鸣，国民党军队一部败逃至清华校园附近。陈寅恪当时正在新林院家中给学生讲"唐史"，立即停讲，与学生一起去校门观看。陈寅恪那时虽已失明，却表现得"很兴奋，激动"。

石泉、李涵还提到，陈寅恪有一次同他们谈起共产主义和共产党，十分坦然：

> 其实，我并不怕共产主义，也不怕共产党，我只是怕俄国人。……我去过世界许多国。欧美、日本都去过，唯独未去过俄国，只在欧美见过流亡的俄国人，还从书上看到不少

---

① 石泉、李涵：《追忆先师寅恪先生》，载《纪念陈寅恪教授国际学术讨论会文集》（1988年），中山大学出版社1989年版。

描述俄国沙皇警探的，他们很厉害，很残暴，我觉得很可怕。①

这条资料很重要。首先，表明了陈寅恪对共产主义、共产党的态度。其次，说明他对共产主义、共产党有一定程度的了解；而这个了解，可以上溯至他于1911年在瑞士通读《资本论》和1923年在德国与周恩来的相识。再次，陈寅恪之所以在中华人民共和国成立初期对中共向苏联"一边倒"政策提出批评，于此可见渊源。

1949年6月30日，毛泽东在《论人民民主专政》里明确提出新中国将奉行向苏联"一边倒"政策，因为这是"孙中山的四十年经验和共产党的二十八年经验教给我们的，深知欲达到胜利和巩固胜利，必须一边倒。积四十年和二十八年的经验，中国人不是倒向帝国主义一边，就是倒向社会主义一边，绝无例外。骑墙是不行的，第三条道路是没有的"。新中国成立后的很长一段时间，中国共产党和人民政府的确实行了"一边倒"政策。不少有名望的知识分子对此颇有微词。这之中，就包括陈寅恪、钱锺书、吴宓、龙榆生、胡先骕。1951年，陈寅恪有《改旧句寄北》诗，中有"老父东城剩独忧"句；1953年作《次韵和朱少滨癸巳杭州端午之作》诗，中有"艾诇人形终愧儡"句；1953年作《咏黄藤手杖》诗，中有"幸免一边倒"句……皆对全面的"一边倒"政策暗含讥讽，有的甚至可谓辛辣讽刺。

历史地看，当年的"一边倒"政策实属无奈之举，也是智慧之举，是由新中国成立之初复杂而险恶的国际环境和国内形势所决定的。诚如毛泽东于1950年4月11日在《中苏友好同盟互助条约》获中苏两方政府批准生效之际所指出的："这次缔结的中

---

① 石泉、李涵：《追忆先师寅恪先生》，载《纪念陈寅恪教授国际学术讨论会文集》(1988年)，中山大学出版社1989年版。

苏条约和协定，使中苏两大国家的友谊用法律形式固定下来，使得我们有了一个可靠的同盟国，这样就便利我们放手进行国内的建设工作和共同对付可能的帝国主义侵略，争取世界的和平。"①

那么，陈寅恪等为什么激烈反对"一边倒"政策呢？吴宓于1961年8月30日的日记揭示了原因。这年，陈寅恪对来访的吴宓说：中国应走第三条路线，独立自主，自体其民族之道德、精神文化，而不应一边倒，为人附庸。②陈寅恪之言不能说没有道理。他担心中国就此会丧失独立、丧失自主性，也可以说有远见之明。20世纪50年代中后期，苏联控制我党、我们国家、我们军队的意图渐露端倪，中苏友谊出现裂痕。其中原因，毛泽东归纳为四个方面："父子关系""不愿学生超过先生""留一手"和"搞颠覆活动"。③1965年，中苏关系全面破裂。邓小平尔后在回顾中国共产党不得不进行的反对苏联老子党和大国沙文主义的斗争时说："真正的实质问题是不平等，中国人感到受屈辱。"④

"思想而不自由，毋宁死耳"——这是陈寅恪写在《海宁王静安先生纪念碑铭》上的一句话，是中华民族的精神所系，也是中国知识分子的魂魄所依。陈寅恪用赤诚的情怀、坦荡的胸襟，运用诗歌这个他十分喜爱的工具，向中国共产党进言、向人民政府进言，尽管有时言辞不当，有的被证明是错误的，但仍被党和政府包容。因为他是一位面似冷峻而心地善良、热情似火的爱国者。

白居易在《与元九书》中主张"文章合为时而著，歌诗合为事而作"。陈寅恪最尊崇白居易，最欣赏白诗。他的诗歌有很大一

---

① 《批准中苏条约及协定》，载《人民日报》1950年4月13日第1版。
② 转见胡文辉：《陈寅恪诗笺释》（增订本）上册，广东人民出版社2013年版，第593页。
③ 毛泽东：《在杭州期间的一次讲话提纲》，1959年12月。转见中共中央党史研究室：《中国共产党历史》第二卷（1949—1978）下册，中共党史出版社2011年版，第642页。
④ 邓小平：《结束过去，开辟未来》（1989年5月16日），载《邓小平文选》第三卷，人民出版社1993年版，第294-295页。

部分也是"讽谕诗",像白诗一样试图"救济人病,裨补时阙"。这是陈诗中最有价值的一部分。在艺术上,陈诗则兼具白诗的质朴和杜诗的精练,既灵动自如,转换圆润,又顿挫有致,穷极音韵。作为大师级的学者,陈寅恪的诗名常被文名所掩。现代另一位大学者钱锺书晚年就特别喜欢陈寅恪的诗。2003年10月,台湾学者汪荣祖进京拜访杨绛先生,提及陈寅恪。杨先生讲,钱锺书在逝世前几年曾不无遗憾地说:早知陈先生如此会作诗,在清华读书时,一定会选陈先生的课,成为恩师……①

---

① 钱俊:《钱锺书手札中的"酷评"——读〈槐聚心史:钱锺书的自我及其微世界〉札记》,载《光明日报》2015年7月1日,第9版。

第三章 种花留与后来人
——薪火相传，润物无声

第一节 从清华到中山

1. 执教清华

陈寅恪先生一生执教四十四载，在教书育人上可称得上真正的"春蚕到死丝方尽，蜡炬成灰泪始干"。陈寅恪先后任教于清华大学、西南联大、广西大学、燕京大学、岭南大学、中山大学等高等学府，每到一处就把知识播种一处，直至桃李满天下。纵观陈寅恪的执教之路，堪称行为世范，一代师表。

陈寅恪执教清华，前后可分为两个阶段，历时十三余载。陈寅恪执教清华的第一阶段时间比较长，从1926年7月至1937年7月，历时十一年之久；第二阶段，从1946年10月至1948年12月，时间比较短，只有两年多点。

初入清华之时，可能是陈寅恪在教育界声誉最低的时候。面临"无名望、无著作、无学位""三无"教授的外界质疑，陈寅恪硬是凭着自己渊博的学识和自身的努力，很快扭转了被动的局面，一跃而成为"教授中的教授"，被誉为教育界的奇才。

陈寅恪认真备课的好习惯，可能正是那时候养成的，并且一坚持就是四十余载。正是凭着这样的好习惯，陈寅恪驰骋教坛，誉满中西。

陈寅恪在清华期间开设了"金刚经""高僧传之研究""梵文文法""唯识十二论校读"等课程，培养出一大批精英人才，是当时教育界的一根擎天柱。

陈寅恪于1926年在清华教的第一批学生，也是平生第一批正式弟子，包括刘节、陆侃如、戴家祥、王力、全哲、颜虚心、姜亮夫、周传儒、刘盼遂、姚明达、谢国桢、吴其昌等三十六人，后来大多成为学术领域各个学科的领军人物。据估计，陈寅恪在清华执教期间，就为国家输送了数百甚至上千名各个领域的专家型人才。

作为陈寅恪的第一批三十六位学生之一的刘节，毕业后到南开大学执教，随后相继任教于河南大学、燕京大学、浙江大学、成都金陵大学和中山大学。刘节在先秦史、先秦诸子思想、史学史研究方面成就卓著；其中在史学方面，尤擅治修史制度、文献典籍和史家行藏等，每每见解独到，是中国史学史学科主要带头人，著有《中国史学史稿》等。

吴其昌，毕业后先后在南开大学、清华大学、武汉大学任教，虽年仅四十岁便去世，却著有《朱子著述考》《殷墟书契解诂》《宋元明清学术史》《金文世族谱》《三统历简谱》《北宋以前中国田制史》以及时论、杂文集《子馨文存》等大量著作，是我国著名文史学家。

周传儒，毕业后先后到北京师范大学、东北大学、西北大学、辽宁大学等校任教，著有《中国古代史》《甲骨文字与殷商制度》《书院制度考》《中国历史学界的新派别、新趋势》等大量著作。

吴小如是陈寅恪执教清华第二阶段时的学生。他极佩服陈寅恪的学术积累和学问功力。他在《学林漫忆》一文开篇即写道：

> 一九四六至一九四七年我在清华大学中文系肄业，选了陈寅恪先生一门《唐诗研究》。这门课不采取讲授制，凡选修

者只须拟一个论文题目，经陈先生同意，即可自行准备，定期同导师谈话，汇报学习情况，有问题在师生晤面时提出请教。到学年终了，交上论文，评分及格，就拿到两个学分。我从寅恪先生问业时，先生双目视网膜已经脱落，不能辨人眉目，但能听人声音。因此我每次去请教，必先"自报家门"，然后进行谈话。

　　先生当时还给中文、历史两系开课，预约谈话时间必须避开先生讲课的钟点。另外，先生还对我说，由于自己不能读书，每周必须有两个下午由两位助手分别为他朗读英、日文的有关资料，借以了解当前学术动态，这个时间是一定不能占用的。我当时听了感到惊讶，一个人只凭听觉掌握外文资料，他的记忆力该有多强啊！然而使我吃惊的还远不止此。我在最初几次去见寅恪先生时，每次必带去一堆问题。先生听过之后，语调总是那么轻缓、那么从容不迫地对我说，这个人的名字似乎见于《新唐书·宰相世系表》，那个人的材料可能出于某人文集中的某篇文章。特别是有些人物传记和典章制度，先生大都能列举新、旧唐书某卷某传，或某志某条，让我自己去按图索骥。我回来检索时，十之七八都能找到答案。这真使我佩服得五体投地。一位学者双目失明，全凭过去的博闻强记，对文史资料竟然精熟到如此地步，不要说今人，就是古人也不多见。①

　　吴小如后来成长为一代学问家，文史兼通，一生著述颇丰，被学界誉为"多面统一的大家"。他读书时代曾转益多师，但像陈寅恪这样记忆超强，驾轻就熟，治学如庖丁解牛者，他遇见的没几个。陈寅恪是其中最令他感佩和景仰者。

---

① 《学林漫录》七集，中华书局1983年版，第34－35页。

2. 执教联大

1938年夏至1940年春,陈寅恪曾执教于抗战时期临时组建的西南联合大学。当时西南联大的教室设在昆明文林街的昆华北院北门外,一处临时修建的简易房屋内。那时陈寅恪被安排住在青云街靛花巷的青园学舍楼,距离联大的教室很远。每次上课陈寅恪都要走很长时间的路。由于陈寅恪当时的身体状况很差,所以每次上课都要提前出发。

因为陈寅恪上课时要引证很多史料,所以他但凡去上课,都会抱着一个很大的黑布包袱,包里放满了文史典籍。因为路远书又沉,这样每次走过来陈寅恪都会累得气喘吁吁。即便是这样,他上课也从来没迟到过。

陈寅恪在昆明联大的学生王永兴在《怀念陈寅恪先生》一文中,解释了陈寅恪何以带那么多书上课的原因:

> 寅恪先生讲课时要引证很多史料,他把每条史料一字不略地写在黑板上,总是写满了整个黑板,然后坐下来,按照史料分析讲解。他告诫我们,有一分史料讲一分话,没有史料就不能讲,不能空说。他以身作则,总是在提出充分史料之后,才能讲课,这已是他的多年习惯。当时,寅恪先生多病体弱,眼疾已相当严重,写完黑板时常常汗水满面,疲劳地坐下来闭目讲解。他的高度责任感,他的严谨求实精神,他为了教育学生不惜付出宝贵生命力的高尚行为,深深感动并教育了我们。[1]

在课堂上,陈寅恪安排的课程都是专题研究性质的,只讲授自己在课程范围内的研究成果,对于一些自己已经写成论文发表

---

[1] 《学林漫录》初集,中华书局1980年版,第10—11页。

了的，他认为再讲就是重复。他在正式上课前都爱向学生讲明自己的授课原则："前人讲过的，我不讲；近人讲过的，我不讲；我自己讲过的，也不讲。现在只讲未曾有人讲过的。"

在联大，陈寅恪每学年都开两门课程，一是文学课程，二是史学课程，每门课程每次两个小时。但课程名目、内容每年安排上都会有所不同。史学课程的安排是"魏晋南北朝史"与"隋唐史"交替进行。在联大的第一年，陈寅恪开的是"魏晋南北朝史"。

陈寅恪在西南联大执教期间，不论对学生，还是对在那里任职的教授，他始终是偶像式的人物。当时任联大文学院院长的冯友兰先生就对陈寅恪钦佩之至。每当陈寅恪讲哲学课，冯友兰总是陪同前往，还像学生一样认真听他的课，做笔记。现代杰出的文史大师、校勘学大师、研究庄子的大专家刘文典一生狂傲，却唯独对陈寅恪尊敬有加，认为陈寅恪是西南联大最有学问的教授之一，是国宝级别的人物。

在联大执教期间，物资极端匮乏，住宿更是极其简陋，生活条件十分艰苦，而陈寅恪又体弱多病。就是在如此艰辛的教学环境中，陈寅恪仍以顽强的意志坚持了长达两年的时间，实在难能可贵。

3. 执教西大

1928年，广西大学诞生于广西梧州市蝴蝶山，首开广西高等教育之先河，首任校长是中国著名教育家、科学家、民主革命家马君武博士。学校以马君武先生提倡的"复兴中华，发达广西"为立校宗旨，建校初设理、工、农三个学院。1936年广西大学增设文学院和医学院。

1939年，广西大学被国民政府确立为国立大学。20世纪30—40年代，竺可桢、李四光、李达、陈望道、王力、刘仙洲、盛成、陈焕庸、千家驹、施汝为、卢鹤绂、纪育沣、文圣常等一大批著名教授曾到西大任教。

抗战期间，广西作为中国大后方，大批专家学者及有志青年会集于桂林文化城，广西大学师资队伍由此得以充实发展。学校一跃成为当时国内重要大学之一，学术力量位居全国前列。

1942年，从香港回到内地的陈寅恪开始在广西大学执教。他于此期间，前半年居良丰山中，后半年迁入校内宿舍，即半山小筑。所谓"良丰山中"，即指桂林南郊的雁山，当时国立广西大学的校舍即在那里。

陈寅恪在广西大学的执教时间虽然不长，但却给那里的师生留下了深刻的印象。当时曾在广西大学就读、听过陈寅恪课的姚平方先生的回忆文章《陈寅恪先生在广西大学》有这么几段文字：

> 我们每次到桃源洞躲警报，都会见到陈先生和陈师母。陈先生常穿一灰布长衫，戴银边近视眼镜，足踏布鞋。陈师母则家庭妇女装束，布衣布履，朴素大方，她为陈先生携带一个布袋，内装线装古书数册，以备在洞内阅读。是年先生五十三岁，右眼视网膜已发现剥离现象，但视力尚可，先生是不肯放过每分钟的宝贵时间的。他们带有小板凳，如警报时间稍长，就在洞内看起书来。我们同学中也有携书躲警报，以打发那无聊的时间的。如果同学们知道陈先生是世界知名的大学者，学贯中西，淹通古今，精通十几国文字，是随时都可以向他请教的，因为我们近在咫尺，而且有充分的时间，可惜我当时是法律系一年级学生，虽知先生的大名，也旁听他的课：唐代政治史，却提不出任何一个问题，实在是失之交臂。……
>
> 陈先生任教的政治系三年级教室在靠北的一间，我的法一教室与政三为邻，有此天然优势，所以我每周都能旁听陈先生讲授的《唐代政治史》，其内容与同年由商务印书馆出版的《唐代政治史述论稿》基本相同，但有更为丰富的例

证。……

一方面是日机不停地来轰炸，一方面是物价不断地飞升，每晚在菜油灯下读书写作，视力受损害，先生就在这种恶劣的生活环境下，仍孜孜矻矻，著书不辍，除完成《唐代政治史述论稿》一书的定稿工作外，还写有《朱延丰突厥通考序》《姚薇元北朝胡姓考序》《陈述辽史补注序》《杨树达积微居小学金石论丛续稿序》《邓广铭宋史职官志考证序》和《陶渊明之思想与清谈之关系》等著作。其间还冒着轰炸的危险，乘车到粤北的坪石，当时的中山大学临时校址作短期的学术演讲，题为《清谈与清谈误国》《五胡问题及其他》等。

4. 执教燕大

燕京大学创办于1916年。1921年，燕京大学在北京西郊购买了前清亲王赐园，建造了近代中国规模最大、质量最高、环境最优美的一所新校园。1926年燕京大学正式迁入新址。1929年，燕京大学正式设立文学院、理学院、法学院，共计二十余个院系。此时燕京大学的毕业生已有很多活跃在中国的教育界、政界和宗教界，足见当时燕京大学多么兴旺。

太平洋战争爆发后，日军查封了燕京大学。所幸1942年燕京大学得以在四川成都复校。1943年12月，陈寅恪来到成都，开始在燕京大学执教。1945年燕京大学迁回北平原址。1952年高等院校开始院系调整，燕京大学民族学系、社会学系、语文系（民族语文系）、历史系并入中央民族学院（今中央民族大学），法学院并入北京政法学院（今中国政法大学），经济学系并入中央财经学院（今中央财经大学），工科并入清华大学，文、理科并入北京大学；北大则迁至原燕京大学校园"燕园"。

自此曾经辉煌的燕京大学不复存在，只留下"燕园"曾经的痕迹。这所大学的命运，与陈寅恪在这所大学执教的命运何其相

似，只不过陈寅恪是因为不可抗拒的眼疾结束了在燕大的执教生涯，燕京大学又何尝不是因为不可抗拒的原因而结束了自己的历史呢？

燕京大学在成都复校之初，租用位于成都华西坝的华美附中和毗连的启化小学校舍开课，后来燕京大学又改在陕西街上课，及至陈寅恪执教燕大时，上课地点已改在华西大学文学院的教室了。

当时的燕京大学校长梅贻宝后来在《燕京大学成都复校始末记》里回忆道：

> 有人（卞僧慧按：指作者长兄梅贻琦先生）说过：一所大学之所以为大，不在大楼而在大师。这是一句不易之论。成都燕京大学，虽然是战时临时大学，仍旧重视这条至理，尽力而为。幸运的很，我们竟能请到若干位有名有实的大师，不嫌成都燕大简陋，惠然来临施教。笔者至今犹觉心感不胜。其中有陈寅恪（历史）、萧公权（政治）、李方桂（语文）、吴宓（文学）、徐中舒（上古史）、赵人隽（经济）、曾远荣（数学）诸位教授。陈、李、萧三位都是中央研究院的院士，这些位大师肯在燕大讲学，不但燕大学生受益，学校生辉，即是成都文风，亦且为之一振。在抗战的艰苦岁月中，弦诵不但不辍，而且高彻云霄，言之令人兴奋。燕大教授待遇，历来月薪以三百六十圆为限。这几位特约教授，特订为四百五十圆，聊表崇敬。[①]

当时的华西坝，云集了五所高校，除了燕京大学外，还有因战乱迁来的中央大学医学院、金陵大学、齐鲁大学和本地的华西大学。

[①] 卞僧慧：《陈寅恪先生年谱长编（初稿）》，中华书局2010年版，第218页。

陈寅恪在燕京大学开课时，前来听课的除了燕大的学生还有其他四所大学的学生；除了学生，还有教师，燕大和其他大学的都有。比如金陵大学的国文系主任高文，讲师程千帆、沈祖棻，每逢陈寅恪的课都会过来旁听，并且非常详细地做笔记。除了每次必来的，还有很多是临时慕名来听陈寅恪课的，比如当时的四川省图书馆馆长林思进等。这也足见陈寅恪当时在华西坝授课所受欢迎的盛况。不过无论怎么受欢迎，陈寅恪在燕大的执教生涯注定是短暂的。

由于长期用高度近视的左眼工作，又因当时的成都电力不足，陈寅恪每晚只能就着油灯读书，这就更加重了陈寅恪的眼疾，所以陈寅恪在燕大授课期间的视力急剧下降。仅仅维持了一年时间，陈寅恪就突然眼前漆黑一片，不得不中断授课，住进成都存仁医院，并且一住就是好几个月。还没有等陈寅恪治疗结束，燕大就迁回了北平。

5. 执教中大

中山大学是陈寅恪执教时间最长的地方。陈寅恪后二十年的时光几乎都是在康乐园里度过的，现在中山大学历史系内还有陈寅恪的半身塑像，东南区一号故居内还有他的全身塑像。

陈寅恪在中山大学执教过程中开设了"魏晋南北朝史""唐史""唐代乐府""元白诗证史"等课程。由于陈寅恪在中山大学执教时间最长，相比清华大学、西南联大、广西大学、燕京大学等，陈寅恪在中山大学教过的学生或听过陈寅恪课的人应该是最多的。听过陈寅恪课的人对他在中山大学的精彩授课印象非常深刻。

中山大学一名叫刘隆凯的学生，曾听过陈寅恪讲授"元白诗证史"。他根据自己的课堂记录，把陈寅恪所讲的内容整理出来，读了让人对陈寅恪的治学精神肃然起敬。陈寅恪曾考证唐代大诗人白居易《琵琶行》中"琵琶女"的年龄。"弟走从军阿姨死，暮去朝来颜色故。门前冷落车马稀，老大嫁作商人妇。"陈寅恪以此为据进行考证："古代男子三十而娶，女子二十而嫁，已是男女婚娶的最后年龄了。过了这个界限，便是老大了。像崔莺莺，贞元十六年才十七岁，以后结婚也在二十岁之前；韦氏，在贞元十八年结婚时正是二十岁，若再不出阁，也就难了，她比崔氏大一岁。"诗中又云："十三学得琵琶成，名属教坊第一部。曲罢常教善才服，妆成每被秋娘妒。"陈寅恪说："看来，唐代女子与人应酬是在十三岁。假定琵琶女贞元十五年是十三岁，那么，到元和十一年，她在浔阳江头应该是三十岁了。可以说，元和十年，琵琶女二十九岁时，弟走从军，不久，阿姨又死了；再过年余，她三十岁时才嫁，真可谓——老大——了。"陈寅恪以此考证出这个三十岁才嫁的琵琶女是西胡种，与商人是同居关系，不是正式结发夫妻，等等。

1955年至1956年间，时年大三的蔡鸿生选修了陈寅恪先生开设的"元白诗笺证稿"，上课地点就在东南区一号二楼陈家的阳台上。虽然有教材，但陈寅恪先生只讲授一年的时间，并没有通讲全书赶进度，而是挑选如《琵琶行》《长恨歌》等名篇详细讲授。因为陈寅恪先生的课是免"两考"的，即不考试、不考勤，一开始很多学生报名选修了他的课。蔡鸿生说陈寅恪上课很有特点，一直从头讲到尾，中间也不提问，偶尔会在墙上的小黑板上手书。

1958年至1959年，陈寅恪再次开设选修课，时年十九岁的姜伯勤有幸聆听了陈寅恪的课，不过遗憾的是他并没有听完。其时陈寅恪因为抗议"拔白旗"而退出讲坛，从此不再授课。姜伯勤后来谈起只听了不到半年的选修课，仍然掩不住失落和遗憾。

时至今日，很多学子高考时之所以填报中山大学的志愿，竟然还是因为陈寅恪曾在中山大学执过教。可见陈寅恪在中山大学的印记，已深深融入这所南粤大学的历史和文化。

第二节 教授的教授

1. 何谓"教授的教授"

从现有的资料来看,对陈寅恪之"教授的教授"的美称是从清华开始的,之后渐渐流传开来。

陈寅恪自1926年留学回国,就任清华大学研究院教授,之后,又成为清华大学唯一的中文系、历史系"合聘教授"。在很短时间内,陈寅恪实现了从"三无"教授到"盖世奇才"的华丽转身。由于这转换力度太大,太不可思议,出于好奇,很多教授过来旁听陈寅恪的课也在情理之中。慢慢地,旁听陈寅恪课的教授多了以后,有好事之人就给陈寅恪送了一个"教授的教授"之美称。第一个称呼陈寅恪为"教授的教授"的到底是谁无法查证。季羡林在《回忆陈寅恪先生》一文中说,史学家郑天挺对陈氏有此称,但未明是否是首称。

总之,陈寅恪被誉为"教授的教授"是事实,并且这种美誉流传甚广。那么应该如何理解这"教授的教授"呢?从学理角度看,它应包含以下三层含义:一是说教授也把陈寅恪当老师,并以学生的身份经常聆听陈寅恪的课;二是教授的很多学生以后都成了教授,从而来彰显陈寅恪对教育所做的贡献;三是对陈寅恪的一种昵称而已?

应该说这三种解释,在陈寅恪这里,都是可以接受的。先说第一层含义,这是现在学界广泛认可的一种解释。事实上也确实有教授经常听陈寅恪的课,比如陈寅恪在清华执教时的吴宓教授,在联大执教时的冯友兰教授,在燕大执教时的金陵大学高文教授,都曾是陈寅恪最忠实的"学生",甚至上课比真正的学生都积极——在一定时期内,凡是陈寅恪授课,几乎不会缺勤。至于说旁听过陈寅恪授课的教授就更多了，像朱自清、刘文典、林思进等等都旁听过。

对于第二种解释，应该是最合理的，其教授数量也比第一种解释所包含的人数庞大得多。以陈寅恪在清华的第一批三十六名学生为例，刘节、陆侃如、戴家祥、王力、全哲、颜虚心、姜亮夫、周传儒、刘盼遂、姚明达、谢国桢、吴其昌等，后来哪一个不是响当当的教授！由此所指的"教授的教授"之定义，当最富实际意义。

至于第三种解释，其实是对前两种解释的归纳。试想一下，一个曾授课几十年的优秀教授，在如此长的教学生涯中，怎么会没有被其他教授旁听过？而他所教过的学生，后来也自会有成为教授的。所以"教授之教授"一说，对陈寅恪来说，只是讲了实情，并不算过誉。

2. 吴宓教授之教授

吴宓教授（1894—1978），陕西省泾阳县人，字雨僧、玉衡，笔名余生，中国现代著名外国文学家、比较文学家、诗人，曾任国立东南大学（1949年更名南京大学）文学院教授（1926—1928），国立西南联合大学外文系教授，1941年当选教育部部聘教授，1950年起任西南师范学院（现西南大学）历史系（后转中文系）教授。吴宓教授作为清华国学研究院创办人之一，可以说学贯中西，融通古今。另外他的著述也很丰富，如《吴宓诗集》《文学与人生》《吴宓日记》等。

1921年，吴宓从美国哈佛大学学成归国，即受聘在国立东南大学文学院任教授，讲授"世界文学史"等课程，并且常以希腊罗马文化、基督教文化、印度佛学整理及中国儒家学说这四大传统作比较印证。期间开设的"中西诗之比较"等课，开中国比较文学研究之先河。之后吴宓教授先后任东北大学、清华大学、西南联大、武汉大学、西南师范学院等高等院校的教授，执教几十年，为国家培养了大量优秀人才。

吴宓教授和陈寅恪教授从哈佛同窗、清华共事、联大流亡、燕京授业直到劳燕分飞、鸿雁往还，建立了贯穿一生长达五十余年的深厚情谊。这种情谊自是知己之谊，在吴宓这里还有"师生"之谊。

理由一，吴宓教授曾经像学生一样上过陈寅恪的课。陈寅恪在清华执教期间，有一个时期，吴宓教授像一个真正的学生一样，按时地上陈寅恪的课，几乎堂堂不落，其认真和专注的学习态度，甚至连陈氏真正的弟子都自愧不如。从这个角度说，他们之间虽然没有师徒之分，却实在具有师徒之实。

理由二，吴宓教授一直把陈寅恪视作老师。吴宓教授对陈寅恪的学问十分佩服。吴宓曾说："陈君中西学问皆甚渊博，又识力精到，议论透彻，宓倾佩至极。古人'闻君一夕话，胜读十年书'信非虚语。"吴宓将陈寅恪视作老师，不仅仅停留在口头上，而是有实际行动。他不仅学问方面经常向陈寅恪请益，甚至连极私密的爱情，也征求陈寅恪的意见。

理由三，1945年陈寅恪在成都住院期间，吴宓教授尽到了作为"弟子"应尽的陪护义务——这是陈氏真正的弟子也没有做到的。陈寅恪住院以后，吴宓起床后的第一件事就是去医院探望陈寅恪。很多时候上午刚刚探望过，下午又到医院来陪护。有一段时间，陈寅恪的夫人唐筼因劳累过度不能来陪他，吴宓便天天去医院相陪。陈寅恪这次住院，在医院前后待了将近五十天，而吴宓陪护至少有二十七天。

其实，吴宓教授视陈寅恪为师的证据还可以找到很多，这里就不一一罗列了。

3. 冯友兰教授之教授

冯友兰（1895—1990），字芝生，河南省南阳市唐河县祁仪镇人，中国当代著名哲学家、教育家，先后任中州大学、清华大学、西南联合大学、广东大学、北京大学教授。冯友兰教授一生著述甚丰，其中《中国哲学史》《中国哲学简史》《中国哲学史新编》《贞元六书》等已成为20世纪中国学术的重要经典，对中国现当代学界乃至国外学界影响深远。

　　冯友兰教授一生勤勉，毕生以复兴中华传统文化、弘扬儒家哲学思想为己任。如果说，冯氏前期的治学旨趣在于整理研究中国传统哲学，而只可称其为哲学史家的话，那么，他后期的治学路径则重在以"六经注我"的精神，运用西方新实证论哲学重新诠释、阐发儒家思想，以作为中华民族复兴之理论基础。他在抗战时期写成的以《新理学》为核心的"贞元六书"构成了一套完整的新儒家哲学思想体系。

　　仅比陈寅恪小五岁的冯友兰教授，早年留学哈佛时，就非常仰慕陈寅恪。在西南联大时，每当陈寅恪讲授"中国哲学史"，已任联大文学院院长的冯友兰教授，总是恭敬地跟着陈先生从教员休息室里出来，一边走一边听陈讲话，直至教室门口，才鞠个大躬，然后分开，目送陈寅恪走上讲台，自己则在台下选择一个位置坐下，一丝不苟地安静听课做笔记。

　　关于冯友兰教授听陈寅恪讲课这个细节，很多人的文章里都有过大体不差的记载。有论者注意到，在这个细节当中，冯友兰教授只听陈寅恪的哲学课，而陈寅恪上哲学课时所使用的教材是《中国哲学史》，但不知道是否就是冯友兰教授所写的那本。如果是，则陈寅恪所讲的正是冯友兰的哲学思想。但持此论者却忽视了另一个细节，即陈寅恪每每在讲课前都要声明：别人讲过的东西，他不讲；他只讲自己未曾讲过的东西。这一条声明，凡听他课的人，包括教授、学生，都证明不是虚言。因此陈寅恪所讲《中国哲学史》，应该不是冯友兰教授的。（1930年清华大学指定陈寅恪审读冯友兰《中国哲学史》上下册，似应说明在中国哲学史研究领域，陈寅恪也相当厉害。）所以，才会引起冯氏的极大兴趣。他的确是抱着学习的态度来虚心听陈讲授的。

4. 季羡林教授之教授

季羡林（1911—2009），北京大学终身教授，山东省聊城市临清人，字希逋，又字齐奘，国际著名东方学大师、语言学家、文学家、国学家、佛学家、史学家、教育家和社会活动家，历任中国科学院哲学社会科学部委员、聊城大学名誉校长、北京大学副校长、中国社会科学院南亚研究所所长等职。

相比较而言，陈寅恪在季羡林这里，"教授的教授"的说法比吴宓、冯友兰应该更正宗一些，因为季羡林算得上陈寅恪真正意义上的学生。季羡林也以弟子的身份写过多篇回忆老师陈寅恪的文章。下面我们就摘录几段季羡林《回忆陈寅恪先生》文章中的部分章节，以此来印证季羡林教授之教授——陈寅恪之美称的实至名归：

> 要论我同寅恪先生的关系，应该从六十五年前的清华大学算起。我于一九三〇年考入国立清华大学，入西洋文学系（不知道从什么时候起改名为外国语文系）。西洋文学系有一套完整的教学计划，必修课规定得有条有理，完完整整。但是给选修课留下的时间是很富裕的。除了选修课以外，还可以旁听或者偷听。教师不以为忤，学生各得其乐。……
>
> 就在这个时候，我旁听了寅恪先生的"佛经翻译文学"。参考书用的是《六祖坛经》，我曾到城里一个大庙里去买过此书。寅恪师讲课，同他写文章一样，先把必要的材料写在黑板上，然后再根据材料进行解释，考证，分析，综合，对地名和人名更是特别注意。他的分析细入毫发，如剥蕉叶，愈剥愈细愈剥愈深，然而一本实事求是的精神，不武断，不夸大，不歪曲，不断章取义。他仿佛引导我们走在山阴道上，盘旋曲折，山重水复，柳暗花明，最终豁然开朗，把我们引上阳关大道。读他的文章，听他的课，简直是一种享受，无

法比拟的享受。在中外众多学者中，能给我这种享受的，国外只有亨利希·吕德斯（Heinyich Luders），在国内只有陈师一人。他被海内外学人公推为考证大师，是完全应该的。这种学风，同后来滋害流毒的"以论代史"的学风，相差不可以道里计。然而，茫茫士林，难得解人，一些鼓其如簧之舌惑学人的所谓"学者"，骄纵跋扈，不禁令人浩叹矣。寅恪师这种学风，影响了我的一生。……

总之，我在清华四年，读完了西洋文学系所有的必修课程，得到了个学士头衔。现在回想起来，说一句不客气的话：我从这些课程中收获不大。欧洲著名的作家，什么莎士比亚、歌德、塞万提斯、莫里哀、但丁等等的著作都读过，连现在忽然时髦起来的《尤利西斯》和《追忆似水年华》等等也都读过。然而大都是浮光掠影，并不深入。给我留下深远影响的课反而是一门旁听课和一门选修课。前者就是在上面谈到的寅恪师的"佛经翻译文学"；后者是朱光潜先生的"文艺心理学"，也就是美学。……

在清华时，除了上课以外，同陈师的接触并不太多。我没到他家去过一次。有时候，在校内林荫道上，在熙往攘来的学生之流中，会见到陈师去上课。身着长袍，朴素无华，肘下夹着一个布包，里面装满了讲课时用的书籍和资料。不认识他的人，恐怕大都把他看成是琉璃厂某一个书店的到清华来送书的老板，决不会知道，他就是名扬海内外的大学者。他同当时清华留洋归来的大多数西装革履、发光鉴人的教授，迥乎不同。在这一方面，他也给我留下了毕生难忘的印象，令我受益无穷。[①]

[①] 梁启超等：《大先生：大师谈大师》，国际文化出版公司2016年版，第126－128页。

第三节 可以托付生命的弟子

1. 蒋天枢

在陈寅恪众多的弟子中，蒋天枢可说是陈寅恪可以托付生命的最佳人选，所以在晚年陈寅恪才会将其百年之后最重要的事情——著作整理出版之事托付给蒋天枢。蒋天枢也没辜负恩师重托，出色地完成了任务。

蒋天枢（1903—1988），字秉南，早字若才，江苏丰县人，中国古代文学专家，复旦大学资深教授。蒋天枢青年时代就读于无锡国学专修馆；1927年考入清华国学研究院，师从陈寅恪学习文史。1929年，他从国学研究院毕业后，曾任东北大学教授。自1943年起，他担任复旦大学中文系教授；1985年后转任复旦大学古籍整理研究所教授。早年在清华时期，蒋天枢专攻清代学术史，毕业时所写论文《全谢山先生年谱》，以扎实的考据而得梁启超的赞誉。抗战时期，蒋天枢转而致力于先秦两汉文学与《三国志》的研究；20世纪50年代起专攻《楚辞》，晚年出版有《楚辞论文集》《楚辞校释》等著作。

蒋天枢是陈寅恪担任清华大学国学研究院导师以来的第二批学生，也是陈寅恪最得意的门生之一。在清华期间，他们师生之间就情谊甚笃。蒋天枢清华毕业后，师生情谊并没有随着时间的推移而消减，而是不断得到升华。虽然1949年以后师生间由于天各一方很少见面，但多年来一直都通信不断。

1964年，在陈寅恪75岁大寿之际，蒋天枢专程从上海赶来给多年未见的老师祝寿。已过花甲的蒋天枢再次见到老师，激动得竟然忘记了自己的年龄。年迈的陈寅恪见到最中意的弟子同样甚感慰藉。这期间，陈寅恪向蒋天枢托以"后事"——将其著作整理出版，并写下了带有"遗嘱"性质的《赠蒋秉南序》一文。

有一个细节更能说明蒋天枢是可以托付生命的弟子。在陈寅恪托付蒋天枢那天，恰好陈夫人唐筼不在，没有人招呼蒋天枢。已双目失明的陈寅恪自未觉察到这个情况，神情庄重地、自顾自地对蒋天枢说话……结果蒋天枢就一直毕恭毕敬地站在老师床边听着，几个钟头始终没有坐下。

蒋天枢为整理老师的著作呕心沥血，甚至几乎放弃了自己学术成果的整理，全力搜集校订、编辑陈寅恪的文稿。18年后的1982年，300余万言的《陈寅恪文集》（七种）由上海古籍出版社正式出齐，蒋天枢在自己80岁的时候终于完成了恩师的嘱托。《陈寅恪文集》基本保持了陈寅恪生前所编定的著作原貌，作为附录还出版了由蒋天枢编撰的《陈寅恪先生编年事辑》。

更让人感动的是，《陈寅恪文集》出版后，出版社汇给蒋天枢3000元整理费，结果他一分钱也没有收，全部退还给了出版社。因为在蒋天枢看来："学生给老师整理遗稿，怎么可以拿钱呢！"

2. 刘节

如果说蒋天枢是被陈寅恪视为可以托付生命的弟子，而刘节则是可托而没有托的弟子，并且刘节也同样是陈寅恪治学精神的坚守者。

刘节（1901—1977），原名翰香，字子植，温州朔门人。其早年毕业于浙江省立第十中学（今温州中学），就读于上海私立南方大学哲学系，后因参与学潮，被校长江亢虎开除，遂转入上海国民大学哲学系，1926年大学毕业后，以优异的成绩考入清华国学研究院，师从陈寅恪。他于1928年以优秀成绩毕业，当时的论文是《中国古代哲学之起源》。后来他曾短暂留校，继续搞研究。他的代表作《中国史学史稿》，对于历代修史制度、史籍之宏富多样和著名史家的成就均有翔实的论述；其见解独到，尤其重视历史哲学的发展，是中国史学史学科重要代表作之一，著名史学家白寿彝先生称誉本书为"必传之作"。

刘节为清华国学研究院第二届学生，同时也是陈寅恪执教以来的第一批32个学生之一，所以一直为陈寅恪所看重。刘节考入清华国学研究院，专攻中国哲学史，其学习成绩稳居这届学生的第二名，所以刘节得到陈寅恪更多的关爱是理所当然的事情。

1927年6月，清华国学院导师王国维自沉昆明湖，刘节等请恩师陈寅恪撰文纪念。陈寅恪在《王观堂先生纪念碑铭》中写道，"惟此独立之精神，自由之思想，历千万祀，与天壤而同久，共三光而永光"；"思想而不自由，毋宁死耳。斯古今仁圣所同殉之精义，夫岂庸鄙之敢望"。陈寅恪此文在刘节思想深处打下深深烙印，甚至影响了他一生的治学和做人。

投之以桃，报之以李。刘节不但继承了其师陈寅恪的治学精神，而且还对陈寅恪生活上处处关心。清华国学院毕业之后，刘节不但时刻留意着恩师消息，每每打听到恩师的近况就会兴奋地记入日记中，而且还不远千里数次专程拜望恩师。尤其是和陈寅恪共同执教于中山大学之后，刘节对他的关心和敬重就来得更加直接。

1952年以后，刘节升任中山大学历史系主任。此时刘节和陈寅恪的关系不仅是师生关系，还是同事关系。不管身份怎样变化，刘节都只认陈寅恪是其恩师这一层关系，一直对陈寅恪执弟子礼。逢年过节，刘节去拜望陈寅恪时，必对老师下跪行叩头大礼，一丝不苟，又颇为自然。刘节经常对他的学生说："你们想学到知识，就应当建立师生的信仰。"

1968年初，红卫兵要抬陈寅恪先生去大礼堂批斗，刘节挺身而出，自替老师去挨斗。批斗会上，红卫兵们对刘节轮番辱骂、殴打，之后又问刘节有何感想。刘节昂起头，答："我能代替老师挨批斗，感到很光荣！"结果刘节得到红卫兵们更加猛烈的拳脚回应。

3. 王永兴

在陈寅恪心目中，王永兴也应该属于可以托付生命的弟子。

王永兴（1914—2008），辽宁省昌图县人，1934年至1940年就读于清华大学、西南联大中文系、历史系；1943年至1945年，任西南联合大学历史系助教；1945年至1946年，任北京大学文科研究所研究助教；1946年至1952年，任清华大学历史系讲师；1952年至1955年，任清华工农中学常务副校长；1955年至1958年，任人民教育出版社编辑；1958年至1978年，在山西省教育学院任教，曾参加中华书局点校"二十四史"的工作；1978年调至北京大学历史学系任教。王永兴一生著述甚丰，主要有《隋末农民战争史料汇编》《隋唐五代经济史料汇编校注》《唐勾检制研究》《陈门问学丛稿》《唐代前期军事史略论稿》《唐代后期军事史略论稿》《陈寅恪先生史学述略稿》等。

从王永兴不但是陈寅恪学生，还曾是其助手这一点来看，王永兴在陈氏心目中的分量还是很重的。因为陈寅恪对助手的选择一向是很慎重和挑剔的。至于说陈寅恪最后为何将最重要的身后事托于蒋天枢，而没有托于王永兴，一个很自然的原因是当时蒋天枢正好在陈寅恪身边。假设陈寅恪把此事托付给王永兴，王永兴应该也不会有负所托的。

师徒之间的默契，有些需要书信来延续，而有些完全可以隔空进行心灵对话。陈寅恪和蒋天枢之间属于前者，而陈寅恪和王永兴的默契显然属于后者。王永兴曾说过："我现在记忆很坏，但是寅恪先生的事我记得很清楚。"

从1946年到1948年，陈寅恪备课讲课时，王永兴始终陪在陈寅恪身边，为陈寅恪读《通鉴》和多种史籍，又检视史料。陈寅恪口授王永兴抄写讲课纲要，上课时王永兴便替恩师在黑板上写出史料。在三年间的一千多个日日夜夜里，王永兴一直陪侍在陈寅恪左右，任劳任怨，睹者无不啧啧赞叹。

当 1948 年底陈寅恪最后一次离开北京时，与他待在一起的最后一个学生，也是王永兴。1988 年，在中山大学召开的"纪念陈寅恪教授国际学术讨论会"上，王永兴的回忆文章记述了这一历史画面：

> 一九四八年十二月，自东北南下的解放军攻占昌平，国民党败兵有些逃到清河，离清华园不远，清华校内人心惶惶。先生、师母都已年老，又都体弱多病。在战火临近之际，只能回避南去。北平城内的胡适先生打来电话说，一二日内有飞机飞南京，可能是从北平南去最末一班飞机，可以给寅恪先生一家保留座位，要求寅恪先生一家立即进城等待，明日早晨派汽车来接。事情这样紧急。晚饭后，我立即来先生家，在书房里，先生、师母和我商量明晨进城的准备。时间很短，先生吩咐：我协助师母挑出先生要带走的书籍稿件，装满一皮箱。夜深，师母回卧室。我待在先生身旁，心中感到凄苦。先生南去，不知何时再回清华，不知何时再为先生读《通典》，再为先生写黑板，再陪侍先生散步。先生很平静，问我今后有何打算，如何安排。师母本已嘱咐我不要问先生南去后的计划，免得先生不愉快。我忘记了她的嘱咐，突然问先生，到南京后如何安排？先生看出我心情不平静，不仅未生气，反而平静而慈祥地说："岭南大学的陈序经校长、王力先生邀我去岭南大学，在南京小住几天，就去广州。广州的天气好，岭南大学的自然环境好，可以久居，不再去别处了。"这是我和先生的最后谈话，但万万想不到，此后就再也见不到先生了。

王永兴深得陈寅恪衣钵。他在之后的治学路上，一直遵循恩师"长编考异"之法，稽玄钩沉，爬梳剔抉，做出了丰硕成果。他主编的五大册《敦煌吐鲁番文献研究论集》，已成为敦煌学史上的一座里程碑。他以弘扬恩师学问为己任，不辞辛劳地整理陈寅恪的读书札记，主编《纪念陈寅恪先生百年诞辰学术论文集》；又特别钻研恩师的治学方法，撰成《陈寅恪先生史学述略稿》以抒心曲，为后学研究陈寅恪的史学思想打开了方便之门。

4. 许世瑛

在陈寅恪的众多弟子中，许世瑛应该也算得上一位可以托付的弟子。虽然1949年以后，师徒一个在大陆一个在台湾，但千山万水也阻挡不住弟子许世瑛对恩师的无限思念。

许世瑛于1930年秋考入清华大学，师从陈寅恪研究语言声韵学和历史。他以后在镇江中学、燕京大学和辅仁大学等校执教。抗战胜利后，其随父赴台任职，曾任台湾大学、台湾师范大学、淡江大学、辅仁大学教授。1962年，被台湾"教育部"聘为指导博士生教授。许世瑛一生著述甚丰，主要有《中国目录学史》《中国文法讲话》《常用虚字浅释》和《论语二十篇句法研究》等等。

许世瑛对老师陈寅恪好像有一种只有亲人才有的那种时刻牵肠挂肚的感情。1969年3月初，就在陈寅恪去世前半年，许世瑛似乎心灵有所感应一样，身体迅速垮了下去，不得不住进了台北荣民医院。住进医院的许世瑛更加思念老师。要知道病人是最忌讳情绪激动的，结果这直接或间接地导致许世瑛双目失明和行动不便。陈寅恪去世以后，由于信息不通，许世瑛还在天天祈祷恩师能够健康长寿。直到三个多月后的1970年元月27日，许世瑛才辗转听到了陈寅恪的死讯，当即哭得死去活来。

或许是陈寅恪之死让许世瑛悲伤过度，致使本就虚弱的身体更是雪上加霜。不久，许世瑛便追随恩师而去。

许世瑛在逝世前，于1970年2月1日写下一篇题为《敬悼陈寅恪老师》的长文，寄托哀思。纵观整篇文章，都是对老师的深情厚意。这里摘录几段，以见许世瑛对陈寅恪的一片冰心：

去年（1969年，笔者注）三月八日我进入台北荣民医院，由该院眼科主任林鹤鸣大夫割治白内障，取出水晶体后，发现网膜剥落，返家休养直到今天还不能动第二次手术粘贴网膜。在这十一个月，因为双眼失明，行动不便，颇感苦恼，使我更想念寅恪师。寅恪师在抗战期间两目失明，他所感受的苦痛和我现在一样。

元月二十七日上午内子华姗为我读当天的"中央日报"副刊壶公先生所写《陈寅恪先生之死》，才知道寅恪师已于去年十月初在广州中山大学教授宿舍中与世长辞了，我内心感到无比的伤痛！回忆我在民国二十五年夏天，我应江苏省立镇江中学之聘，临行时曾去寅恪师寓所辞行，他还亲切地和我谈了三十分钟的话。翌年七月六日，我从镇江回到北平，本打算在城内停留一两天以后，就去清华园拜谒恩师，没想到第二天卢沟桥事变发生，使我没有机会再回到母校去晋谒恩师了。三十七年秋天傅斯年先生出长国立台湾大学校长，很想邀请寅恪师来台大任教，他因失明又多病留在广东岭南大学。这样一来台湾青年便无缘立雪于陈先生之门而亲受其教诲，如今陈师已归道山，青年后学再也没有机会能够亲炙于他老人家了。

5. 陈守实

陈守实（1893—1974），我国著名历史学家，江苏武进人，别名漱石，字淮佩，号哭云，室名冷庵。1925年，陈守实考入清华学校国学研究院。1927年，陈守实毕业以后，先后在南开大学、大夏大学、中山大学、安徽大学、广州勤勤大学、暨南大学、之江大学、复旦大学任教。陈守实治学涉猎甚广，如明清史、哲学史、史学史、文献史、佛学等。陈守实著述甚丰，先后出版论著有《明清之际史料》（1927年）、《〈金史〉忠义传完颜彝战迹及年月考》（1927年）、《清初奴患》（1928年）、《明史抉微》（1928年）、《关东西汉史学家考证中国边疆史地的态度问题》（1934年）、《蒙古斡哥歹汗南征时之完颜绰华善》（1935年）、《中国封建社会发展法则中之寄生层》（1946年）、《克拉维约东传记》（1946年）、《明初与帖木儿关系试探》（1947年）、《文献学的新解蔽》（1948年）、《中国农民战争组织形态》（1951年）、《读"永禁机匠叫歇碑记"》（1959年）、《跋苏州织造局志》（1959年）、《论曹魏屯田》（1960年）、《我国历史上的义仓制度》（1961年）、《土地问题简论》（1962年）、《关于王船山史论的现实问题》（1962年）、《特种"隶属状态"的历史考察》（1979年）、《曹操与天师道》（1979年）、《中国农民战争史散论》（1979年）、《农民战争与宗教》（1980年）及《明史散论》《简论〈太平经〉》《先秦土地问题》《秦汉土地问题》《跋"土官底薄"》等等。

可能大家都知道陈守实与梁启超的师生情谊很深，殊不知陈守实与陈寅恪的师生情谊更深。

陈守实是清华国学研究院的第一批研究生，跟蒋天枢和刘节一样，都曾是陈寅恪的得意门生。俗话说烈火见真金，他在非常时刻对恩师陈寅恪的守护，感人至深。1958年，全国历史系都在批陈寅恪，当时陈守实在复旦大学任教。有一次历史系召开批斗陈寅恪的大会，所有人都踊跃发言，唯独陈守实稳如泰山坚决不批。不但不批，而且还能找出理直气壮的理由来，可见维护老师的立场是其一贯的，决不是一时兴起。

还有一次，刚刚下课时，陈守实的学生突如其来全部齐刷刷地站起来，质问陈守实为什么不批陈寅恪。陈守实平常比较随便，戴着的八角帽会随意地放在讲桌上。自己的学生突然闹出如此举动，陈守实自是非常愤怒，抓起讲桌上的八角帽就往台下扔去，随后摔门而去。

要知道在那个年代，不随波逐流是要冒很大风险的；而在那样的环境中陈守实之所以敢于旗帜鲜明地站在陈寅恪一边，除了坚持真理的勇气之外，另一个重要因素就是对恩师的敬仰和情谊了。

6. 翁同文

翁同文（1915—1999），也算得上是陈寅恪可托付的弟子之一。陈寅恪去世后，在翁同文撰写的《追念陈寅恪师》一文里，字字透溢出弟子对老师的敬仰和深情。

翁同文是一个精于考证的史学家。治学几十年，翁同文的研究每每"语出惊人"。他自述其往年不同题材的专题论文都属微观史学，而中西文明属宏观史学。由于中华人民共和国成立之前，翁同文便已移居海外，所以关于翁同文的研究文献在内地并不好寻。

1915年，翁同文生于浙江泰顺县翁山外垟村的一个书香世家，曾祖翁鹤鸣、祖父翁寿祺均是前清监生，父亲翁柽则是民国的一位开明县长。因翁同文出生时恰逢农历五月初五端午节，与战国时孟尝君田文生日相同，故其父为其取名为"同文"。

翁同文于1935年考入清华大学历史系，抗战期间转到昆明西南联合大学文学院，其间一直在陈寅恪门下，深受陈寅恪器重和偏爱。大学毕业后，翁同文留在西南联大师范学院教育系任助教，后又执教于国立东方语文专科学校、云南大学、上海圣约翰大学等。

1948年，翁同文自费赴英国留学，从此开始了长达三十年的国外生活。在旅居欧美期间，翁同文遍游各大博物馆及书廊，对中国艺术特别是绘画史深有研究。

自唐代以来很多画家于史载生卒不明，或事迹可疑。翁同文循此而对中国绘画史考证产生了浓厚兴趣，先后撰写出《画人生卒年考》《郭畀非郭祐之考》《所谓唐张萱明皇合乐图当是宋画》等论文多篇，考证还原出中国绘画史的一个个应有真相。例如，翁同文在《郭畀非郭祐之考》一文中指出，自明代以来一直公认的"元代著名画家郭畀,字天锡,号思退,又字祐之,号北山"之说,其实一直是谬传。在该文中翁同文凭着种种原始材料,证明郭畀与郭祐之其实是两个人,一个是画家,一个是收藏家,这便恢复了历史的本来面貌。

另外,翁同文还考证出了天地会的真正起源。天地会是清初"反清复明"的秘密社会组织。虽然有关研究论著颇多,不过其究竟起源于何时何地,由谁创立,因何创立,一直没有定说,遑论信史。翁同文通过考证,撰写出《康熙甲寅"以万为姓"集团余党建立天地会考》,从而揭开了天地会起源的真相,破解了天地会研究最为困难的问题。该文在1975年一经发表便石破天惊,震动学术界。

1977年,应台湾东吴大学邀请,翁同文赴台湾任该校历史系教授,主要讲授唐宋史,直至退休后,被东吴大学继续聘用。来到台湾之后,翁同文虽年事已高,仍研究、工作两不误,陆续出版专著《中国科学技术史论丛》《艺林丛考》《四库提要拾补》等六部,论文八十一篇,待出版遗著七部。

翁同文的研究领域颇为宽广,又由于具有渊博的学识和开阔的眼界,能在研究方法上融会贯通,取中外史学之所长,所以其创见也很多。他尤其在宋史、魏晋南北朝文化史、四库提要、科学技术、古文献考证等方面,研究成果更是独到。

7. 汪篯

汪篯(1916—1966)虽然在请陈寅恪赴京就任一事上,遭到恩师陈寅恪训斥,但这并不能改变他曾是陈寅恪的高徒与助手的事实。此后,虽然陈寅恪对汪篯很不待见,但在汪篯的心目中陈寅恪仍是自己永远的恩师。

长期以来,人们因为此事对汪篯多有微词。其实,这是对汪篯的误解和不公。首先,汪篯是出于对老师的敬仰和热爱,才会主动请缨到广州请陈寅恪的;至于说给陈寅恪带来了什么感受,倘认真追究，错也不一定全在汪篯身上。

纵观汪篯一生，其治学严谨，深得恩师陈寅恪真传；何况汪篯与陈寅恪一样，也是命途多舛，甚至可以说更加悲惨。

汪篯作为陈门弟子，在1957年反右、1958年"拔白旗"、1959年仅右倾的历次政治运动中，都受到猛烈冲击，身心遭到巨大创伤。1966年初夏，"文革"风潮刚刚兴起，在北大校园内，历史系教授汪篯便早早地被揪了出来。北京大学历史系的学生们特意在汪篯家的房门上贴上了"封条状"的大字报，以示警告。第二天，当造反派们前来检查时，发现大字报竟变成了几块碎片。愤怒的造反派们开始指责汪篯仇视"文革"，故意破坏捣乱。事情很快被告发到中央"文革"驻北大工作组。工作组即责令汪篯当面向造反派认错并把大字报贴好复原。汪篯被押回家中按工作组的要求一一照办，但他的内心却感受到一种强烈的羞辱。

《礼记》云：儒者"可杀而不可辱也"。当天夜里，汪篯已被压抑了近十年的精神彻底崩溃。在理智失去控制的情况下，他打开家中杀虫剂喝了下去。不久，毒性发作，汪篯痛苦不已，开始在家中号叫并且以头撞击水泥墙。邻居在漆黑的夜晚听到隔壁突然传出如此凄厉可怕的声音，于惊恐中急忙招呼众人前来施救，但房门反锁无法进入。当众人把门强行撞开时，汪篯早已一命归天。时在1966年6月11日，汪篯年仅50岁。

汪篯毕生从事隋唐史研究，可惜身后文稿札记大部分佚失。未遗失的22篇论文由唐长孺、吴宗国、梁太济、宋家钰、席康元等学者编选为《汪篯隋唐史论稿》一书，于1981年1月由中国社会科学出版社正式出版。

8. 金应熙

世人都认为金应熙（1919—1991）是陈寅恪"终生不肯原谅"的两个学生之一。其实，此说值得商榷。首先，作为大师的陈寅恪想必是有大师的容人之量的。所谓"终生不可原谅"之说或许只是后人的一面之词，陈寅恪内心未必就如此想。当然，陈寅恪一时有气愤，也在情理之中。其次，老师也不是完全不可以批评。金应熙的文章从总体上看，"大批判"色彩极重，但在具体问题上，也不是完全没有道理。再者，金应熙对恩师的批判，还有其特定的时代背景。如果把时代的错，一股脑儿地全算在学生身上，那也有失公允。

金应熙是陈寅恪于1940年秋至1941年底在香港大学任教时的学生，深受陈寅恪器重，曾被人誉的陈门三大弟子之一。1953年以后，金应熙任中山大学教授，与陈寅恪同在历史系任教。1958年，郭沫若公开发表文章批评陈寅恪，中山大学经常组织学者对陈寅恪进行批判。在这样的批判浪潮中，金应熙并不是主动要去批判，而是被某权威人士命令去"批陈"（据说他最初接收任务时，曾"面露难色"）。金应熙这才写了《批判陈寅恪先生的唯心主义和形而上学的史学方法》，发表在1958年第10期《理论与实践》上。这篇文章因为出自弟子兼助手之手，的确令陈寅恪很是伤心，但是否从此"就不再视其为弟子了"，且"终生不可原谅"，因为没有确凿的证据可循，只能算作一桩疑案。

金应熙教授在学术上受陈寅恪与许地山（也是金应熙读香港大学中文系时的老师）影响很大，善于抓第一手史料，且能自如钩稽贯穿、考辨分析，科学地探求历史源流与成因，在中国古代史、中国近现代史、职工运动史、东南亚史、思想史等领域的研究中，均有较高学术成就。他还是香港史研究领域公认的开拓者和奠基人之一。

中央文史研究馆馆员、原中国史学会会长戴逸教授在其主编的《香港今昔谈》序言中说："应熙是一位凝重宽厚的学者，彬彬有君子之风，他对待工作是那样认真负责，一丝不苟；对待学问是那样谨严勤奋，锲而不舍；他多才多艺，中外古今，无不涉猎。他具有清晰的思辨，卓越的才干，真挚的情谊，体现了传统的中国知识分子的才华与美德。"戴逸先生之言，应是中肯的，实事求是的。

9. 周一良

陈寅恪"终生不肯原谅"的两个学生的说法到底是谁提出来的,不得而知,但周一良(1913—2001)却偏偏成为其中之一,确实令人叹惋。1935年,周一良在燕京大学历史系毕业后,即去燕大研究院深造。这期间,他听说陈寅恪学问既博且精,就去邻近的清华三院(清华园内)偷听陈寅恪讲魏晋南北朝史,引起后者注意。这样,周一良便成为陈寅恪的学生,他对陈寅恪的学问与见识佩服得五体投地。1936年秋,周一良经陈寅恪推荐,进入南京中央研究院史语所,成为助理研究员。他在那里待了约莫一年,在陈寅恪的引导下,边读书边写论文,由此进入魏晋南北朝史研究的堂奥,逐渐成为该领域的一位大家。他后来结集成的《魏晋南北朝史论集》(1963年)和《魏晋南北朝史札记》(1985年),为海内处学者普遍推重。在陈寅恪的影响下,他在敦煌学、东亚史、中外关系史乃至世界史诸领域,都颇有建树。应该说,陈寅恪当是周一良走上治学之路的领路人,至少是领路人之一。

1946年,周一良从哈佛大学留学归来,先后执教于燕大、清华等名校。他在北平期间,隔三岔五,就会登门拜访陈寅恪,对陈的态度极其恭谦。不用说,陈寅恪也非常欣赏周一良这位聪慧的弟子。

孰料十二年后"画风"陡变。1958年夏天,全国高校掀起批判陈寅恪史学思想的浪潮。周一良这时候出来在北大贴出大字报——《挖一卜厚古薄今的根》,将"厚古薄今"的根,"挖到昔日恩师的身上",一时为学林不齿。"文革"中为求上进,周一良竟然参加了"四人帮"搞的"梁效"写作组,这便更令人扼腕了。

好在"文革"后周一良尚能浪子回头,认真检讨自己,重回当年陈寅恪引导他所走的纯正的治学之路。这时候,他每每回忆起在"文革"中过世的恩师的音容笑貌,就痛苦不已。1999年11月底,中山大学举行第三次纪念陈寅恪教授国际学术讨论会。周一良其时重病在身，正坐在轮椅上，无法前往与会。不过，他却向会议提交了一篇题作《向陈先生请罪》的书面发言。他在那里面说："我相信我这个迷途知返的弟子，将来一旦见陈先生于地下，陈先生一定不会再以破门之罚来待我，而是像从前一样……就如同在清华新西院、纽约布鲁克林26号码头轮船上、岭南大学东南区1号楼上那样的和谐而温馨。"据说当时会议主持人代读完这份忏悔书时，会场一片唏嘘。两年后，周一良走完了他的人生历程，留给后人一段关于"红与黑"的思考。

第四章 患难朋友犹梦存
——高山流水，灵犀相通

第一节 王国维：风义平生师友间

1. 王国维之死

国学大师王国维（1877—1927），初名国桢，字静安，亦字伯隅，初号礼堂，晚号观堂，又号永观，谥忠悫，汉族，浙江海宁人。

1877年12月3日，王国维出生于浙江杭州府海宁州城内双仁巷。王国维七岁（1883年）起，先后入私塾师从潘紫贵（绶昌）及陈寿田先生，接受启蒙教育。1892年7月，王国维参加海宁州岁试，以第二十一名中秀才，同年赴杭应府试未取。1893年又赴杭应科试不第，1894年赴杭州考入崇文书院。毕业后，王国维在陈枚肃家做家庭教师。

1897年年底，王国维与同乡张英甫等谋创海宁师范学堂，并上呈筹款缘由，未果。1898年1月，王国维入《时务报》馆充书记（校对）；2月，入罗振玉所办东文学社；1901年在罗振玉资助下赴日本东京物理学校学习；1902年由东京返国，先后任教于南通师范学校、江苏师范学堂等。

1911年辛亥革命后，王国维携全家随罗振玉东渡日本，1916

年回国,随后在上海为英国人哈同编《学术丛编》,任编辑主任,兼仓圣明智大学教授。1922年年初,王国维出任北京大学研究所国学门通讯导师。1923年春,王国维经前清大学士升允推荐,到北京充任逊帝溥仪的"南书房行走"。1924年10月,冯玉祥发动"北京政变",驱逐溥仪出宫。1925年2月,清华学校国学研究院聘王国维为导师。

1927年6月2日,王国维于颐和园内昆明湖鱼藻轩自沉。8月14日,王国维被安葬于清华园东二里许西柳村七间房之原。

一转眼,王国维离开这个世界已经90多年了,但关于他的死因至今仍众说纷纭,没有定论。那么在众多的说法中,哪一种说法更接近真相呢?

第一种说法:"殉清"说。此说认为王国维为清朝遗老,对逊帝溥仪向有国士知遇之感——王国维以秀才身份,被溥仪破大清"南书房行走"须翰林院甲科出身的旧制而直召入"南书房"。有了这个思想基础再加上其遗老心态,当"覆巢"之危将再现之际,以自杀而"完节"应在情理之中。其实,这种说法并不可信。首先,王国维被授予的"南书房行走"已和辛亥革命前"南书房行走"有质的区别,在"南书房行走"任上仅一年有余的王国维,还不至于那样感恩戴德。其次,说到"完节"更谈不上,因为当时局势虽然危迫,但溥仪还安然无恙;何况王国维在自杀之前离开溥仪已久。

第二种说法:"惊惧"说。此说认为1927年春,北伐军进逼北方,而冯、阎两军先后易帜,投向国民党,京师震动。有人认为,王国维自杀是怕自己这个前清遗老落入北伐军手中,蒙受耻辱;又王视脑后辫子为生命,当时传言北伐军入城后将尽诛留有发辫者,所以与其被辱,莫若自我了断。此说和第一种说法一样,实在牵强。其实按顾颉刚和吴其昌的说法,王国维的辫子早在他于辛亥革命后东渡日本时就已剪掉。有的学者还指出,王国维头上实际是假辫子。倘如此,他又何惧北伐军来诛?

第三种说法:"谏阻"说。此说认为王国维投湖与屈原投江相似，是以"死谏"劝阻溥仪，切勿东渡日本（当时罗振玉秘密策划溥仪去日本避难）。这里的问题是：首先，王国维所处时代与屈原所处时代大不一样，王国维即使想"死谏"也无"国"（大清早亡）可恃。其次，王国维投湖之时溥仪正在天津作寓公，且他离开溥仪已两年，他向谁"死谏"（其遗书并未提及溥仪半个字）？所以"谏阻"一说不啻缘木求鱼。

第四种说法："诸因素"说。此说认为以一遗民绝望于清室的覆亡，以一学者绝望于一种文化的式微，遂"奋身一跃于鱼藻轩前"。此说无论在历史逻辑是文化逻辑上都讲不通。1927年距大清灭亡已有十五年。这个时候才来为皇家及其负载的文化唱挽歌，是否有些矫情？

第五种说法："逼债"说。此说指溥仪在其《我的前半生》中说：内务府大臣绍英委托王国维代售宫内字画，此事被罗振玉知悉，罗以代卖为名将画取走，旋以售画所得抵王国维欠他债务，致使王无法向绍英交代，王遂愧而寻死。这种说法由溥仪亲自说出来貌似可信，实为孤证。因为除溥仪之外，其他当事人（如罗振玉、绍英）都未出来指证。而溥仪之言本身不可全信，其《我的前半生》中有些记载已证明并不合史实。再说王国维虽然家贫，却并无重债在身——这从他留给儿子贞明的遗书可看出。

还有一种说法就是陈寅恪等提出的"文化殉节"说了。1927年陈寅恪在《王观堂先生挽词并序》里说："凡一种文化值衰落之时，为此文化所化之人，必感苦痛，其表现此文化之程量愈宏，则其所受之苦痛亦愈甚；迨既达极深之度，殆非出于自杀无以求一己之心安而义尽也。""盖今之赤县神州值数千年未有之巨劫奇变，劫尽变穷，则此文化精神所凝聚之人，安得不与之共命而同尽，此观堂先生所以不得不死，遂为天下后世所极哀而深惜者也。"中华人民共和国成立后，陈寅恪在《对科学院的答复》中又写道："我认为王国维之死，不关与罗振玉之恩怨，不关满清之灭亡，其一死乃以见其独立自由之意志。独立精神和自由意志是必

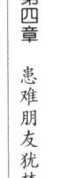

须争的，且须以生死力争。"我们对王国维之死因的六种说法加以比较，唯有陈寅恪之说切中肯綮。王国维正是因为沉溺传统文化太深太久，而对辛亥革命以来国人特别是上层人士的道德沦丧、文化精神丢失大感失望。他只能以死来同沦落的文化作切割，以死来唤醒民众重建中华道德、复振中华文化。陈寅恪早在1915年至1917年间便认识到中国传统文化沦落，因而毅然弃政而从文，试图担当起复振中华文化的大任。他深深理解王国维的痛苦，故在各种场合为王氏之死因发覆倡明。他不愧是王国维的知音，不愧是王国维遗嘱托付之人。

2. 忘年交

王国维与陈寅恪是于1926年陈寅恪进入清华国学研究院时才开始深交的，但相闻或相识则要追溯到陈寅恪于20年代初叶在柏林大学留学期间去巴黎结识法国汉学家伯希和了——见伯希和的介绍信就是王国维开的。[①] 正是有了这个铺垫，所以陈寅恪一到清华国学院（王氏乃于1925年入院），便很快与王国维进入友谊的"蜜月期"。当时陈寅恪住在清华园工字厅，王国维住清华园西园，尽管彼此政治思想不尽一致，但在治学内容及方法上，却是比较接近的，所以他俩成为亦师亦友的"忘年交"也是必然的。王国维过世后，陈寅恪在他的那篇七古《王观堂先生挽词》里写道，"许我忘年为气类，北海今知有刘备"，"回思寒夜话明昌，相对南冠泣数行"，讲的就是他们在寒夜围炉旁促膝切磋的事。那时国学研究院采购的外文书籍及佛道典籍，由陈寅恪审定；采购中文书籍，则交王国维定夺。他们心有默契，一中一外，极大地丰富了国学院的藏书，为国学院的迅速崛起打下雄厚的基础。

陈寅恪与王国维都嗜书如命。他们在商量工作、探讨学问之余，还常到北京海王村书肆淘书。这段快乐的经历被陈寅恪写在

---

① 参见袁英光：《略论王国维与陈寅恪》，《历史研究》1992年第1期。

《柳如是别传》中：

> 唯忆昔年寅恪旅居北京，与王观堂国维先生同游厂甸，见书摊上列有章氏此书。先生持之笑谓寅恪曰："这位先生（指章式之）是用功的，但此书可以不做。"时市人扰攘，未及详询，究不知观堂先生之意何在？特附记于此，以资谈助。①

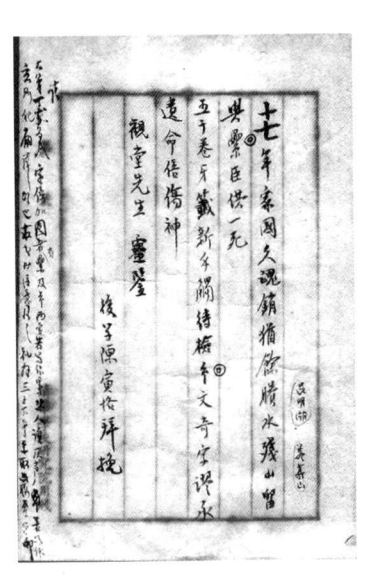

陈寅恪悼念王国维先生挽联

王国维的溘然离世，给陈寅恪心灵很大冲击。② 他含泪写出的长篇五古《王观堂先生挽词》（初名《吊王静安先生》）历数王国维的学术成绩、文化地位，情悲意伤，悱恻婉转，感慨深沉，含思悠长，读者无不扼腕黯然。吴宓在其《空轩诗话》第十二则中说："王静安先生自沉后，哀挽之作，应以义宁陈寅恪之《王观堂先生挽词》为第一。"《挽词》尾声那句"风义平生师友间"，概括了陈寅恪与王国维短暂而亲密的师友情。

3. 永恒的纪念碑

王国维自沉昆明湖后，人们在他的内衣口袋里发现一封写给其二子贞明的遗书：

> 五十之年，只欠一死。经此世变，义无再辱。我死后，

---

① 陈寅恪：《柳如是别传》下册，上海古籍出版社 1980 年版，第 1217 页。
② 姜亮夫：《忆清华国学研究院》说，在王国维先生的告别会上，他们二十几位学生行鞠躬礼，唯独陈寅恪行三跪九叩大礼。可见陈寅恪的悲伤及对王国维的敬重，超过他人。参见卞僧慧：《陈寅恪先生年谱长编（初稿）》，中华书局 2010 年版，第 102 页。

当草草棺殓,即行藁葬于清华茔地,汝等不能南归,亦可暂于城内居住。汝兄亦不必奔丧,因道路不通,渠又不曾出门故也。书籍可托陈、吴二先生处理。家人自有人料理,必不至不能南归。我虽无财产分文遗汝等,然苟谨慎勤俭,亦必不至饿死也。

五月初二日父字

在遗嘱中"书籍可托陈、吴二先生处理"之句,清楚地传达了王国维生前的一项重托——把自己最看重的整理书稿之事托付给陈寅恪、吴宓二人,足见王国维对二人的信任。

1929年夏,清华国学研究院停办,师生依依不舍,重忆起"四大导师"之一的王国维。先生逝去已有两年,其风范却长存于世间。为了纪念这位伟大的文化殉道者,大家集资修筑纪念碑,并委托王国维生前托付书稿的陈寅恪撰写碑文。陈寅恪应承下来,略加思索便完成碑文。

陈寅恪之所以答应为王国维撰写碑文,还想借此举阐述自己后来一贯主张的"独立之精神"和"自由之思想"。而陈寅恪这种思想的形成或许正是在当时得到完善并正式提出的,也就是说陈寅恪正是从王国维身上看到了这种可贵的"独立之精神"和"自由之思想",进而得以继承和发扬的。甚至可以说,此后陈寅恪数十年的学术追求和人生情怀,正是继承了王国维的这种可贵品质。

我们知道,陈寅恪在碑文中提出的"独立之精神"和"自由之思想",在其以后的人生历程和学术生涯中曾反复重申和阐述。这种

王国维手书遗嘱

阐述应当视为陈寅恪对这种思想的坚守，也包括对王国维的怀念。从这一点上来说，王国维远去另一个世界越久，两人的情谊也越深。

这座由陈寅恪撰写、林志钧书丹、马衡篆额、李桂藻刻石、梁思成设计的"海宁王静安先生纪念碑"，现在仍立于清华园二校门后第一教学楼北端后山脚下，在近百年风雨中见证着陈王两人的永恒友谊。这座学术界独一无二的纪念碑在众生喧哗、浮躁的当下，显得尤为独特和高贵。

这座尽人皆知的"海宁王静安先生纪念碑"，在广大学人心目中已成为一种精神的寄托、思想的向往和学术的象征。那么纪念碑上究竟写了什么，以至于在后世产生如此大的影响？我们还是从陈寅恪为王国维纪念碑所撰碑文中寻找答案吧——

> 海宁王先生自沉后二年，清华研究院同人咸怀思不能自已。其弟子受先生之陶冶煦育者有年，尤思有以永其念。佥曰："宜铭之贞珉，以昭示于无竟。"因以刻石之词命寅恪，数辞不获已，谨举先生之志事，以普告天下后世。其词曰：
>
> 士之读书治学，盖将以脱心志于俗谛之桎梏，真理因得以发扬。思想而不自由，毋宁死耳。斯古今仁圣同殉之精义，夫岂庸鄙之敢望。先生以一死见其独立自由之意志，非所论于一人之恩怨，一姓之兴亡。呜呼！树兹石于讲舍，系哀思而不忘。表哲人之奇节，诉真宰之茫茫。来世不可知者也，先生之著述，或有时而不章。先生之学说，或有时而可商。惟此独立之精神，自由之思想，历千万祀，与天壤而同久，共三光而永光。[①]

[①] 陈寅恪：《金明馆丛稿二编》，三联书店2015年版，第246页。

第二节 吴宓：双星银汉映秋华

1. 双星初识

1919年2月，吴宓和陈寅恪这两位后来在近代学术史上非常重要的学者在美国相遇了。这种他乡遇老乡的相遇方式虽然老套，但古往今来却是"知己"相遇的最有效最直接的方式。这种相遇可以拉近彼此的距离，并产生一种莫名的认同感。

吴宓和陈寅恪在美国相遇那一年，吴宓二十五岁，陈寅恪二十九岁，两个风华正茂、志在学术的青年由于志趣相投，很快便相互引为知己，且一开始学术味就极浓。

作为知己，两人都很在意彼此的一举一动，时有诗词唱和。1919年3月2日，吴宓在哈佛大学中国学生会作了题为《红楼梦新谈》的演讲后，26日，陈寅恪便赋诗一首相赠，题即为《红楼梦新谈题词》：

> 等是阎浮梦里身，梦中谈梦倍酸辛。
> 青天碧海能留命，赤县黄车更有人。
> 世外文章归自媚，灯前啼笑已成尘。
> 春宵絮语知何意，付与劳生一怆神。

诗中"黄车"指"黄车使者"，"黄车使者"为虞初的号。虞初是汉武帝时期的方士侍郎，河南洛阳（今洛阳东）人。他写的《周说》对中国古代小说创作的影响很大，因而一向有小说"初祖"之称。诗中"赤县黄车更有人"句，显然是对吴宓《红楼梦新谈》的充分肯定。

收到知己的赠诗，吴宓自然是喜不自禁。过目不忘的吴宓很快便背熟了这首见证友谊的七律。这段时间，吴宓总是陈寅恪诗词的第一个读者。陈寅恪每有新作，都先拿给吴宓看。每次读陈寅恪的诗作，吴宓都很认真，认真到烂熟于心的程度；以至于后来陈寅恪在诗歌的原稿寻不到时，只好到吴宓处求助，令人称奇的是基本都能在吴宓的记忆中索回来。这样默契的知己，在近代学术界并不多见。

在哈佛期间，吴宓和陈寅恪经常在一起纵论哲学、美术、历史，这种纵论既是治学的必要，也是增进友谊的桥梁。每次讨论之后，两人均有"胜读十年书"之感。相见恨晚应是对当时两人内心的最好描述。

人生路上遇知己，四海相逢骨肉亲。1920年，流行性感冒横扫美国，近四分之一的美国人得了流感，五十多万人因病而死。身处美国的陈寅恪和吴宓也未能幸免，先后住进了医院。不过幸运的是，亲眼见到过邻床死亡的他们最后都得以康复出院。经此一难，他们也算是共过患难了，于是乎，两人的心比以前更近了。

1921年6月，吴宓于哈佛大学研究院毕业，然后回到国内。两位惺惺相惜的知己，不得不暂时分开。虽然如此，三年的朝夕相处，已经将两人的心捆在了一起。即使不在一块，两人的心里都会永远装着对方。

2. 双星再聚

在哈佛结下的深厚友谊，揭开了两人长达五十年的密切往来的序章。为了这份友谊，为了知己的未来，吴宓愿意付出一切，可说是两肋插刀。事实上正是如此，为了能把陈寅恪介绍到清华当教授，吴宓不遗余力，费尽心机，在校方不同意时，甚至以辞职来要挟。

1921年吴宓归国后，在南京、沈阳作短暂逗留，便于1925年进入清华执教，并任研究院主任。当稳定下来以后，吴宓要办的第一件事，便是想办法把昔日好友陈寅恪也调入清华任教。但是，当时还是"三无人员"的陈寅恪，想进清华当教授并非易事。此事虽然颇费周折，最后还是被吴宓奇迹般地办成了。这件事的办成，一直都是吴宓引以为豪的事：既为朋友寻到出路，也为清华举了贤。

当陈寅恪清华执教之事尘埃落定之后，对于吴宓来说就是等待最激动人心时刻的到来。五年未见的两位挚友，于1926年7月再次相见，自然有说不完的话。其间吴宓两次到陈寅恪入住的新宾旅社探访，和好友谈了个畅快。

两人见面后，吴宓当即赋诗一首赠陈寅恪，以表达兴奋之情。诗曰：

> 经年瀛海盼音尘，握手犹思异国春。
> 独步羡君成绝学，低头愧我逐庸人。
> 冲天逸鹤依云表，堕涧残英怨水滨。
> 灿灿池荷开正好，名园合与寄吟身。

吴宓对好友可谓关心备至。他在陈寅恪第一次讲课时，十分紧张地来到教室给陈寅恪助阵。陈寅恪则不负众望，第一次上台便展现出博学和多才的教学魅力。经过一段时间以后，吴宓对这位老朋友的授课放心了；不但放心，而且还听上了瘾，以至于在以后的岁月里，每逢陈寅恪上课，吴宓都会像学生一样过来听课，且风雨照常。

榜样的力量真是无穷，在吴宓的带动下，越来越多的教授加入听陈寅恪课的队伍，从而一步步成就了他"教授之教授"的传奇。当然，这里面还有很多因素在起作用，在此就不表了。

吴宓和陈寅恪两人在清华的再次重逢，使得两人的关系进一步得到升华。吴宓几乎事无巨细都要找陈寅恪商量。比如1926年11月16日晚，吴宓来到陈的住处诉苦，说起《学衡》停办之事，吴宓怀疑是新聘任的编辑黎锦熙在背后捣鬼云云。要知道就学人来说，一向都是很矜持的，说话一般也比较谨慎；如果不是贴心人，那种背后议论之举是断不会做出来的。

吴宓对陈寅恪如此，陈寅恪对吴宓亦如此。随着陈寅恪在清华的声誉日盛，燕京大学也向陈寅恪伸出橄榄枝，想聘任其主持研究院工作。有了拿不定主意的事情，陈寅恪第一个想到的就是吴宓。1926年12月27日晚，陈寅恪到吴宓住处，来专门商量此事……

这种你来我往、亦师亦友、推心置腹的相处，在清华期间以陈寅恪、吴宓维持的时间最久，最引人艳羡。这一时期，是这对挚友的黄金时期。这段岁月，亦是"双星再相聚，清华续传奇"的美好时光。

3. 昆明避难

从哈佛同窗到清华共事，是吴宓和陈寅恪两人重要的交集期，这两段时期为两人五十年的友情打下了坚实的基础。北平沦陷以后，两人又相继跟随西南联大到了春城昆明。说避难也罢，说执教也罢，其实说法并不重要，重要的是在昆明时期两人又可以在一起了。

由于地处偏远，战争使古老的昆明产生了空前的繁荣，昆明人口由十八万多（1936）急剧膨胀到五

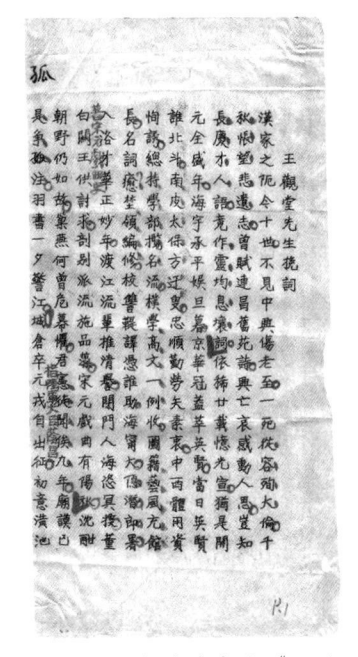

吴宓圈点的陈寅恪《王观堂先生挽词》未定稿（之一）

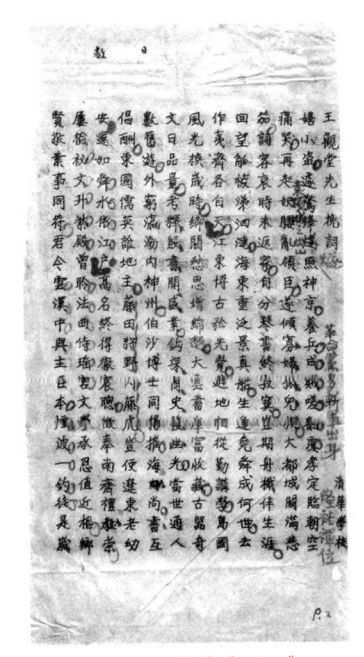

吴宓圈点的陈寅恪《王观堂先生挽词》未定稿（之二）

十多万（1938）。这些人中有南京、重庆的政府大员，北平的学者，上海的银行家，广东、香港的商人和武汉的企业家，有各路大军以及在最低生活水平线上挣扎的普通中国人，另外还有金发碧眼的西方人。代表着东西方不同文化的两股巨大潮流，几乎在同时以前所未有的规模分别从南北两个方向涌入昆明，为昆明注入新鲜活力；同时也使古老的昆明发生了史无前例的社会大

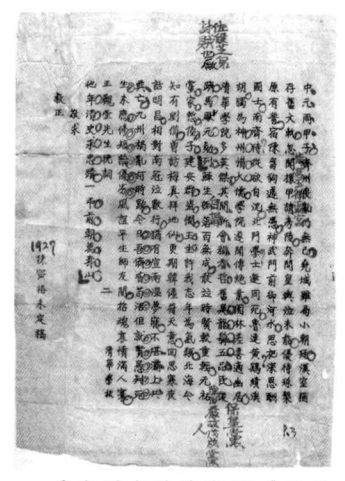

吴宓圈点的陈寅恪《王观堂先生挽词》未定稿（之三）

震荡和文化大断裂。昆明处在眼花缭乱的疑惑和似乎要分娩新生的阵痛之中。

那时候，像潮水般涌来的外省人纷纷在"商埠第五区"的金碧路上开张营业，外地人的到来使昆明这个古老、平静、祥和的城市变成中国国统区最繁忙、最现代、最兴隆和最国际化的城市。

在喧哗之中，西南联大可能是难得的清静所在。自1938年10月开始，吴宓和陈寅恪在昆明进入了他们五十年友谊交往中的第三个重要时期。那时吴宓住在昆华农业学校东楼上一个大教室隔成的一个小单间里，陈寅恪住在昆明青云街靛花巷三号"青花学舍"里。虽然生活艰苦，但两个老友毕竟又走到了一起，也算是人生的一大幸事。

当时的昆华农校地处城外，陈寅恪住在城里。吴宓每次进城，"青花学舍"都是他必去的地方。

由于陈寅恪的夫人唐筼当时远在香港，陈寅恪在避难昆明期间曾几次折返香港。每次离开，吴宓都会为陈寅恪饯行；而每次饯行，吴宓都要赋诗抒怀。这里仅举1939年6月21日一次饯行中吴宓写的诗为证。

乙卯端阳昆明海棠春

国殇哀郢已千年，内美修能等弃捐。
泽畔行吟犹楚地，云中飞祸尽胡天。
朱颜明烛依依泪，乱世衰身渺渺缘。
辽海传经非左计，蛰居愁与俗周旋。

陈寅恪走后，吴宓对陈寅恪的健康安危念念不忘，牵挂不已，有诗为证：

寄怀陈寅恪（时在香港大学主讲席）

待时观变岁星周，去住无端许暂留。
东海鲸吞文物尽，西天龙战鬼泣愁。
入关罗什逢秦乱，作赋兰成类楚囚。
新注韦庄诗共读，花开港屿慰绸缪。

在吴宓的诗句里，处处透溢出对陈寅恪的关心，字字传递着至交的深情。就在这样的交往和关心中，吴宓和陈寅恪在昆明度过了难得平静的避难时光。

4. 再聚成都

吴宓和陈寅恪的第四次相聚，也是他们两人的最后一次共事，最后一次生活在同一座城市。再聚成都，虽然不是他们最后一次相见，但此后他们也仅仅再见过难得的一次，所以说成都是见证他们友谊的最重要的一座城市。这座城市在他们五十多年的友谊中具有里程碑意义。

1943年底，陈寅恪扶老携幼举家来到成都，吴宓于1944年10月26日晚亦来到此地。吴宓到成都的第二天一大早就到华西坝广益学舍看望老友陈寅恪。这一天也是他们成都相聚的标志性时间。以常理来说，当时陈寅恪来成都已半年有余，对于吴宓来说亦算主人了。此次吴宓抵达成都，应是陈寅恪去吴宓处看望才是，而不是反客为主那么急迫地来找陈。从文献中吴宓多次拜会陈寅恪的记载来看，两人对情感的付出是不对等的：一个主动，一个比较被动，吴宓就是比较主动的那一个。细究起来，这一是跟二者的性格差异有关；二是跟二者对自己的角色认知（陈是兄，吴是弟；陈的学问比吴宓相对要大，二者似乎都认可这点）有关；三是跟二者的健康状况有关。不管怎么说，吴宓到成都第二天就见到了思念已久的老朋友。两人于他乡再次重逢，自然是相见甚欢，而彼此的诗歌唱和则是必不可少的。1944年11月初，陈寅恪以《闻道》为题赋诗赠吴宓：

闻道飞车几万程，蓬莱恩怨未分明。
玉颜自古关兴废，金钿何曾足重轻。
白日黄鸡迟暮感，青天碧海别离情。
长安不见佳期远，惆怅陈鸿说华清。

是诗借安史之乱和李杨情变故事，暗讽蒋介石政权及日寇侵略中国带来的离乱，再现了白居易《长恨歌》的关键场景，用典自然，运笔辛辣，展示出诗人忧国忧民的情怀。吴宓读罢，亦步原韵，献出和诗一首：

云路迢遥是昔程，重来形势判幽明。
星驰俊彩全球仰，日落余光片羽轻。
怨敌狰狞同快意，家门宠贵自伤情。
玉环虽死君恩在，补恨犹能到上清。

陈寅恪在成都期间曾经住进医院，吴宓则几乎每天都到医院陪伴陈寅恪；如果当中有事，办完事以后吴宓必然还会返回医院。这就出现了吴宓一天到医院看望老朋友两次的诸多细节。朋友做到这个份上，真是啧啧可叹。

从1944年到1946年，吴宓和陈寅恪在成都相处的两年多时间里，吴宓对陈寅恪的照顾堪称无微不至。而在吴宓与陈寅恪两地相隔的日子里，他俩虽然身处各方，在精神上却是相通的。不论周围环境、客观形势怎样发展变化，他俩始终坚守着自己的文化信仰与主张，坚守着那份让人羡慕的深厚友谊。

5. 生命会晤

时间到了1959年，已在西南师范学院任教九年的的吴宓异常想念阔别十三载的陈寅恪。由于时局和年龄原因，身处两地的朋友，再也不能像以前那样朝夕相处；而分别得越久，思念就愈加强烈。吴宓在当时的日记中是这样记述这份思念之情的："受教追陪四十秋，尚思粤海续前游。"

最后还是吴宓等不下去了，决心要亲自去一趟广州，拜见老友。1961年7月30日，吴宓给陈寅恪写信告知准备赴粤探访。8月4日，陈寅恪接信之后欣喜若狂，立刻复信表示欢迎，并反复嘱托路上一定要小心之类，然后告知到粤后接站等各种事项。8月23日早晨，吴宓从山城重庆出发，顺江而下，先到达武汉，再从武汉转火车赴粤。

8月30日深夜，吴宓抵达广州火车站，由早已等候在那里的陈寅恪二女儿小彭、女婿及三女儿美延三人一同接回中山大学校园，并陪着吴宓登上东南区一号楼陈寅恪的家中。

等待的时刻总是显得那么漫长。此时，陈寅恪正一个人坐在客厅里，急切地盼望着吴宓的到来。就这样，时间一分一秒地过去，夜也一步步向黑暗深处划去。当吴宓推开房门的那一刻，陈寅恪的情感之闸瞬间打开，如波涛翻滚的大江大河，奔流不息。更为巧合的是，此时，门外也开始狂风大作，大雨滂沱。两位梦中经常相见的朋友，在分别十三年后终于见了面。不过，他俩不知道这也是他们今生的最后一次重逢。

相识四十余年来，此时的陈寅恪表现出了少有的主动、热情。这几乎和他以往的处世风格完全不同。他们这次相逢正值困难时期，吃饭对每个人来说都是一件大事。尽管如此，吴宓在广州的几天，却得到陈寅恪夫妇细心且丰盛的款待。除了他们以中山大学的名义正式宴请外，还多次在家招待，或送食品到吴宓的下榻处。《吴宓日记》中频有陈家"送来炖鸡一碗，加红薯与卤鸡蛋一枚"；陈寅恪夫妇设家宴，"鸡鱼等肴馔甚丰"，"在陈宅晚餐，肴馔丰美"等记载。

9月1日，陈寅恪与吴宓继续畅谈。两人从钱柳姻缘谈到历史之覆，从柳如是谈到侯朝宗，从明遗民光复运动谈到民族气节。两人毫不保留地将各自的想法和盘托出，虽然所谈都是学术问题，但每字每句无不充斥真挚的情感。

美好的重逢总是那么短暂，两位挚友几乎想把浓缩在灵魂深处十三载的知心话一次倾尽，但相聚毕竟只有五天时间。五天之后的9月4日早7点，吴宓登车离去。前一晚，陈寅恪以四首七言绝句（总题为《赠吴雨僧》）相赠，其中有"暮年一晤非容易，应作生离死别看"句。真是纸短情长，离别依依。历史见证了两人的友谊。

6. 肝胆相照

吴宓和陈寅恪两人的交往无疑是坦诚的，这种坦诚从他们交往的每一个细节都可以透露出来。无数个细节累加起来，一次次印证了"肝胆相照"这个词语所蕴含的巨大魅力，更垒高了两人的友谊。

从哈佛到清华再到联大，从学生时代到执教时期再到人生暮年，两个人的这种惺惺相惜，一直贯穿他们的后半生。这种经过岁月洗礼沉淀之后所凝结下来的深情厚谊，是任何情感都无法代替的，也是非常可贵的。

相遇是一种偶然，但偶然之中往往蕴含着某种必然，或许他们之间注定就有这种缘分，风吹不走，海隔不断。相遇或许并不难，难的是肝胆相照数十年，而所有困难到了他们那里便无影无踪了。

其实，陈、吴的相识从一开始就可说是一见如故，而这种奇妙的感觉才是推动两人友谊发展的最大动力。之所以这么说是有事实依据的：前举那首《红楼梦新谈题词》就是两人刚认识不久，陈寅恪赠予吴宓的。要知道陈寅恪一生赠诗并不多，而赠予吴宓的诗却占据了很大的分量。所以这首诗既是他们相见恨晚的证据，更是他们友谊开始的见证。

当然，两人的交流所涉及的问题很多，除了学术、文化，还包括处世、婚恋等生活问题。但无论交流什么，无不渗透着深深的情谊。我们随便举几个例子以作说明。例如吴宓在谈恋爱时，首先要征求陈寅恪的意见，这一点是吴宓在早期日记中自己披露的："陈君又论情之为物……而断曰：（一）情之最上者，世无其人，悬空设想，而甘为之死，如《牡丹亭》之杜丽娘是也。（二）与其人交识有素，而未尝共衾枕者次之，如宝、黛等及中国未嫁之贞女是也。（三）又次之，则曾一度枕席，而永久纪念不忘，如司棋与潘又安，及中国之寡妇是也。（四）又次之，则为夫妇终身而无外遇者。（五）最下者，随处接合，惟欲是图，而无所谓情矣。""陈君寅恪云'学德不如人，此实吾之大耻；娶妻不如人，又何耻之有'？又云'娶妻仅生涯中之一事，小之又小者耳。轻描淡写，得便了之可也。不志于学志之大，而兢兢惟求得美妻，是谓愚谬'。"[1] 正是陈寅恪的这番话，成就了吴宓与陈心一的婚事。

---

[1] 吴学昭：《吴宓与陈寅恪（增订本）》，三联书店2014年版，第17—19页。

第三节　傅斯年：天下英雄独使君

1. 两代姻亲

陈寅恪嫡亲表妹、曾国藩的曾外孙女俞大彩的丈夫就是傅斯年。如果从这个角度去考察陈寅恪和傅斯年两人的关系，则多了一层神秘的色彩。而他们的这层亲戚关系，也使他们一生的惺惺相惜、恩恩怨怨有了许多合理或戏剧化的解释效果，也更加能激起人们的好奇心和探知欲。

俞大彩的父亲叫俞明颐，母亲是曾广珊。俞大彩兄妹十人，她排行老七，其他兄妹分别为大维、大纶、大绂、大絜、大纲、大綷、大绚、大缜、大絧。俞大彩所在的俞家祖籍浙江绍兴。

提起绍兴俞家，可说是书香门第、名门望族，是近代中国最显赫的家族之一。绍兴山阴俞氏与中国现代历史和文化的发展关涉很深。山阴俞氏家谱辈分排行的用字是"文明大启声振家邦"。俞文葆，浙江山阴俞氏家族先祖，长期在湖南做官，曾任东安县令、兴宁县令，生有三子一女，长子俞明震，晚清著名文人，鲁迅之师，夫人为曾国藩长子曾纪泽之女；次子俞明观，著名画家；三子俞明颐，湖南督练公所兵务总办，夫人曾广珊，曾国藩次子曾纪鸿之女；女俞明诗，为陈寅恪生母。

同时，傅家和俞家一样，也是当地的名门望族。傅氏家族祖籍江西吉安府永丰县（今江西省永丰县），明朝宪宗成化年间出任山东冠县县令（当时聊城为东昌府府治，冠县为其属县），逐步发展成为聊城的名门望族。到了傅斯年这一代更是诗书传家，声名在外。

1934年，在傅斯年的同学、俞大彩的大哥俞大维的撮合下，傅斯年和俞大彩永结连理。俞大彩和傅斯年的婚姻，在那个讲求门当户对的时代可说是"珠联璧合"。他们的结合，也使得中国近代两个重要的学人陈寅恪和傅斯年,多了一层理不清扯不断的亲戚关系,也为考察两个人的关系增加了难度。

傅斯年(1896—1950),字孟真,生于清朝末期,早年间受到民主与科学的影响,创办了中国早期的一些杂志和月刊。1917年他进入北大文科本科学习,1919年"五四"运动期间任游行总指挥。1923年,傅斯年考取山东的官费选派,到英国爱丁堡大学、伦敦大学留学,1925年又到德国柏林大学深造。他回国后,在中山大学任职。1938年,他以社会贤达的身份出任国民参政会参政员,以后又担任北京大学的校长、台湾大学校长。

傅斯年是20世纪初期著名历史学家,古典文学研究专家,教育家,学术领导人。傅斯年是近代少有的几个留洋的文学大家,他的人文品格对后来的历史研究有深远的影响。

2. 四年同学

我们知道,从1902年到1925年这二十多年时间里,陈寅恪大部分时间都在国外留学。虽然傅斯年留学时间和陈寅恪没法比,但从1919年到1926年的留学经历在当时的留学生中也不算多。1921年,陈寅恪从美国哈佛转往德国柏林大学留学,巧合的是在不久之后的1923年傅斯年也从伦敦转学德国,到了柏林大学。从此两人成为同学,直到陈寅恪离开德国回到国内,两人一直在同一所大学留学。

俗话说"老乡见老乡,两眼泪汪汪",虽然陈、傅两人在国内时算不上老乡,但到了异国他乡就不一样了。凭着这层"老乡"关系,可以迅速将人的关系拉近。事实上确实如此,两人初见之时,就有一种亲近感。这种亲近感使彼此很快就成了朋友。

由俭入奢易,由奢入俭难。对于家道中落的世家子弟,留学期间生活的拮据是可想而知的。但就在陈寅恪即将离开德国前的一段时间里,清华国学研究院购书款的到来,使得陈寅恪有了接济傅斯年的可能。陈寅恪的雪中送炭,使陈、傅两人本就深厚的同学情谊更进了一步。投之以桃，报之以李，这也就难怪傅斯年日后对陈寅恪会有感激涕零式的举荐和评价了。

值得一提的是，在傅斯年和陈寅恪相继转入柏林大学后，陈寅恪的表弟俞大维也从哈佛转学过来，这使得陈、傅两人的关系更加密切。陈寅恪回国后，继续留学的傅斯年和俞大维有了继续加深感情的机会。就是这样的机会，促使两人的关系急剧升温，直到后来发展成亲戚关系：俞大维的妹妹，也是陈寅恪的表妹，成了傅斯年的夫人。

陈寅恪回到国内以后到清华国学研究院执教。不久，傅斯年也从德国回到国内，任中山大学教授、文学院院长，兼任中国文学和史学两系主任。再后来，傅斯年受蔡元培先生之请，筹立中央研究院历史语言研究所。历史语言所成立后，傅斯年任专职研究员兼所长（长达二十三年之久），并创办《历史语言研究所集刊》，自任主编。从此，傅斯年学术权威的地位日隆。

3. 慧眼识珠

陈寅恪一生有两个贵人，他们因为陈寅恪的才华，每到关键时刻都站出来帮他一把，使其学问得以广泛传播。这是陈寅恪的幸运，也是那个时代学术的幸运。这两个贵人，第一个是吴宓，第二个就是傅斯年。

傅斯年为了把陈寅恪纳入其主持的中央研究院历史语言研究所的麾下，可以说是挖空心思，绞尽脑汁。傅斯年对陈寅恪的学术水平是清楚的。将陈寅恪这样的学术天才拉来壮大自己的队伍，是每个掌门人的心愿。在傅斯年看来，如果研究院缺少了陈寅恪，就缺少了应有的实力；或者说只有陈寅恪才撑得住研究院的门面。从这一点来说，傅斯年是慧眼识珠的，他很早就发现了陈寅恪的巨大价值。他逢人便讲，"陈先生的学问，近三百年来一人而已"。

具体来说，傅斯年对陈寅恪的举荐分为三个过程。自1928年傅斯年筹建中央研究院历史语言研究所以来，傅斯年就一直想把陈寅恪揽入囊中，经过多次劝说和动员，直到两年后的1930年陈寅恪才答应了他的要求，兼任历史语言研究所第一组组长之职。虽然道路曲折，但傅斯年第一次揽才计划无疑是成功的。

中央研究院历史语言研究所自1940年冬自昆明迁至四川李庄以来，由于陈寅恪没有一起过来，就等于实质上已经脱离了历史语言研究所。心急如焚的傅斯年，为了让陈寅恪来李庄赴任，做了大量工作，遗憾的是陈寅恪始终都没有来。最后为了能让陈寅恪赴任，傅斯年甚至不惜翻脸，还是未能打动倔强的陈寅恪。这不得不让傅斯年尴尬和遗憾。

虽然傅斯年第二次对陈寅恪的举荐因其本人的不配合而遭失败，但他却并没有死心，一直对陈寅恪念念不忘。九年之后的1949年，历史语言研究所迁至台湾，傅斯年摒弃前嫌，再次向陈寅恪抛出橄榄枝，却未得到陈寅恪的回应。

1950年12月20日，傅斯年因脑溢血突发，在台北逝世，年仅五十五岁。消息辗转传到康乐园，陈寅恪隔海相望，暗自神伤，遂赋一首《望海诗》以吊：

不生不死最堪伤，犹如扶余海外王。
同入兴亡烦恼梦，霜红一枕已沧桑。

是诗以政治鼎革说事，代入自己的伤感、对挚友的怀念，悲酸凄苦之中，观物换星移之喜。但弯弯一钩海峡，却毕竟将一代学术精英分隔开来，喜中又复悲。陈寅恪其实深知傅斯年对自己的感情。是诗的一个潜台词是："知我者，傅斯年也！"

第四节　四女史：红巾翠袖谁揩泪

1. 知音冼玉清

1954年，陈寅恪动笔撰写《柳如是别传》，读到吴梅村《题鸳湖闺咏》一诗，亦"戏用""彩笔体为赋一律"，其颔联"红巾翠袖谁揩泪，碧海青天共断魂"，说的是钱谦益、柳如是面对大明王朝覆灭而英雄同悲，惺惺相惜。"红巾翠袖"原为古代少女装束，此处借指钱氏的相知柳如是。南宋辛弃疾《水龙吟·登建康赏心亭》有"倩何人唤取，红巾翠袖，揾英雄泪"句，时自伤抱负不得实现，叹无知己在旁，可以倾诉衷肠，抚慰心灵。陈寅恪这里的"红巾翠袖谁揩泪"，也可视作其时他心境的自我写照。上年，他刚拒绝中央要他北上就任中国科学院中古史研究所所长的提议，并有著名的《对科学院的答复》，去生死力争"独立精神和自由意志"。1954年9月，中山大学派人携借条取走陈寅恪的《唐代政治史述论稿》底本，来人走后，陈寅恪经夫人唐筼提醒，发现借条上有"检送"字样，大怒，随即让唐筼立刻索回底本。这月，山东大学学报《文史哲》发表李希凡、蓝翎《关于〈红楼梦简论〉及其他》的长篇论文。在毛泽东的指示下，全国展开了对俞平伯和胡适（二人皆系陈寅恪在学术上交往密切的朋友）及其学术思想的大规模批判。陈寅恪自然感到政治上的阵阵寒意。所以他的"红巾翠袖"诗既言钱、柳，亦在说自己：幸得在夫人之外，还有红颜知己在傍，在面对困难局面时可以多角度地交流，获得深层次的精神共鸣与慰藉。其时陈寅恪的身旁堪称红颜知己者，有冼玉清、黄萱，稍后还有高守真。三人中，以冼玉清同陈寅恪相知最早。

有"岭南才女"之誉的冼玉清（1895—1965），出生于澳门，幼年在名师陈子褒主办的"灌根学塾"学习达七年，后随父迁至香港，入圣士提女校专攻英文。1918年，二十三岁的冼玉清从香港转学至广州岭南大学附中，以高中学生兼任中低年级的国文、历史教员。1920年她考入岭南大学中文系，主修古典文学。1924年，冼玉清以优异成绩毕业留校，数年后被聘为国文系助教。1927年任岭南大学讲师，后擢升副教授，讲授骈文、文学概论；又兼任岭南大学博物馆（后称文物馆）馆长，直至1952年岭南大学并入中山大学止，时达二十五年之久。

冼玉清深受传统文化熏染，加之冰雪聪明，才气横溢，深得当时名士陈垣、马衡、黄晦闻、柳亚子以及陈寅恪父亲陈三立赏识。1929年，岭南大学首任校长钟荣光为使冼玉清安心在本校任教（上年，冼玉清北游京华，马衡力邀其在燕京大学、清华大学执教），除晋升她为教授外，又将校园内"九家村"的一座二层楼房划拨给她。她即命名为"碧琅玕馆"，自号碧琅玕馆主、碧琅玕馆主人；旋将所著诗歌结集为《碧琅玕馆诗稿》，分赠知她的前辈或同侪文士。时陈三立以"澹雅疏朗，秀骨亭亭，不假雕饰，自饶机趣"称之，又为其"碧琅玕馆"亲书匾名。冼玉清视为莫大奖誉，请人制作后，高悬于堂屋正中。

冼玉清能书善画，长于诗赋，更精于文献考据、文物鉴赏，学界视为"千百年来岭南巾帼无人能出其右"的"不栉进士"；一生藏书万余册，多是乡邦文献。她平生著述不下三百万字，已出版的专著有《赵松雪书画考》《广东印谱考》《招子庸研究》《更生记》《广东鉴藏家考》《广东女子艺文考》《广东丛帖叙录》和《广东文献丛谈》等。

冼玉清在民国时期还先后兼任过广州市博物馆顾问、广东文献委员会顾问、南京国史馆协修等职，后晋升为教育部一级教授，与陈寅恪等同列学界闻人之列。1952年，随着全国高等院校大调整，冼玉清从岭南大学转任中山大学教授兼中山纪念室（后称馆）主任。她于1955年退休后，翌年即出任广东省政协委员、广东省文史研究馆副馆长。她终身未嫁，声称"以事业为丈夫，以学校为家庭，以学生为儿女"。她出身富商之家，家底殷厚，却常仗义疏财，曾助冼星海赴法留学，1950年又捐出大笔钱支援抗美援朝；逝世前一年还将财产中的大部分共计四十三万余港元献给国家，并要求"切不可宣传，更不可嘉奖"。这里特别需要指出的是，她1955年尚不足六十岁就退休，倒不是因年龄关系（像她那样民国时期的部聘一级教授，1949年后，未见有六十岁即退休的），而是她的特立独行，推崇传统道德和礼教，不肯参加政治学习，而被中山大学视为"思想保守"的典型，借着批判胡适、批判胡风反革命集团及肃反运动之势硬行作"退休处理"。她的独立个性，正直耿爽，热爱祖国而不趋附时势新潮，不人云亦云的学养，与陈寅恪有心灵的连通。尤令人可叹的是，当香港有两个大学获知这位一级教授已告退休消息后，即双双力邀她前往执教，月薪高达三千多元，却被她拒绝。1964年1月，当她赴港、澳探亲并医治乳腺癌时，坊间纷传她将一去不复返。唯独陈寅恪知晓这位爱国奇女的内心世界，坚信她的归宿当在祖国大陆。果然10月间，她便返回广州。病中的陈寅恪在为谣言的破产而高兴之余，不禁口占二绝赠冼玉清：

海外东坡死复生，任他蜚语满羊城。
碧琅玕馆春长好，笑劝麻姑酒一觥。

年来身世两茫茫，衣狗浮云变白苍。
醉饿为乡非上策，我今欲以病为乡。

陈寅恪二诗如白（居易）诗般明白轻快，尽展他对友人归来的欢愉与祝福，显出他俩的气息相谐，互为精神依傍而心照不宣。"醉饿"一语，陈寅恪附有小注云："王无功作《醉乡记》，管异之作《饿乡记》，不佞将从《病乡记》以寄意焉。"他讲自己以病为乡，随遇而安——不是知己归来哪能有这般大好心情？

陈寅恪与冼玉清的友谊要追溯到1942年陈寅恪因太平洋战争爆发，羁滞香港，不受伪职，亦不食敌粟，一家五口陷入无米下锅困境之际。时冼玉清也暂居香港，同样也拒绝了香港伪东亚文化协会之招。冼玉清一向敬慕"贤人君子"，陈寅恪的道德文章以及他在香港的表现，令其景仰。她于是暗中托人给陈寅恪送去四十元港币以救急。陈寅恪十分感动，道谢之后婉拒了冼的赞助。但她的雪中送炭以及相近的不为敌伪服务的举动，给陈寅恪及其全家留下深刻印象。所以1949年1月陈寅恪应陈序经之邀入岭南大学执教后，冼玉清便成了陈寅恪家的常客。

陆键东在《陈寅恪的最后20年》中写道，陈寅恪进入岭南大学，"给时年已五十五岁的女教授带来了觅得知音的快慰。……在五十年代，冼玉清显然参与了陈寅恪的许多家事。大到和校方的应对，小到家中儿女在哪里读书、工作，甚至陈家儿女的婚恋等等，冼玉清都发表过意见。晚年的陈寅恪虽深居简出，但仍敏于时事，对现实有透彻的了解。这与冼玉清总及时地将外间见闻说与陈寅恪分享有很大的关系"。冼玉清自己有什么心里话也是第一时间向陈寅恪倾吐。仅举一例，足见彼此无间：1955年，由于冼的父亲在香港为其留下了一笔财产，冼每月要去香港银行清算利息，遂被人污蔑为送情报。受此冤屈，"冼玉清上陈家，含泪对陈寅恪诉说'人心之凉薄'"；陈寅恪以默言给予她深深的同情。

陈寅恪、冼玉清都是诗文高手、学术大家。彼此每有新著产出，都要相互赠阅，真心寻求批评。1949年9月冼玉清《流离百咏》由广州文光馆出版，冼玉清便首先送与陈寅恪求教。陈寅恪遂作题记："大作不独文字优美，且最佳之史料。他日有编《建炎以来系年要录》者，必有所取资，可无疑也。"[1] 两人感情日笃，每有诗歌唱和。1950年1月15日冼玉清《致陈垣》信述有一例。

---

[1] 卞僧慧：《陈寅恪先生年谱长编（初稿）》，中华书局2010年版，第259页。

其间说："陈寅恪先生身体日健，常有晤言。前旬因登漱珠岗探梅，往返步行约十里。陈夫人谓渠数年无此豪兴。附唱和诗知也。"① 陈寅恪所作诗为《纯阳观梅花》，冼玉清和诗为《侍寅恪先生漱玉岗探梅次韵》，陈夫人唐筼另有诗为《同寅恪纯阳观寻梅》。三诗皆缘起于当年上旬陈寅恪夫妇与冼玉清结伴于广州郊外漱珠岗探梅事。唐筼所言陈寅恪此时诗兴大发，是过去数年间没有的事，显由冼玉清来到陈身边所引起。

冼玉清自然也为拥有陈寅恪这位蓝颜知己而时常处在幸福中。1957年农历除夕，陈寅恪特为冼玉清碧琅玕馆写了一副春联：

春风桃李红争放
仙馆琅玕碧换新

春联是由大红纸书写（应是唐筼代笔），于大年初一清晨张贴于碧琅玕馆门（中山大学东北区马冈顶十号门）前，立即吸引住拜年贺节的师生。当时目睹者之一的邬和锬先生回忆道："是日，冼教授诗情大发，作了丁酉朝书事五律二首。其中一首云：'桃李红争放，琅玕碧换新。窗前生意好，宇内艳阳匀。童叟嬉花市，工农乐比邻。丰年知有象，歌唱太平春。'"② 冼玉清此时因陈寅恪的贺联而喜不自禁，表现出在人生后半辈子终得一知己的欢忭与幸福。诚如陆键东先生所识："陈寅恪与冼玉清的交往，在陈寅恪晚年的生命中，已超出了一般新知旧雨的友情，具有一种固有文化并不因时代的嬗变而迷失的相互寻觅、互为鼓励的精神。在剧变的社会里，其志节因得以固守带来对生存的肯定，从而引起交往双方精神上的欢愉。这一点，对晚年陈寅恪很重要。"③

---

① 卞僧慧：《陈寅恪先生年谱长篇（初稿）》，中华书局2010年版，第261页。
② 《陈寅恪和冼玉清二三事》，载《中山大学校友通讯》第四期（1985年6月）；转引自胡文辉：《陈寅恪诗笺释（增订本）》，广东人民出版社2013年版，第1225页。
③ 陆键东：《陈寅恪的最后20年》，三联书店1995年版，第47页。

陈、冼二人都持有学术救国、学术报国的立场，坚持独立不迁，自由不羁。他俩互相理解，相互提携，在中国现代学术史上谱写出一段动人乐章。1953年11月22日晨，当陈寅恪以附加条件的方式正式回拒由汪篯代为传达的中国科学院要其赴京就任中古史研究所所长的邀请时，在场者除了汪篯、唐筼、助手黄萱外，还有冼玉清。其时场面十分尴尬。冼玉清同黄萱一道"劝陈寅恪不必如此"，陈寅恪对冼玉清说："我要为学术争自由。我自从作王国维纪念碑文时，即持学术自由之宗旨，历二十余年而不变。"①对此，冼玉清颇为赞同，并向对陈寅恪此举不甚清楚的同道解释陈的动因。北京大学历史系教授邓之诚就对陈寅恪拒绝北上，以为"郁陶"而后"忸怩"。冼玉清即去信阐明陈的真实想法："陈寅恪为国家争独立，为学习（术）争自由，故不应科学院之聘。此何说欤？"这见载于《邓之诚日记》（北京图书馆出版社2007年版）1953年12月21日条。

1965年10月2日下午，冼玉清在穗病逝，终年七十岁。两天后，陈寅恪方得知噩耗，悲不能禁，口占七绝一首，以悼这位灵犀相通的红颜知己：

香江烽火梦犹新，患难朋交二五春。
此后年年思往事，碧琅玕馆吊诗人。

陈寅恪虽是生理上的瞽翁，却由于有了崇高的理想与坚定的信念以及像吴宓、傅斯年、冼玉清这样的患难之交相助而内心充满光明。一句"此后年年思往事"既是对友情的感念，亦是对理想的守持。只是如今傅斯年已作古十五载，吴宓则远在巴蜀；身边最近的冼玉清亦登遐远去，知交半零落——壮士的断腕之伤也莫过如此！

----

① 陆键东：《陈寅恪的最后20年》，三联书店1995年版，第102页。

2. 知心黄萱

在陈寅恪身边的女性朋友中，如果说冼玉清之于陈寅恪相当于"高山流水""破琴绝弦"传说里的钟子期的话，那么黄萱之于陈寅恪则好比三千里追寻李白故事里的魏颢①。

黄萱（1910—2001）是福建南安人，闽南爱国华侨巨商黄奕住爱女，从小就打下古典文学的深厚底子。1935年9月于二十五岁时与北平协和医学院博士周寿恺（厦门宿师巨硕周默史之子）成婚。1950年周寿恺受聘任岭南大学医学院教授，黄萱便自然踏进了名儒荟萃、令她向往已久的岭南大学（其父在二三十年代曾向岭大捐过巨款）芬芳的校园。陈寅恪的大名对黄萱来说是如雷贯耳，引她怀着无比崇拜的心情时常去听"偶像"讲课。当时陈寅恪身边空缺助手有好几个月了，这期间夫人唐筼暂时以代，十分辛苦。就这样，黄萱便于1952年11月间经人介绍，进入陈寅恪的学术生活。此时黄萱的丈夫周寿恺已是岭南大学医学院院长，就住在陈寅恪家斜对面。周常去陈家为陈寅恪夫妇看病，两家遂成友邻。有了这层关系，再加上黄萱不凡的古文素养，腹中有书而谈吐温雅，陈寅恪虽不能视其影，但一听音便知面前这位女子就是他所需要的人。从此，黄萱在陈寅恪身边默默工作长达十三年，直至"文化大革命"爆发后被红卫兵赶走。

陈寅恪的学生卞僧慧先生回忆说："在这十三年里，黄萱以其勤奋和任劳任怨的美德赢得了先生的满意。她能根据先生的需要准确地从浩瀚的书海中找到某一句话的出处，也能紧跟大师的思

---

① 据唐人魏颢《李翰林集序》等载，唐天宝十三载（公元754年）夏，有一个叫魏万（后改名叫魏颢）的诗歌爱好者为见李白一面，竟从河南王屋一口气追了三千里（因李白在不停地行走中国），终在广陵（今扬州）见到心仪已久的大诗人，尔后相伴左右，认真求教。李白十分感动，在魏万辞别之际，写下《送王屋山人魏万还王屋并序》的长篇五古赠他，还将手中的作品尽出相托，请其帮助编辑付梓。魏万则尽心尽力，在李白的有生之年编成一部可能是最早的李白诗集——《李翰林集》，凡二卷四十四篇。

路忠实地记录其口述的论说,而且反复修改。在黄萱的帮助下,十三年间,先生相继完成了《论〈再生缘〉》《柳如是别传》《元白诗笺证稿》等近一百万字的著作。"①

这期间有一个插曲:1954年夏,周寿恺改任华南医学院副院长,全家要搬迁到距离中山大学有十余里路之遥的市区竹丝村宿舍,这便凸显出上下班交通的困难——转两趟公交,来回至少三个小时。黄萱左右为难,权衡半天,还是怯怯地向陈寅恪提出辞职。陈寅恪沉思良久,幽幽地说:"你的工作干得不错,你去了,我要再找一个适当的助教也不容易,那我就不能再工作了。"② 这一下子说到黄萱感情的柔软处——她又何尝想离开陈寅恪呢?于是,黄萱又继续留了下来,尽管路途很耽搁时间,她依旧按惯例准时上下班,风雨无阻。

其时陈寅恪脚不能行,目不能视,看书和写作,必须依靠黄萱才能完成,由此可以说,黄萱就是陈寅恪的眼睛和手。如果没有相互间的那种默契、那种信任,依陈寅恪晚年的坏脾气,是断然不会选择黄萱的。十三年间,陈寅恪对他人甚至对家人发过脾气,但却从未对黄萱使过性子。从这个角度说,黄萱不仅是陈寅恪的红颜知己,还是陈寅恪学术上的合作者及代言人。1955年,陈寅恪借《元白诗笺证稿》重印的机会,在附记中除了说明他的学生汪篯、王永兴及前任助手程曦的帮助外,还写下这样一行文字:"又初印本脱误颇多,承黄萱先生相助,得以补正重刊,特附识于此,藉表感谢之意。"③ 陆键东指出:"这是黄萱第一次为学界所知,其名字第一次与陈寅恪联结在一起。"④

1964年4月27日,陈寅恪为黄萱向中山大学写出一份工作鉴

---

① 卞僧慧:《陈寅恪先生年谱长编(初稿)》,中华书局2010年版,第277页。
② 《黄萱生平档案》,转引自陆键东:《陈寅恪的最后20年》,三联书店1995年版,第68页。
③ 陈寅恪:《元白诗笺证稿》,三联书店2001年版,第380页。
④ 陆键东:《陈寅恪的最后20年》,三联书店1995年版,第71-72页。

定（应该是陈氏口述，唐篔记录），平实之中见出对这位追随他十余载而痴心不改、默默奉献的宝贵助手的一份真情，兹抄录如下，以飨读者：

（一）工作态度极好。帮助我工作将近十二年之久，勤力无间始终不懈，最为难得。

（二）学术程度甚高。因我所要查要听之资料全是中国古文古书，极少有句逗，即偶有之亦多错误。黄萱先生随意念读，毫不费力。又如中国词曲长短句亦能随意诵读，协合韵律。凡此数点聊举为例证，其他可以推见。斯皆不易求之于一般助教中也。

（三）黄先生又能代我独立自找材料，并能供（贡）献意见修改我的著作缺点，及文字不妥之处。此点尤为难得。

总而言之，我之尚能补正旧稿，撰著新文，均由黄先生之助力。若非她帮助我便为完全废人，一事无成矣。

上列三条字字真实。决非虚语。希望现在组织并同时或后来读我著作者，深加注意是幸。

陈寅恪提
（一九六四年四月二十七日）①

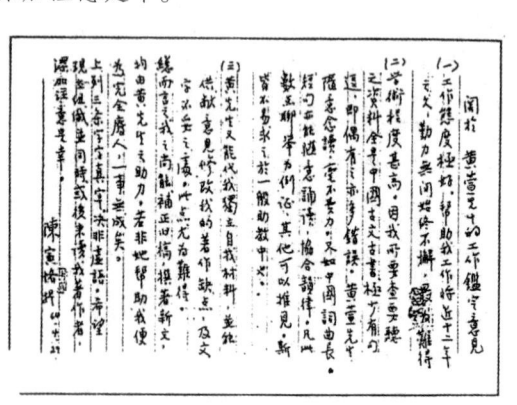

一九六四年陈寅恪写下的给黄萱的工作鉴定（唐篔代笔）

黄萱在陈寅恪身边表现出的学术水平，深得陈寅恪赞许。1973年，黄萱在致蒋秉南的一封信中谈及1968年

---

① 陈寅恪：《讲文及杂稿》，三联书店2015年版，第462页。

（即陈寅恪逝世前一年）她去看望陈寅恪和唐筼时，陈对她寄予的希望。陈寅恪对黄萱说："我的研究方法，是你最熟悉的。我死之后，你可为我写篇谈谈我是如何做科学研究的文章。"黄萱很谦虚，也确实认为自己能力不够，难以实现先生的嘱托，只得难过地说："陈先生，真对不起，您的东西我实在没学到手。"陈寅恪用低沉的声音说："没有学到，那就好了，免得中我的毒。"[①] 陈、黄的对话，是在"文化大革命"极为严酷的环境下进行的。按照"文革"前陈、黄的工作规律，陈的愿望，本可由陈口述、黄笔录并略以加工即可达成。但陈寅恪知道这难以办到，所以才嘱咐黄萱将来去做。这自然是陈寅恪对黄萱深有了解后作出的决定。但兹事关系重大，黄萱尚无足够的信心去做，又不敢欺骗先生，遂有上述婉拒。黄萱的婉拒，或在陈寅恪的意料之中。"没有学到，那就好了……"当是反语，其实是说你已学到手了。只是鉴于当时形势的不可预料，陈寅恪理解黄萱的难处，便自己找台阶下了。陈寅恪十余年间对黄萱的看重和理解，亦见出这位学术大师极为丰富的感情世界。这令黄萱十分感激和怀念，亦将这份情愫珍藏于心，一直到2001年5月的一天，听着鼓浪屿的涛声安详逝去。

陈寅恪与黄萱这一对异性朋友，怀着振兴中华学术的美好愿望走到一起，并肩奋斗十三载，彼此坦承相见，心心相印，让康乐园的空气充溢着学术的芳香和友谊的温馨。

3. 知交高守真

陈寅恪晚年，身边还出现过另一位十分重要的女子。她的出现给陈寅恪带去不少欢乐和欣慰，也让他的学术传承多了一份遐想。这个女子，就是高守真，时为中山大学历史系学生，一个个头不高，脸蛋圆圆，戴着一副秀气眼镜，性格开朗活泼的姑娘。

[①] 转见卞僧慧：《陈寅恪先生年谱长编（初稿）》，中华书局2010年版，第342页。

高守真于1927年出生在美丽富饶的潮汕平原的东部、广东澄海的一个世家大族。

高守真的父亲高伯雨著有《听雨楼随笔》传世，论者以为其掌故、随笔堪与徐珂、郑逸梅等媲美，甚至有超越。

1955年秋，已是中山大学历史系二年级学生的高守真选修"元白诗证史"课，正式成为陈寅恪的学生。某日课后，高守真以韦庄《秦妇吟》中的疑难请先生指教。陈寅恪惊异之余，认为高守真淳朴、好学、有潜质，是治史的好苗子，决意培养她。高守真的好学与纯真，也令唐筼十分喜爱，从此高守真频频在陈寅恪家里出入，如一家人般。

1956年6月，高伯雨获知女儿师从陈寅恪，特别高兴，便将新近出版的《听雨楼随笔》让女儿带给恩师。陈寅恪读罢，大加激赏，即把高伯雨引为未曾谋面的知音。自有了这层关系后，陈寅恪对高守真更是另眼相待，处处关心。生活上就不用说了，高守真每次去陈家，陈寅恪都极力挽留高守真吃饭。在学业上，陈寅恪也经常给高守真"开小灶"。这令陈寅恪的其他学生很是羡慕。

1956年冬，陈寅恪突然要高守真帮忙查一首诗，他只说出该诗的首句："凄凉宝剑篇"。这犹如去茫茫诗海里捞针。高守真一时犯难。幸得她收到亲人从澄海寄来的《唐诗三百首》，随手一翻，这一诗句居然见载于李商隐的五律《风雨》。高守真如获至宝，像小孩儿般去向陈寅恪报喜："诗找到了！"陈寅恪闻罢，亦很高兴。待到高守真晚年回忆此事，才有所悟：原来先生是在考查她检阅文献的能力，是在鞭策她努力学习、奋进啊！[①]

高守真进入三年级后，要做学年论文，便去请教陈寅恪。陈寅恪为她选定"太平公主"的题材，并答应做她的论文指导教师。为了让高守真能深入唐史堂奥，陈寅恪煞费苦心地引导、讲解，

[①] 参见陆键东：《陈寅恪的最后20年》，三联书店1995年版，182—184页。

倾其所学，使之昭昭。陈寅恪对高守真说："历史上太平公主的史料不多，搞现成的东西没有意思，人云亦云最讨厌。正因为资料少，可以逼着你去看更多的书，努力作些新发现。"陈寅恪还讲，并非人云亦云，随意引录一些观点、语录就成文，而是"按我的方法"去做才行。陈寅恪将高守真视为可以传其衣钵的学生，在她身上倾注了很多心血。只是他当时未曾料到，这是他三十多年教学生涯中亲自指导的最后一个学生。①

1958 年，高守真大学毕业。陈寅恪当然舍不得弟子就这样离去，便向学校提出留高守真当自己的助手。由于高守真并非中共党员，这需求被学校拒绝了。陈寅恪只能无奈地让高守真离校，到广西的一所学校当老师。临别时，陈寅恪送给高守真两本刚再版的《元白诗笺证稿》：一本给高伯雨，一本给高守真，并由唐筼代笔留下墨迹。高守真这本，一直为她所珍藏，作为那段美好时光的记忆。

4. 贤内助唐筼

冼玉清、黄萱和高守真都是在陈寅恪生命的后半程才进入他的生活中来的。在他们仨之前，还有一位陈寅恪更为看重而须臾不可离的女性，这就是他的终身伴侣唐筼（1898—1969），字晓莹。

陈寅恪《寒柳堂集》附《寒柳堂记梦未定稿（补）》之末篇，记有陈寅恪自述与唐筼得以相识的一段佳话：

> 寅恪少时，自揣能力薄弱，复体屡多病，深恐累及他人，故游学东西，年到壮岁，尚未婚娶。先君先母虽累加催促，然未敢承命也。后来由德还国，应清华大学之聘。其时先母已逝世，先君厉声曰："尔若不娶，吾即代尔聘定。"寅恪乃

---

① 参见陆键东：《陈寅恪的最后 20 年》，三联书店 1995 年版，184 – 190 页。

请稍缓。先君许之。乃至清华，同事中偶语及：见一女教师悬壁一诗幅，末署"南注生"。寅恪惊曰："此人必灌阳公景崧之孙女也。"盖寅恪曾读唐公请缨日记。又亲友当马关中日和约割台湾于日本时，多在台佐唐公独立，故其家世，知之尤稔。因冒昧造访。未几，遂定偕老之约。

陈流求、陈小彭、陈美延合著的《也同欢乐也同愁：忆父亲陈寅恪母亲唐筼》一书说：1928年7月上旬，陈寅恪与唐筼在北平城里举行了订婚仪式；7月15日，又借清华园南园赵元任之宅宴请同事、朋友。时陈寅恪三十九岁，唐筼三十岁，都是大龄青年。唐筼那时是位大学体育教师，她住所壁上所挂署名"南注生"的诗幅，陈寅恪去拜访她时果然看见，被他记在《寒柳堂记梦未定稿（补）》里。诗为二首绝句，其云：

　　苍昊沉沉忽霁颜，春光依旧媚湖山。
　　补天万手忙如许，莲荡楼台镇日闲。

　　盈箱缣素偶然开，任手涂鸦负麝煤。
　　一管书生无用笔，旧曾投去又收回。

《也同欢乐也同愁》中说，"这幅南注公的遗墨，是父母喜结连理最重要的纪念物，他们非常珍惜重视"，先后请了胡适、许地山为之题诗。1953年，夫妻俩又在广州将其重新装裱，陈寅恪再题四首七绝赞之。可惜这件载满家园沧桑、伉俪情愫的传家宝虽逃过战乱流离，却逃不过"文化大革命"的劫难，到底丢失了！

"南注公"是唐筼祖父唐景崧（1841—1903）的号，其字维卿，同治进士，选庶吉士，改吏部主事。1882年，他自请孤身赴越南，会同刘永福黑旗军抗击法国侵略者，1885年中法战争结束后晋升为福建台湾道道员，1891年迁台湾布政使，1894年署台湾巡抚。1895年中日《马关条约》签订，清政府割弃台湾及附属各岛、澎湖列岛和辽东半岛，唐景崧激烈反对，并筹措抗敌。孰料清政府弃台意志坚决，于5月20日发出上谕："唐景崧著即开缺，来京陛见；其台省大小文武各员，并著唐景崧饬令陆续内渡。"当时以邱逢甲为首的台湾士绅，即于5月25日以台湾人民名义宣布"台湾自立，改建民主国"，公推唐景崧为"台湾民主国"总统，刘永福为大将军，邱逢甲则为义勇军统领。可惜这个在亚洲首次尝试共和体制的政权仅仅维持了150天，便在日本侵略者大炮的轰击下解体了。不过，当台湾人民还在与日军血战之际，唐景崧却于1895年6月上旬放弃自己的承诺，乘英轮逃回大陆。他的这一举动自然遭致世人诟病，也成为陈寅恪与唐筼的难言之隐。

从总体上看，唐景崧还算是有所作为的人。他在人生前期积极参与抗法斗争，在台湾兴办书院、兴科举，倡导兴铁路，发展生产，传播内地先进文化与生产经验，为台湾人民做了不少好事。他回到大陆后，亦投身于维新变法，和康有为、岑春煊一起在桂林创办"圣学会"和《广仁报》，设立广仁学堂，宣传维新思想，将广西打造成维新派的一个重要据点。他弃台内渡，是其终生污点。他晚年在这种痛苦的煎熬中没有自甘堕落，虽大节有亏，仍奋发有为，当值得肯定。这情况，与明清易代之际先降清又反清的钱谦益颇有些相似。所以，陈寅恪带着"了解之同情"的眼光来打量他的这位已故太岳父，遂有1953年在重裱唐景崧遗墨时，"敬题四绝句于后"之举。其第一首云：

横海雄图事已空，尚瞻遗墨想英风。
古今多少兴亡恨，都附扶余短梦中。

1928年7月15日陈寅恪在赵元任宅举行订婚宴时，吴宓送来用红笺写的贺诗，其中有"横海雄图传裔女"句，又注云："新夫人为昔台湾巡抚甲午起兵抗日之唐公景崧孙女，现任北京女子大学体育教员。"陈寅恪诗起首便借用吴宓诗引出唐景崧以台湾行省巡抚及"台湾民主国"总统身份主持台湾民众抗日之往事,叹其未果而内渡。"古今多少兴亡恨"则化辛弃疾《南乡子·登京口北固亭有怀》之"千古兴亡多少事"而来。"扶余"是公元前2世纪—公元483年中国东北地区所建第一个少数民族政权的民族名称及国家称号。其被高句丽灭亡后,部分族人及后裔流落至朝鲜半岛甚或日本列岛,故后世遂以"扶余"假托为海外国度。陈寅恪是诗"扶余"应指孤悬于海上的台湾岛。往事如烟,不堪回首。唐景崧短促的抗日经历,犹如一场春梦恍惚过去,其间功过是非,自有历史评说。但要紧的是,因着这件事陈寅恪而得以结识唐筼,也是天公开眼。所以陈寅恪"四绝句"的第二首便写道:"当年诗幅偶然悬,因结同心悟宿缘……"1928年8月31日(农历七月十七日),陈寅恪与唐筼在上海完婚,从此开始了两人长达四十余年的婚姻生活。陈氏三姐妹在《也同欢乐也同愁》里这样述及她们父母的婚姻:

> 父亲与母亲携手走过四十余载,风雨同舟,患难与共。母亲更是在生活、事业、学术上给予父亲全力支持,不仅仅是生活中的贤妻良母,更是父亲的心灵伴侣和精神支柱。在我们女儿看来,整个家庭虽然后来迫于种种历史原因,遭受了不少苦难,但这段婚姻是极其美满的。历经数般浩劫,他们相敬如宾、相依为命,更显出爱情的真醇可贵。

翻开《陈寅恪诗集》,可发现在陈寅恪现存三百余首诗中,就有十七八首是直接题赠唐筼的;至于其他涉及唐筼的诗,也有不少。而唐筼也有回应,二者相互唱和的诗,大致有四十余首。唐筼祖父唐景崧满腹诗书,也是诗人;唐筼得以幼承庭训,诗词古文底子深厚。唐筼养母——她的亲伯母潘氏则是北洋女子师范学堂的舍监,并教授女红。唐筼随之就读,琴棋书画皆臻上乘。她这期间的一幅钢笔画，系欧洲贵妇人形象，高冷而慵懒，陈氏三姐妹将它发表在《也同欢乐也同愁》（第249页）里，虽年份已久，仍可见风韵。唐篔的书法极佳，深得散原老人赏识。陈寅恪失明后的书稿讲义信札诗文，多由她代笔，墨迹温润纤秀，论者无不赞曰：字如其人。唐篔后来以金陵女子大学体育专业本科毕业，旋受聘于北京（平）女子师范大学，成为"北漂"一族。唐篔从稍懂事的垂髫之年到进入而立之年前，皆埋头学习，注重自己的素质养成，无暇顾及个人问题，直至1926年养母潘氏猝死，才"开始觉得应建立一个自己的家"。所以，1928年夏天陈寅恪的忽然造访，使她突生相见恨晚之感，由此而"脱单"成为陈夫人——这是注定要大半辈子操持辛劳而默默无闻、充满幸福的角色。

陈寅恪忙于教书育人与著书立说，无暇也无能力照顾家庭，特别是1945年他双目失明后，更是如此。这千斤重担，则自然压在唐篔身上。1929年她生下第一个孩子流求后，就告别了所热爱的教育工作，全身心投入到家务及子女教育中来，将它当做一份事业来做，做得有条不紊、有声有色。陈氏三姐妹在《也同欢乐也同愁》中举例说，父母婚后几十年，历经战争离乱，搬家、拆家、建家近二十次，唐篔除两次卧病外，每次都要担纲安排，料理一切，甚至搬放行李家具等重体力劳动，也全程参与。很难想象这是一个长年患有心脏病的妇女所为！

陈寅恪自小体弱多病，加上焚膏继晷的教学与治学活动，尚未及不惑之年，即显出病态的老相。婚后的唐篔便义不容辞地承担起他的营养师兼生活助理的任务。根据陈氏三姐妹及陈寅恪学生的回忆，唐篔为维护和提高陈寅恪的健康水平而用心良苦。她制定出一份严格的作息表和营养表，细致照顾陈寅恪的饮食起居，包括午睡与散步，都强制执行（外人亦不得打扰），使陈从不自觉到自觉，最终习惯成自然，从而赢得一副相对坚强的身板，以应付艰难岁月中的繁重工作。陈寅恪即便在双目失明乃至骨折卧床以后，仍能坚持授课和写作，其间除了坚定信念的支撑外，唐筼的深情关切、鼓励与无私付出，无疑起了重要作用。

　　唐筼既是陈寅恪生活上的"总管"，又是他思想上的知音和事业上的搭档。1951年，一向被陈寅恪和傅斯年瞧不起的容庚（其于日寇占领北平后在伪北大任教职，抗战胜利后即被北大代理校长傅斯年斥为汉奸，遭逐出北大）出任岭南大学中文系主任，并"挖"走了陈寅恪的助手程曦（原为助教，容庚许以讲师，遂前往就职）。陈寅恪被迫辞去中文系教授，专任历史系教授。但陈寅恪"平生于教研工作，分秒必争，昼夜不懈，双目失明后，益加奋勉，有赖助手之助，更为迫切"①。他便写信给刚从清华大学哲学系毕业的唐稚松（亦为长沙人，古诗文造诣深厚），请他赴穗任助教，无奈其另有所好（后为中国科学院软件研究所研究员，1991年当选为中国科学院学部委员），未能应请。加上不断从北京传来要对"从旧社会过来的知识分子"进行"思想改造"（陈感到这有违他所秉持的"独立之精神，自由之思想"）的消息，陈寅恪遂生出"遁世无门"之想。幸得唐筼好生劝慰，又挺身而出亲自担任他的教研助手，才使局面豁然开朗。1951年8月19日（农历七月十七日）是陈寅恪和唐筼结婚二十三周年纪念日，唐筼请来摄影师拍了一张合影以作纪念。陈寅恪又赋七律一首助兴，尾联为"赖得黄花慰愁寂，秋来犹作艳阳姿"，对为了自己和这个家而"消得人憔悴"的爱妻充满歉意和爱怜。"黄花"指唐筼，比之于秋菊，又有"人比黄花瘦"之意。

　　陈氏三姐妹在《也同欢乐也同愁》中写到，唐筼为了能做好陈寅恪教学与治学的助手或秘书工作，尽量抽空去听他讲课，书写"听课笔记"；按陈寅恪要求去查找文献、诵读材料，笔录誊抄陈寅恪的口述文字（陈寅恪一生都没有条件使用录音机），包括陈寅恪表露心迹的诗作及往来书信，协助备课、编写讲义，甚至参

---

① 卞僧慧：《陈寅恪先生年谱长编（初稿）》，中华书局2010年版，第270页。

与撰写学术论文，如《记唐代之李武韦扬婚姻集团》《述东晋王导之功业》诸文，都有唐筼的心血。陈氏三姐妹写道："父母在思想意识上的相知相契，使他们的灵魂融为一体。母亲不顾自己的衰病，尽心照顾年老病残的丈夫，更让他精神上能挺立起来，在学术上继续有创造性的成就。她曾对孩子说，'爹爹的学问造诣非比一般，应让他写出保存下来'。我们直至中年以后才逐渐理解，母亲晚岁忘我地为父亲付出一切，成为自己生活的目的，希望父亲有生之年，在传承中华文化上留下更多著作。"

唐筼为陈寅恪所做的一切，既是因着他是她心爱的伴侣和伟大、可景仰的学者，亦是为了中华学术、中华文化继承、勃兴与传播的远大前程。唐筼堪称中国现代知识女性的优秀代表。她的身上，凝集了中国传统优秀女性忠贞、坚强、智慧、善良、勤劳、隐忍、纯朴、温婉、灵巧的优秀品质，亦映照出中国现代知识女性胸怀天下、脚踏实地、任劳任怨、无私奉献、识大体、顾大局的精神世界。

陈寅恪对唐筼的默默奉献是感念在胸的。他常对陈氏三姐妹说："你们可以不尊重我，但必须尊重母亲。母亲是家中的主心骨，没有母亲就没有这个家，所以我们大家要保护好母亲。"[①]1928年8月31日他与唐筼新婚燕尔时，父执曾熙（晚号农髯，著名书画家）送来一幅题作《齐眉绥福》（主题为红梅）的贺画，悬挂于洞房壁间。二十六年后的1954年元旦，陈寅恪重睹此画，浮想联翩，因作七律一首以纪二十六年来的婚姻历程：

花枝含笑画犹存，偕老浑忘岁月奔。
红烛高烧人并照，绿云低覆镜回温。
新妆几换孤山面，浅笔终留倩女魂。
珍重玳梁香雪影，他生同认旧巢痕。

---

① 陈流求、陈小彭、陈美延：《也同欢乐也同愁：忆父亲陈寅恪母亲唐筼》，三联书店2010年版，第274页。

全诗饱含对爱妻的一往深情，缠绵深沉，低回委婉，既有内疚之意，更有感激之韵，可谓句句含情，字字是叹，扼腕怜惜，溢于言表。末句与《西厢记》之"生则同衾死同穴"乃异曲同工，衷肠燕婉，荡人肺腑。二十二天后的农历除夕，陈寅恪又作五绝一首，题为《癸巳除夕题晓莹画梅》赠爱妻：

晴雪映朝霞，相依守岁华。
莫言天地闭，春色已交加。

大概在除夕这天，唐筼仿曾熙红梅图（即所赠《齐眉绥福》图）而作一幅梅花图，陈寅恪或应邀或主动为之题诗，遂有上述佳构。除夕守夜，伉俪情深，雪白花红，相映依依。当时曈曈日出，为霞满天，看娇妻偎傍，暖香暗送，陈寅恪展望前路，不觉顿生豪情，故有"莫言天地闭"（取汉乐府《上邪》"天地合，乃敢与君绝"之意）之语。

1955年9月30日（农历七月十七日）是陈寅恪与唐筼结婚二十七周年，陈寅恪赋七绝一首赠唐筼：

圆梦匆匆廿八秋，也同欢乐也同愁。
侏儒方朔俱休说，一笑妆成伴白头。

晚唐韦庄《悔恨》诗首联即是："六七年来春又秋，也同欢笑也同愁。"陈诗化用，意境则全然不同，活跃明快，不似韦诗泪水涟涟。"侏儒方朔"典出鲁迅辑录《古小说钩沉》之《汉武故事》，此处借其东方朔偷桃故事（西王母之仙桃三千年结一回果，东方朔连偷三次，说明他起码已有九千岁年纪）说事。陈寅恪这后两句的手法与李贺《浩歌》"王母桃花千遍红，彭祖巫咸几回死"语意相近，以强烈对比见出生命的短促。不过，陈诗中的

"一笑"却一扫李诗"人生几何"的悲观，透溢出"人生得一知己足矣"的满足和欣慰。与之相濡以沫二十七载的唐筼自然深解其味，按原韵作诗答夫君：

> 甘苦年年庆此秋，已无惆怅更无愁。
> 三雏有命休萦念，欢乐余生共白头。

《诗经·邶风·击鼓》有"死生契阔，与子成说。执子之手，与子偕老"句，两千多年来，不知感动了多少人！陈、唐二人的唱和诗，则凸显出中国优秀知识分子在动荡年代里同舟共济、共渡苦难、同尝甘甜的爱情光辉和生命风采！他俩的故事，同样也会感动千千万万的后来者。爱情与生命永恒的价值，在陈寅恪、唐筼这里得到最好的诠释。

1966年6月，"文化大革命"狂飙骤起，刹那间席卷中国大地，将亿万家庭抛入苦难的深渊。陈寅恪和唐筼这对从艰难岁月中互相搀扶、一路走来的劳燕也被赶入水深火热中：大字报铺天盖地袭来，从康乐园一号楼一直穷追到最后栖身的蕞尔小屋（1969年春节后，陈寅恪一家从居住十六年之久的中山大学东南区被驱赶到西南区五十号一间四面透风的平房），几个大号高音喇叭没日没夜地对着陈家窗户发出震耳欲聋的嘶吼，一拨又一拨的"红卫兵"贪婪地卷走所有稍微值点钱的财物，抱走一摞摞陈寅恪用数十年心血汇聚的文稿和藏书。助手黄萱和护士被统统赶走，工资停发、存款冻结，只给几十元生活费维持生

1957年春，陈寅恪与夫人唐筼在寓所近旁白色小路上散步

活。更要命的是将身边的三个女儿强行与父母分开，发配到边远的"干校""劳动改造"。陈寅恪和唐筼，一个常年坐在轮椅上的目瞽膑足老翁，一个体质孱弱、瘦小多病的老妪，双双气息奄奄，相对而泣……此前一直关照（或者说庇护）陈寅恪的原中共广东省委第一书记、中共中央中南局第一书记陶铸已被赶下台有两年多，陈寅恪所尊敬的周总理也无暇更无力顾及这位远在南粤湿热的囚笼（1969年5月5日，陈寅恪在"口头交代"中有"我现在譬如在死囚牢"之语）中挣扎呻吟的"反动文人"。入夏，唐筼心脏病发作，濒临死亡。陈寅恪亦形如枯槁，心如死灰，自知夫妻俩时日不多，遂作《挽晓莹》联以记：

涕泣对牛衣，卅载都成肠断史
废残难豹隐，九泉稍待眼枯人

"牛衣对泣"乃常用典。"牛衣"，供牛御寒用的披盖物，如蓑衣之类。据《汉书·王章传》载：王章出仕前家境贫困，没有被子盖，即便大病也只能躺卧于牛衣中。他自料必死，哭泣与妻诀别。妻怒斥之，谓京师那些高贵者中，有谁能与你比？"今疾病困厄，不自激卬，乃反涕泣，何鄙也！"后以"牛衣对泣""牛衣夜哭"谓因家境贫寒而伤心。"豹隐"亦常见用典。汉刘向《列女传·陶答子妻》："妾闻南山有玄豹，雾雨七日而不下食者，何也？欲以泽其毛而成文章也，故藏而远害。"后即以"豹隐"喻洁身自爱，隐居不仕。陈寅恪、唐筼受"废残"之累，即便心有归隐山林之意，身也难以移步。陈撰此联语唐：倘若您先入黄泉（九泉），奈何桥上等一下我这瞎眼老头，以践行"死同穴"的承诺。

结果却是陈寅恪先走一步：1969年10月7日凌晨5时30分，他因心力衰竭，且肠梗阻、肠麻痹齐发，溘然长逝，终年八十岁。

陈寅恪曾自谓："生为帝国之民，死作共产之鬼。"① 陈寅恪出生之日，正是洋务运动蓬勃开展之际。他一生经历了大清朝、中华民国和中华人民共和国三个时期。每当鼎革之间，他都选择了光明，将黑暗留给过去。作为胸怀学术救国梦想而奋斗一生、被同行誉为"三百年难遇"的一代"国宝"级大师，也是忠诚的爱国者的陈寅恪，未栽在日本人和国民党手里，却丧命于"文革"大风暴中，实在令人悲怆与痛惜！

陈寅恪走后，唐筼含泪支撑，默默整理好亡夫不多的遗物后，就彻底卧床不起了。1969年11月21日夜8时30分，唐筼脑出血、高血压、心脏病并发，带着满腹不甘和不解离开人世，享年七十二岁。陈寅恪与唐筼四十余载的婚姻，低调而富于传奇，平凡而值得尊敬。

---

① 杨联升：《陈寅恪先生隋唐史第一讲笔记》，载台北《传记文学》1970年第16卷第3期。转自吴定宇：《守望：陈寅恪往事》，中国社会科学出版社2014年，第425页。

结语 声远听风铃

中国传统士大夫皆以爱国、报国为天职，为无尚荣光。但就过往历史而言，大多以董仲舒以来的"忠君"思想（来源于董仲舒提出的"君权神授""君为臣纲"）为前提，因而从总体上看，其当属历代政治（或政权）体制内的一个阶层，依附性特别严重。不过却有一条潜行暗涌的勇敢溪流与之相伴而行，这就是自老庄、屈宋、嵇阮以来直至明代王守仁、泰州学派、李贽和"清初三先生"（黄宗羲、王夫之、顾炎武）的反主流、反传统、反专制的"异端"力量。用今天的眼光看，他们是各个时期"文化自觉"与"人的觉醒"的先行者、引导者。他们主张的内容，就是今人所讲的"人的主体性"（按黑格尔的说法，其表现为人的社会—历史活动中的主体地位和主体意识），即人的自主（或自我）意识、主观能动性及创造性。他们在现实生活中，希望或要求摆脱对君主、对政权（或权势）的依附，真正达成人的自主、知识独立甚至政治民主。他们因此而遭权势迫害、世人白眼，为社会不容，有的还付出了生命的代价，如泰州学派的何心隐、被称作"异端之尤"的李贽。中国知识阶层的这股追求人的解放的清流，从上古一路淌来，虽历尽千山万水、血雨腥风，却到底柳暗花明，汇入现代世界的澎湃大潮。而先哲们的苦难与坚韧及其思想的甘露，则同欧风美雨一道，滋润和培育起一代新型知识分子。陈寅恪就是这一部分新型知识分子的杰出代表。之所以言"新"，除了他们能将中国优秀传统文化与世界优秀文化进行合理地自然贯通以外，更重要的是将个体自觉地融入民族复兴及民族文化复兴的大河里去。因此，他们所坚持的人的主体性，实质上也是民族主体性、人民主体性；在文化判断上，即指向中国文化的主体性（本位性）。

1949年以后，以陈寅恪为象征的这部分知识分子面对代表历史发展方向的中共新政权，一方面希望并仰赖它来保护和复兴中国文化，另一方面则坚持自己的精神独立、思想自由（包括知识独立、学术自由）。二者看似矛盾，实则是可以统一的。陈寅恪的最后二十年人生历程即是明证。这是陈寅恪们对新政权的一种拥抱方式，是他们在新社会展示的华丽转身。陈寅恪诗"东皇若教柔枝起，老大犹堪秉烛游"（《读昌黎诗，遥想燕都花市》）和"柳家既负元和脚，不采蘋花即自由"（《答北客》），便吐露了他所领衔的这部分知识分子的心声。从历史唯物主义的角度看，这是无可厚非的，是值得尊敬的。

陈寅恪是一个传奇。他以一介书生而蜚声海内外，被誉为"近三百年来一人而已"（傅斯年语）。他早年（1925年）以无文凭（连高中都未毕业）、无著作、无资历的"三无"身份跻身清华大学国学院"四大导师"之列（与梁启超、王国维、赵元任比肩），就足令一批冬烘先生瞠目了；继而在短短两三年时间便赢得清华园满园尊敬，被视为"教授的教授"（又云"老师之老师，公子之公子"），连声名显赫的冯友兰等都躬身求教。难怪王国维自沉昆明湖前，要将遗稿托付于他。

陈寅恪通晓二十余种语言，学贯中西，才高八斗，却谦虚谨慎，认真教书，以金针度人，使桃李满天下。后来一些鼎鼎有名的大学者如季羡林、吴晗、夏鼐、梁方仲、刘节、姜亮夫等都出自他的门庭。他教学能独出机杼，治学则多出人不意，如颇用心力地考证白居易《琵琶行》中琵琶女的年龄；用"对对子"做大学入学国文试题；甚至花十年功夫、洋洋洒洒80余万字为明清之际的江南名妓柳如是立传；还大费周折地为一个清代宅女陈端生及她的长篇弹词《再生缘》唱赞歌，由此搅动文坛好一阵风波，连郭沫若也兴致勃勃赶来凑热闹，以致惊动康生，惊动周恩来……更令人大跌眼镜的是，他公然敢以"不宗奉马列"为条件向中国科学院叫板，将信奉马列的弟子逐出师门，而共产党竟可以视而不见，直至"文革"前都对他优遇有加。他生前一直挂着全国政协常委、中央文史研究馆副馆长之职，说明他并非是不合作主义者。他和不少共产党员交朋友，敬佩陶铸，服膺周总理，感念毛主席，为政府平息西藏叛乱、反对印度武力扩张的斗争提供历史依据。他同时又对人民公社、"大跃进"的浮夸风，"破四旧"及个人崇拜冷嘲热讽，一吐为快。友朋或谓之性情中人，或指为书生意气。我们看他的这种性情、这种意气，正是上绍老庄、屈原、嵇康以来崇尚独立与自由的那一部分知识分子一以贯之的骨气。这种骨气，乃以真挚的爱国主义、强烈的民族意识为血液，富贵不能淫，贫贱不能移，威武不能屈。所以，每当外敌入侵，像陈寅恪这样的知识分子，往往能挺身而出，或投笔从戎，或以笔为戈，拼命拼力，不输军人。陈寅恪在抗战时期曾一度身陷香港沦陷区，数次断炊，却拒绝威逼利诱，不署伪职，不食敌粟，大义凛然，传闻四方。

中华人民共和国成立后陈寅恪所讲的不要马列，是指学术上不以马列先入为主，提倡破除束缚，独立思考，自由思维。有趣的是，捧读陈氏的著述，会发现那里面不时闪耀着唯物主义与辩证法的理论光辉。他以独立精神、自由思想为立人之本、治学之本，敢于探索，善于探索，不设禁区，别开生面，想许多人不敢想，说许多人不敢说，做许多人不敢做的事。他第一个提出"敦煌学"，第一个提出唐代关陇集团和关中本位政策及山东豪杰的命题，第一次讲清了中国人使用了一千四五百年的四声问题……他所有的著作，所有的学术，包括一些所谓钻牛角尖、不被人理解的考释著述，都出自于对祖国文化极为浓郁的情结及深沉的爱。令人扼腕的是，"文革"时的愚昧与野蛮，杀害了他的学术，也杀害了他的生命。他生前自谓"生为帝国之民，死作共产之鬼"，竟一语成谶。而他的后半生，也一直在生理的黑暗（双目失明）中煎熬。他却以顽强的毅力、超人的记忆、活跃的思维，以口述的方式，完成了他的一批具有重大影响的著作，如《柳如是别传》《论〈再生缘〉》。

这是一位可爱、可敬而又可贵的国宝级大师，是一位为传承和发扬中华优秀传统文化而孜孜矻矻、脚踏实地的辛勤耕耘者、坚韧守望者与热烈鼓吹者。他吹响的独立精神、自由思想的号角，久久回响于中国学术界，足令那些软骨文人或无骨文人汗颜，令千千万万学人、学子激奋，亦令中国思想界为之一振。中国学术需要陈寅恪式的大师引领前行。如果千千万万的学人、学子都能拥有独立之精神、自由之思想，那么中华学术随着中华民族的全面复兴，也必将出现一个胜过以往任何时期的兴盛局面。如此而论，大师之后，定会有更多大师涌现于世界东方这片传统悠久、文化深厚的学术热土上！这正是：

> 自由独高标，声远听风铃。
> 夸父逐日去，托命遗邓林。

当代中国知识分子都是先哲所托命之人。让我们高唱理想之歌，沿着火焰般鲜红的灼灼邓林（桃林）之路奋勇前行吧！

我们的队伍向太阳！

附录一　陈寅恪与敦煌学

一代国学大师陈寅恪生前与敦煌颇多交集。2016年6月20日至24日，笔者（屈小强）参加四川省人民政府文史研究馆敦煌文化遗址考察组赴敦煌实地考察，亲见亲闻一些与陈氏有关的遗迹和故事，间有心得，现整理出来，供读者参考。

陈寅恪（1890—1969）

一、"吾国学术之伤心史"辨正

去敦煌之前，有同道即告诉笔者，那里有一块很大的石刻，上镌陈寅恪所言十二个大字："敦煌者吾国学术之伤心史也"，触目惊心，令人唏嘘。此行在莫高窟敦煌藏经洞陈列馆门前果见一巨大卧石，用繁体正楷横向镌刻那流播甚广的激愤之句，绿漆填描，直击心扉。敦煌的解说者，包括西千佛洞及敦煌市博物馆的解说员们，每言及此，都为陈寅恪的悲天悯人而动情；但也有个别不以为然者，如那位引领我们接连参观十余个特窟的知识颇丰的年轻解说员小阎告诉我们：那十二个字其实是对陈氏言论的断章取义，陈氏后面还有话……还有什么话？小阎没有深说，或许在卖关子；或许他从别人处听来，真不知后面还有什么话。中途休息时，我们在莫高窟书店看到一部署名为刘进宝编著的《敦煌文物流散记》，那上面有这么一段话："早在1930年，爱国学者陈寅恪先生就沉痛地说：'敦煌者，吾国学术之伤心史也。其发见之佳品，不流入于异国，即秘藏于私家。'"① 看来那十二字后面的话，即是陈氏对"伤心史"的诠释了。不过总觉得刘进宝所引陈氏语录，仍有削足适履之嫌，无非是用以强化帝国主义的"学者""考察团"掠夺敦煌文物以及国内地主、官僚私藏文物的可恨可鄙罢了。因为心有疑窦，当时不敢贸然信之。

从敦煌返蓉后，即查阅手头的三联版《陈寅恪集》（陈寅恪幼女陈美延编），其《金明馆丛稿二编》之《陈垣敦煌劫余录序》确实载有陈氏"伤心史"诸句，但纵观全文，则与藏经洞陈列馆刻石及陈进宝所引而传递出的信息相距甚远。为正视听，下面尽量多引录些文字，以还全牛。

> 新会陈援庵先生垣，往岁尝取敦煌所出摩尼教经，以考证宗教史。其书精博，世皆读而知之矣。今复应中央研究院历史语言研究所之请，就北平图书馆所藏敦煌写本八千余轴，分别部居，稽覆同异，编为目录，号曰敦煌劫余录。诚治敦煌学者，不可缺之工具也。书既成，命寅恪序之。或曰，敦煌者，吾国学术之伤心史也。其发见之佳品，不流入于异国，即秘藏于私家。兹国有之八千余轴，盖当时唾弃之剩余，精华已去，糟粕空存，则此残篇故纸，未必实有系于学术之轻重者在。今日之编斯录也，不过聊以寄其愤慨之思耳！是说也，寅恪有以知其不然，请举数例以明之。摩尼教经之外，如八婆罗夷经所载吐蕃乞里提足赞普之诏书，姓氏录所载贞观时诸郡著姓等，有关于唐代史事者也。佛说禅门经，马鸣

---

① 刘进宝编著《敦煌文物流散记》，甘肃人民出版社2009年版，第2页。

菩萨圆明论等，有关于佛教教义者也。佛本行集经演义，维摩诘经菩萨品演义，八相成道变，地狱变等，有关于小说文学史者也。佛说孝顺子修行成佛经，首罗比丘见月光童子经等，有关于佛教故事者也。维摩诘经颂，唐睿宗玄宗赞文等，有关于唐代诗歌之佚文者也。其他如佛说诸经杂缘喻因由记中弥勒之对音，可与中亚发见之古文互证。六朝旧译之原名，借此推知。破昏怠法所引龙树论，不见于日本石山寺写本龙树五明论中，当是旧译别本之佚文。唐蕃翻经大德法成辛酉年（当是唐武宗会昌元年）出麦与人抄录经典，及周广顺八年道宗往西天取经，诸纸背题记等，皆有关于学术之考证者也。但此仅就寅恪所曾读者而言，其为数尚不及全部写本百分之一，而世所未见之奇书佚籍已若是之众，倘综合并世所存敦煌写本，取质量二者相与互较，而平均通计之，则吾国有之八千余轴，比于异国及私家之所藏，又何多让焉。今后斯录既出，国人获兹凭借，宜益能取用材料以研求问题，勉作敦煌学之预流。庶几内可以不负此历劫仅存之国宝，外有以襄进世界之学术于将来，斯则寅恪受命缀词所不胜大愿者也。①

这段引文占陈氏原文三分之二强。引文明显分三部分：第一部分叙述陈寅恪为陈垣作序的缘起；第二部分从"或曰，敦煌者，吾国学术之伤心史也"起，至"不过聊以寄其愤慨之思耳"止；往下为第三部分。注意第二部分起首的"或曰"二字，按文言句式，当是"有人说""有人讲"的意思。② 有人讲什么呢？即自"敦煌者，吾国学术之伤心史也"起的近百字。这就是说，整个第二部分都是陈氏引他人之言，是别人讲的话，并非陈氏本意所

---

① 陈寅恪：《金明馆丛稿二编》，三联书店2015年版，第266-268页。
② "或曰"之"或"，文言之代词，指有人、有些人。《论语·为政》："或谓孔子曰：'子奚不为政？'"

在——包括"敦煌者,吾国学术之伤心史也"这广为传诵的十二个字。由此看来,敦煌藏经洞陈列馆门前的那无数人为之感喟动容的所谓陈寅恪语,乃是误传;其来源,则是对陈氏《陈垣敦煌劫余录序》的不当摘录(形成事实上的近乎阉割式的断章取义)。所以,但凡碰上所谓名人名言或语录(也包括号称出自《论语》《坛经》一类语录体的片言只语),须谨慎品味、细心探究,务必弄清原始出处和来龙去脉、前因后果及上下关系,方可发声表意,切莫见菩萨就拜,见山陵就仰止。

陈寅恪所引的他人的这段话,原本是针对陈垣所编《敦煌劫余录》的不同看法——它透露出一种怨天尤人、自暴自弃式的情绪。对此,陈寅恪在为陈垣所作的这篇序言里表明了他决不苟同的鲜明立场,并细陈道理以力证。这就是引文第三部分的全部内容。在这一部分里,陈氏开宗明义就讲,"是说也,寅恪有以知其不然"。"是说"即指包括"敦煌者,吾国学术之伤心史也"在内的近百字。陈寅恪在第三部分里列举他看过的陈垣所录敦煌写本中的《摩尼教经》《八婆罗夷经》等十七八项在宗教史、政治史、文化史、文学史及音韵学、版本学等诸领域所显示出的学术价值,惊为"世所未见之奇书佚

敦煌藏经洞陈列馆前的刻石上镌有"敦煌者吾国学术之伤心史也"

籍",认为比之于已流入异国及私家所藏的敦煌写本,并不逊色。① 国人即便仅凭此研求,也能作出成绩,"勉作敦煌学之预流",可以跻身国际敦煌研究的学术潮流。预流,佛家语,即入流。② 原来,在20世纪初叶,经斯坦因(英籍匈牙利人)、伯希和(法国人)、大谷光瑞(日本人)、鄂登堡(俄国人)、华尔纳(美国人)等连番累次地大规模盗窃、掠夺后,敦煌石室仅余八千余卷写本,1910年由清朝学部移京师图书馆收藏。③ 不少学者为之痛不欲生,以为敦煌研究就此完了;面对那经过千辛万苦抢救下来的八千余轴敦煌残卷,则视之为鸡肋甚至敝屣。对于这样的虚无主义的悲观甚或自虐论调,陈寅恪大声说不。他当然看到敦煌文物蒙受劫难的事实,但痛心之余很快振作,力求直面现实而有所作为,于是细数陈垣开列北平(京师)图书馆所藏八千余卷写本的学术价值(许多价值是当时文物大盗、文物贩子未识者)。所谓吉光片羽,弥足珍贵;凤凰涅槃,浴火重生是也。所以第三部分,对于中国学者重拾敦煌研究的信心,在既有基础上奋力追赶世界学术潮流,具有十分重要的激励作用,也是陈寅恪应陈垣之约作序的初衷所在。至于第二部分"或曰"以下百字语,不过是陈氏用以立论倡言的一个靶子而已。

---

① 陈寅恪对流落于异国的某些敦煌写本,认为学术价值不甚高。比如他在《敦煌本心王投陀经及法句经跋尾》一文里即指被斯坦因掠走、后藏于伦敦博物馆的《心王投陀经》卷上及惠辩注、《佛说法句经》一卷,被伯希和掠走、后藏于巴黎国民图书馆的《法句经疏》一卷,"了无精义,盖伪经之下品也"(陈寅恪:《金明馆丛稿二编》,三联书店2015年版,第201页)。

② 佛教"预流"(梵文作 Srota-panna,须陀洹)旧译作"入流"。有二义:一为"入流果",为小乘四果的第一果,即指初入圣人之流;二为"入流向",系指趋向"入流果"的修行者。

③ 据谢稚柳《鉴余杂稿》(上海人民出版社2008年版)开篇《敦煌石室记》等披露,京师图书馆所藏敦煌写本八千余卷,实非敦煌石室八千余卷之实数。这是由于1910年写本在运送北京途中及运抵北京后屡遭"懂行"的官吏截留,而后又将卷子较长者坏为数段,以充八千余卷之数。

二、"敦煌学"在中国的首创

前面说过,自"新会陈援庵先生垣"起的大段引文,实占陈寅恪《陈垣敦煌劫余录序》的三分之二强。那么原文那三分之一弱的内容是什么呢?应该说,这三分之一弱的文字看似与陈垣《敦煌劫余录》无直接关系,实则交待二陈(陈垣、陈寅恪)之所以编《录》作《序》的文化动因与学术背景。这一部分文字属于《陈垣敦煌劫余录序》的开篇,下接前引"新会陈援庵先生垣……",兹转引于后,以完陈序之璧:

一时代之学术,必有其新材料与新问题。取用此材料,以研求问题,则为此时代学术之新潮流。治学之士,得预于此潮流者,谓之预流(借用佛教初果之名)。其未得预者,谓之未入流。此古今学术史之通义,非彼闭门造车之徒,所能同喻者也。敦煌学者,今日世界学术之新潮流也。自发见以来,二十余年间,东起日本,西迄法英,诸国学人,各就其治学范围,先后咸有所贡献。吾国学者,其撰述得列于世界敦煌学著作之林者,仅三数人而已。夫敦煌在吾国境内,所出经典,又以中文为多,吾国敦煌学著作,较之他国转独少者,固因国人治学,罕见通识,然亦未始非以敦煌所出经典,涵括至广,散佚至众,迄无详备之目录,不易检校其内容,学者纵欲有所致力,而凭借未由也。[①]

陈序开篇这部分,最重要的是前二分之一的文字,因为它在

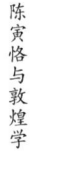

---

① 陈寅恪:《金明馆丛稿二编》,三联书店2015版,第266页。

中国学术界、中国文化史上第一次提出了"敦煌学"的概念。① 陈序作于1930年（发表于1930年6月国立中央研究院《历史语言研究所集刊》第一本第二分册），14年后，他还为此自豪。1944年1月，他在《大千临摹敦煌壁画之所感》一文里提及此事。文章不长，这里不妨全录如下：

> 寅恪昔年序陈援庵先生敦煌劫余录，首创"敦煌学"之名。以为一时代文化学术之研究必有一主流，敦煌学今日文化学术研究之主流也。凡得预此潮流者，谓之"预流"，近日向觉明先生撰唐代俗讲考，足证鄙说之非妄。自敦煌宝藏发见以来，吾国人研究此历劫仅存之国宝者，止局于文籍之考证，至艺术方面，则犹有待。大千先生临摹北朝唐五代之壁画，介绍于世人，使得窥见此国宝之一斑，其成绩固已超出以前研究之范围，何况其天才特具，虽是临摹之本，兼有创造之功，实能于吾民族艺术上别辟一新境界。其为"敦煌学"领域中不朽之盛事，更无论矣。故欢喜赞叹，略缀数语，以告观者。②

---

① 《光明日报》2011年2月17日载首都师范大学历史学院郝春文教授《论敦煌学》一文说，1989年，日本学者池田温在《敦煌学与日本人》一文中指出，早在1925年8月，日本学者石滨纯太郎在大阪怀德堂夏期讲演时便多次使用过"敦煌学"一词。这应该是事实，但中国学者当时并不知道有这事。（郝春文说："池田先生并未直接否定中国学者的说法，只是委婉地指出，在1930年以前，'敦煌学已经部分地使用了'……没有证据表明陈寅恪先生使用敦煌学一词是否受到了石滨纯太郎的影响"。）最为要紧是，1930年6月，陈寅恪是在中国独立地、于顶级学术刊物上以公开发表文字的方式，郑重提出"敦煌学"之名的，并对这门学问进行了全方位的表述，以后即迅速为国内学者（如向达、傅芸子、于右任、卫聚贤、董作宾）广泛接受和响应。所以事隔14年后，即1944年，陈寅恪仍然能够在《大千临摹敦煌壁画之所感》里说："寅恪昔年序陈援庵先生敦煌劫余录，首创'敦煌学'之名。"陈寅恪立足于敦煌在中国的这份自豪和自信，是窃掠敦煌文献的日本学者所没有的，也是不可能有的。

② 陈寅恪：《讲义及杂稿》，三联书店2015年版，第446页。

莫高窟第158窟中唐卧佛（释迦牟尼涅槃像）

在这篇短文里，陈寅恪既为向达（字觉明）先生利用敦煌写本写出具有开创意义的《唐代俗讲考》而高兴，更为张大千临摹敦煌壁画的创造之功而欢呼。陈寅恪在这里兼有替张大千"平反"之意。事情的起因是，张大千于1941年至1943年在敦煌临摹壁画时，发现在一些艺术水平不很高的西夏壁画下覆盖有十分精彩的唐五代壁画，即揭剥前画，亮出后者真身，这才使今人能一睹唐五代某些优秀大型壁画的生动风采。这本是一件大好事，但经一些心怀叵测的人口口相传，便让张大千背上了"破坏文物"的污名。陈寅恪与张大千惺惺相惜，遂对其临摹壁画有"于吾民族艺术上别辟一新境界"之誉。陈寅恪之所以力挺张大千，还因为他欣喜地看到自己首创的敦煌学的研究对象扩大了，即在藏经洞出土的敦煌文献之外，增加了以壁画为主的石窟艺术。艺术家的参与，使原来属于学者案头书斋的敦煌研究变得丰富多彩起来，使敦煌这个苍凉而遥远的背影从历史深处转身出来，走入现代，走入寻常百姓家。1944年春夏之交，在大后方成都、重庆相继举办的"张大千临摹敦煌壁画展"轰动一时，几至万人空巷的地步，至今还为老人们津津乐道。难怪陈寅恪要视张大千的临摹为"'敦煌学'领域中不朽之盛事"。

毋须讳言：陈寅恪对敦煌学在中国的建立，具有首创之功。

他于1930年发表在《历史语言研究所集刊》上的《陈垣敦煌劫余录序》，不仅提出"敦煌学"这个概念，而且还指出这个概念的内涵、研究对象、研究方法。所以，这篇《陈垣敦煌劫余录序》不单单是在阐

北朝写本《妙法莲华经序品第一》（藏敦煌研究院）

述陈垣编目的学术意义，而且还当视为中国学者建立敦煌学的宣言书，它当然也是陈寅恪为世界敦煌学所作出的杰出贡献。尽管进入20世纪第一个10年以后，以罗振玉、王仁俊为首的一批中国学者与以伯希和、沙畹为代表的西方汉学家先后写出一些关于敦煌遗书的研究文章①，但他们并未将其上升到建立学科的高度。直至陈寅恪看见陈垣展示的那八千余轴敦煌写卷编目，以他为代表的中国学者才触发了建构敦煌学体系的文化自觉。而他们的这种自觉，则是出自对中国文化深沉而炽热的情愫，是建立在拥有五千年悠久文明史的中华民族的文化自信之上的。这是作为文物大盗和文化骗子的英国斯坦因、法国伯希和、日本大谷光瑞之流难以体悟的。长期以来，有这么一种议论，说幸亏有了斯坦因、伯希和、大谷光瑞等外国学者的介入，才使敦煌为世界所知；如今散失于西方各大图书馆的敦煌文献与文物，乃属人类共同遗产；

---

① 1909年，罗振玉即推出《莫高窟石室秘录》《敦煌石室遗书》《流沙访古记》，王仁俊、蒋斧、曹元忠等则分别出版《敦煌石室真迹录》《沙州文录》《沙州石室文字记》等著述。李正宇先生说："这是全世界最早发表的一批有关敦煌文献整理、研究的著作。"四年后，即1913年，伯希和与沙畹才合作发表法国汉学家的第一篇敦煌文献研究论文《摩尼教流行中国考》。（参见《历史不容篡改　罪恶不容掩盖》，载《中国文物报》1999年10月31日第1版）

斯坦因、伯希和、大谷光瑞等对敦煌文献与文物有抢救和保护之功,为人类文化建树了丰功伟绩。这种奇谈怪论实际是一种丧失立场的自我作贱(就像被拐卖者卖了,还帮他数钱一样蠢)!虽说学术乃天下公器,但文物却是有祖国的,有尊严的。它的所有权是不容亵渎与剥夺的。在斯坦因的祖国,当看到一批批属于中华民族的珍贵文献文物从敦煌、从和阗相继运抵大英博物馆后,东方学专家阿瑟·戴维·韦利指出,"这无异是对'敦煌书库的劫掠'行为"。他认为,"假使一个中国的考古学家来到英国,在一座废弃的寺院内,发现了中古时代文书的一个窖藏。他贿赂这里的看守人,把这些东西拿出来运到北京去,那时我们将作何感想"①。1983年,日本著名敦煌学专家藤枝晃在陪同中国学者施萍婷一行参观京都藤井有邻博物馆所藏敦煌写卷时也内疚地说:"这些东西本来就是你们的,是我们在特殊时期用不公平的手段偷来、抢来的。"②

三、追赶世界学术大潮的担当

陈寅恪一生追求和践行"独立之精神,自由之思想",属于中国知识分子中骨头最硬而知识最渊博者之一,但他首先是一位伟大的爱国者,具有强烈的文化自觉和担当精神。1913年,他游学伦敦,偶见我国传统新嫁娘的一个凤冠竟出现在这里的一个绘画展览会上,不禁痛从中来,即作《癸丑冬,伦敦绘画展览会中偶见我国新嫁娘凤冠感赋》一首以抒心怀:

---

① 转引自(英)彼得·霍普科克著,杨汉章译《丝绸路上的外国魔鬼》,甘肃人民出版社1983年版,第175页。
② 转引自《历史不容篡改 罪恶不容掩盖》,载《中国文物报》1999年10月31日第1版。

氍毹回首暗云鬟，儿女西溟挹袖看。
　　故国华胥今梦破，洞房金雀尚人间。
　　承平旧俗凭谁问，文物当时剩此冠。
　　殊域残年原易感，又因观画泪汍澜。①

　　一个来自故乡的新娘凤冠，之所以激荡起陈寅恪的家国情怀，是因为他将其作为中国文化、中国历史的一个庄严环节，或者说一个圣洁标识来看。它今日居然流落于万里之外的异国土地上，供人指点品评，这让陈寅恪很不愉快，内心可谓五味杂陈而隐隐作痛。可是我们今天的某些享受着和平阳光的文化人却对遗落在海外的 5.1 万余件敦煌文献及大量壁画等敦煌文物毫不怜爱，似乎不知道它们承载着中华民族自前秦以来一千六百多年的苦难与辉煌，也似乎不知道它们乃是中华文明史的一大段可歌可泣的坚实记录。来自英国的、法国的、俄国的、日本的、美国的还有印度的所谓探险家和汉学家趁我们国运式微、社会动荡之隙趁火打劫，夺走了中华文明的历史档案，割断了中华民族的精神链条，既不讲他们的所谓"普世价值"，更无道德仁义良心可言，而且还威胁到泱泱大国的文化安全甚至国家安全。我们非但不怒目相向，反倒要为之评功喝彩，岂非咄咄怪事！1931 年 5 月，也就是陈寅恪提出"敦煌学"一年之后，他在《吾国学术之现状及清华之职责》一文中指出，我们中国传统知识分子，如金代元好问、明代危素、明清之交钱谦益、清代万斯同等人，"其品格之隆污，学术之歧异，不可以一概论；然其心意中有一共同观念，即国可亡，而史不可灭"②。与此作为对比，陈寅恪又在该文举出一个可谓震撼的

---

　　① 胡文辉：《陈寅恪诗笺释》（增订本）上册，广东人民出版社 2014 年版，第 21 页。

　　② 陈寅恪：《金明馆丛稿二编》，三联书店 2015 年版，第 362 页。与元好问等"国可亡，而史不可灭"语相近的，还有明末黄宗羲"国可灭，史不可灭"（《黄宗羲全集·南雷诗文集·旌表节孝冯母郑太安人墓志铭》，浙江古籍出版社 2012 年版）之言。

事实，"东洲邻国以三十年来学术锐进之故，其关于吾国历史之著作，非复国人所能追步"①。这实在令人不寒而栗。四个月后，"九一八事变"爆发。陈寅恪的预感竟得以应验。他痛苦万分，愤激之中，写下七律《辛未九一八事变后……》：

> 曼殊佛土已成尘，犹觅须弥劫后春。
> 辽海鹤归浑似梦，玉溪龙去总伤神。
> 空文自古无长策，大患吾今有此身。
> 欲著辨亡还阁笔，众生颠倒向谁陈。②

是诗颔联上句典出旧题陶潜《搜神后记》卷一，用汉代辽东人丁令威灵虚山学道成仙，化鹤归来的故事（后常用以比喻人世变迁），感叹东北为日本沦陷乃是自然而然之事。何以至此？因为自中日甲午战争以来，特别是最近三十年来，日本利用中国文献典籍、文物资料将中国尤其是东北的政治、军事、经济、文化状况及天文、地理、民风民情简直吃了个透，终至知己知彼。（陈寅恪在《吾国学术之现状及清华之职责》中即警告学人："盖今世治学以世界为范围，重在知彼。"）这其中的文献文物，就包括日本人自清末以来获得的大量满文档案以及敦煌、吐鲁番文书。陈寅恪在《吾国学术之现状及清华之职责》中说中国传统文人的共同观念是"国可亡，而史不可灭"，其潜台词则是："亡国必先亡史"——这句话陈寅恪没有直接道明，但我们从紧接着的"今日国虽幸存，而国史已失其正统"一句，可以体味出来。陈寅恪在1929年写的一首题为《北大学院己巳级史学系毕业生赠言》诗中

---

① 陈寅恪：《金明馆丛稿二编》，三联书店2015年版，第361页。
② 胡文辉：《陈寅恪诗笺释》（增订本）上册，广东人民出版社2014年版，第122–130页。

起首即讲："群趋东邻受国史，神州士夫羞欲死。"① 也是说日本人写的中国史比中国人自己写的要好。陈寅恪从文化危机、学术危机中触摸到国家危机的脉搏，急切地呼吁清华大学这个学术重镇迅速承担起挽救危机的重任，因为扭转"吾国学术之现状"，"实系吾民族精神上生死一大事者"②。他从国家的危亡、民族的生存高度看问题而又放眼世界，高屋建瓴，主张中国学者以充分的文化自信力和高度的历史使命感，以"历劫仅存之国宝"而奋发作为，力争进入并引领"敦煌学"这个"今日世界学术之新潮流"。

国既不能亡，史更不可灭——这就是陈寅恪之所以提出"敦煌学"、之所以大声疾呼中国学者奋力追赶世界学术大潮的初心。其独立之精神，日月可鉴；自由之思想，天地当哭！

---

① 胡文辉：《陈寅恪诗笺释》（增订本）上册，广东人民出版社2014年版，第103页。
② 陈寅恪：《金明馆丛稿二编》，三联书店2015年版，363页。

附录二 主要参考文献

1. 陈寅恪：《隋唐制度渊源略论稿·唐代政治史述论稿》，北京：三联书店，2001年。

2. 陈寅恪：《元白诗笺证稿》，北京：三联书店，2001年。

3. 陈寅恪：《柳如是别传》（全三册），上海：上海古籍出版社，1980年版。

4. 陈寅恪：《寒柳堂集》，北京：三联书店，2015年。

5. 陈寅恪：《金明馆丛稿初编》，北京：三联书店，2015年。

6. 陈寅恪：《金明馆丛稿二编》，北京：三联书店，2015年。

7. 陈寅恪：《讲义及杂稿》，北京：三联书店，2015年。

8. 陈寅恪：《书信集》，北京：三联书店，2015年。

9. 陈寅恪：《中西学术名篇精读·陈寅恪卷》，蔡鸿生、荣新江、孟宪实读解，上海：中西书局，2014年。

10. 卞僧慧：《陈寅恪先生年谱长编（初稿）》，北京：中华书局，2010年。

11. 陆键东：《陈寅恪的最后20年》，北京：三联书店，1995年。

12. 吴定宇：《守望：陈寅恪往事》，北京：中国社会科学出版社，2014年。

13. 陈流求，陈小彭，陈美延：《也同欢乐也同愁：忆父亲陈寅恪母亲唐筼》，北京：三联书店，2010年。

14. 陈怀宇：《在西方发现陈寅恪：中国近代人文学的东方学与西学背景》，北京：北京师范大学出版社，2013 年。

15. 王震邦：《独立与自由——陈寅恪论学》，上海：上海人民出版社，2011 年。

16. 刘梦溪：《陈寅恪的学说》，北京：生活书店出版有限公司，2014 年。

17. 刘正：《陈寅恪史事索隐》，上海：上海书店出版社，2014 年。

18. 余英时，等：《陈寅恪研究：反思与展望》，北京：九州出版社，2013 年。

19. 郭长城，等：《陈寅恪研究：新史料与新问题》，北京：九州出版社，2014 年。

20. 张求会：《陈寅恪丛考》，杭州：浙江大学出版社，2012 年。

21. 刘经富：《陈寅恪家族稀见史料探微》，北京：中华书局，2013 年。

22. 吴学昭：《吴宓与陈寅恪》增补本，北京：三联书店，2014 年。

23. 张紫葛：《心香泪酒祭吴宓》，广州：广州出版社，1997 年。

24. 岳南：《陈寅恪与傅斯年》修订版，西安：陕西师范大学出版社，2008 年。

25. 萧艾：《王国维评传》，杭州：浙江文艺出版社，1983 年。

26. 徐迅：《陈寅恪与柳如是》，北京：东方出版社，2014 年。

27. 王国维：《古史新证》，长沙：湖南人民出版社，2010 年。

28. 〔英〕崔瑞德编，中国社会科学院历史研究所、西方汉学研究课题组译《剑桥中国隋唐史（589—906 年）》，北京：中国社会科学出版社，1990 年。

29. 岳南：《南渡北归》（全三册），长沙：湖南文艺出版社，

2011年。

30. 鲁迅：《鲁迅全集》第九卷、第十五卷，北京：人民文学出版社，2005年。

31.《先生》编写组：《先生》，北京：中信出版社，2012年。

32. 李国煮：《目倦集》，太原：北岳文艺出版社，2014年。

33. 韩浪：《夏天，我叩响陈寅恪先生故居的大门》，北京：文化艺术出版社，2012年。

34. 清·文康：《儿女英雄传》（全二册），上海：上海书店，1981年。

35. 吴庚舜，董乃斌主编《唐代文学史》（全二册），北京：人民文学出版社，1995年。

36. 赵尔巽，等：《清史稿》缩印本第三、四册，北京：中华书局，1998年。

37. 胡文辉：《陈寅恪诗笺释》增订本（全二册），广州：广东人民出版社，2013年。

38. 谢思炜：《白居易集综论》，北京：中国社会科学出版社，1997年。

后 记

陈寅恪先生是近三百年难遇的文化精英；中华人民共和国成立后，又以"未尝侮食自矜，曲学阿世"，坚持"独立之精神，自由之思想"而名重士林。对于这样一位大师级人物博大精深的学问体系及丰富多彩的内心世界，我们这部小书的叙述只能算作浮光掠影，尚不能言入其堂奥，遑论探骊得珠了。我们的初衷，是尽力还原一个真实而丰满的陈寅恪，奈何力有不逮，且时间紧迫，文内舛误疏漏在所难免，还望专家学者不吝指正。本书资料主要引自《陈寅恪集》（三联版）及陈寅恪亲友学生与其他研究者著述，在此不一一具名（可参见主要参考文献）而一并躬谢。

写作过程中有幸邀请到诗人、专栏作家李拜天加入。他撰写的部分如下：第一章第二节之第1、2、3、7、8、11小节，第三节之第5、6小节；第二章第一节，第二节之第1~3小节，第三节之第4、5、7小节；第三章；第四章第二节，第三节之第1、2小节。为此特向他表示诚挚的谢意。

而与笔者最早的合作者则是《文化中国》丛书的两主编乔力先生（山东省社会科学院）和丁少伦先生（济南出版社）。与他俩的合作历史已有十来年。此次承蒙信任，再次参与丛书撰写，甚是愉快。而济南出版社副总编辑胡瑞成先生以及责任编辑胡雨薇女史对本书的最终付梓，亦有很大帮助，在此也一并致以衷心的感谢！

屈小强

2017年9月于四川省人民政府文史研究馆

图书在版编目（CIP）数据

陈寅恪：自由独高标／屈小强，李拜天著.—济南：济南出版社，2020.1
（文化中国.边缘话题.第五辑）
ISBN 978-7-5488-4065-7

Ⅰ.①陈… Ⅱ.①屈…②李… Ⅲ.①陈寅恪（1890-1969）—传记 Ⅳ.①K825.81

中国版本图书馆 CIP 数据核字（2020）第 019212 号

陈寅恪：自由独高标
屈小强　李拜天　著

出版人	崔　刚
整体策划	丁少伦
责任编辑	贾英敏　胡雨薇
装帧设计	侯文英
出版发行	济南出版社
地　　址	山东省济南市二环南路1号（250002）
经　　销	新华书店
编辑热线	0531-86131722
发行热线	0531-86131731　86131730　86116641
印　　刷	青岛国彩印刷股份有限公司
版　　次	2020年6月第1版
印　　次	2020年6月第1次印刷
成品尺寸	150 mm×230 mm　16开
印　　张	15.25
字　　数	200千
印　　数	1—4000册
定　　价	58.00元

（济南版图书，如有印装错误，请与出版社联系调换。联系电话：0531-86131736）